裸K交易員手把手教你

農產品
現貨投資

小刀大叔●著

一個體系、七項修練

直擊投資者入門難、不系統、成長慢三大痛點
小白頭資者也能輕鬆實現盈利暴增！

崧燁文化

前言

《裸 K 交易員手把手教你：農產品現貨投資》一書歷經數月的梳理，終於跟大家見面了。

本書於我而言，是對近幾年交易知識體系的回顧，我自然會從中受益。我知道，有很多老朋友一直在關注，隨著我在網上發布文章的進度同步學習，還有一部分老朋友甚至在手抄我的文章教程。

但也有很多人不理解，就如同很多人不理解交易一樣。對於交易的描述，依據金庸老師的著作改編的電視劇《天龍八部》裡掃地僧和鳩摩智的對話，掃地僧對學習少林寺絕技需用佛法化解的闡述，個人認為這是對交易最好的詮釋。我曾經跟人提過一次，很多人都認為我在胡說，所以後來我就很少說了。

但是前段時間我去安徽見一個投資人的時候，他說他懂掃地僧的話，然後他就給我的培訓機構投了一筆錢。在這之前，我們不認識，也沒有見過面，只是因為我們都聽懂了掃地僧的話。我真是要感謝金庸老師！

言歸正傳。農產品現貨交易作為一個細分的投資品類，逐步走進大眾投資者的視野，尤其是近幾年，發展得如火如荼。但是我發現，眾多投資者入行容易，入門卻很難，在從入行到入門這段「路途」中，不知不覺走了很多彎路，甚至遭遇了一些不必要的虧損。

本書從零開始系統講解農產品現貨投資的入門知識體系，包括交易理念、基礎知識、操盤紀律、資金管理、心態管理，並結合具體的市場做了一些實操層面的講解。現實交易中並無穩贏的「聖杯」，故而本書也並非能讓交易者閱讀之後就實現一夜暴富。

本書主要講了三部分內容：

一是我們該以一種什麼樣的嚴謹態度對待交易，如何在風險意識的基礎上一步步熟悉我們所參與的游戲。

二是從零到盈所需要的一些基礎知識。我結合自己的實操經歷及接觸到的投資者所暴露的一些問題，對農產品交易日常所需要的知識進行了詳細的講解。

三是關於資金管理和做盤紀律的講解。這部分知識不僅適用於農產品現貨理財，部分思路和邏輯也適用於其他諸如股票及期貨交易。

本書信息量很大，既適合剛入行的菜鳥，也適合在交易中遇到瓶頸急需突破的交易老手。從我個人的角度來說，很多章節很枯燥，甚至很無聊，但是它確實屬於交易知識的一部分，我曾經還因為這些並不出彩的知識點吃過虧。

我之所以花大氣力來從零梳理這些知識點，主要基於以下兩點：

一是公司經營需要。因為我是一家現貨培訓機構的負責人，我需要對公司的經營負責，這些一個字一個字碼出來的東西或許會很榮幸遇見需要他們的主人。從入行以來，我和我的團隊一直在試圖做一些事情來影響或者改變一些人和事，這一路走來可以說是痛並快樂著。當越來越多的人因為結識了我們，走向自主交易和盈利之路的時候，我們是快樂的，但是這個從陌生人到把酒言歡、從彼此質疑到互相信任的過程是痛苦的。我始終堅信，國內的金融領域在未來能獨占鰲頭的企業一定是以技術為支撐、以服務為核心的企業，我們一直在努力，但是一個公司的未來，誰又能說得清楚呢。

二是因為我是一名交易員。我對這些內容的構建，也正是我梳理知識體系、完善交易系統的過程。在市場競爭下，若我的公司必須成為過

去式，我至少可以靠交易為生，我這些用時間和金錢換來的知識體系背後所衍生的交易系統，就是支撐我用雙手獲取財富，承擔兒子、女婿、丈夫及父親角色的技能之一。從我個人交易的角度而言，我需要去更大的平臺學習。本書的寫作過程是我給自己的一次熱身，我要盡最大努力把書寫得客觀、細緻、實用、有血有肉。這跟對錯無關，重在真實，因為我不可以欺騙我自己的心。我欺騙了我的心，我的心就會欺騙我，我最終會在交易中為自己所傷。寫一本質量高的書需要耐心、毅力、嚴謹、理性等支撐，恰恰這些都是交易者必須具備的元素，這些元素共同組成和決定了一個交易者的交易命格。

我在寫這些東西的時候，主要是迎合交易的盈利需求，而不是迎合讀者，即便全世界認為我構建的這些內容毫無價值，那又怎麼樣？我必須保證它對我是有價值的，因為我熱愛交易，交易如同我的孩子。對交易，我是絕對的自私者，因為我必須竭盡全力讓我的孩子（交易）茁壯成長。

當然，若您在閱讀本書的過程中，某些內容能讓您認為有價值，我將倍感榮幸，同時也恭喜您，您一定會收穫價值，我期待能有緣跟您在「交易江湖」中把酒言歡。

很多閱讀本書的朋友，雖然我不認識您，但是我不想以自己的喜好為標準，使觀看的人為木桶效應所傷，我將盡可能保持內容的系統性和完整性。我只求將自己這幾年基於交易的理解，從點滴開始進行客觀的闡述，我深知零散學習對於交易者而言傷害非常大，因此，本書的出版，為您而寫，更為我自己的交易回爐而寫。

本書的價值在於，當您遇到問題時，它能幫助您快速找到解決問題的方案或者方向，縮短您的學習週期，而週期縮短就意味著為您節約時間成本和資金成本。

紙上得來終覺淺，絕知此事要躬行。如果您不能將在實際交易中領悟到的東西變成您自己的東西，那麼這些內容除了對我有用之外，對您就是一無是處，不僅沒幫助到您，還浪費了您的時間；反之，就有

價值。

　　嗔心如火，應以感恩與慈悲之水來熄滅。所有交易中能盈利的人在市場的熏陶下，身上都有戾氣，也會有心魔。如果我的東西能幫助到您，讓您受益了，那麼我的戾氣和心魔也會隨著您的受益而逐步化解，化解戾氣和心魔是支撐我提升個人交易素養的重要環節之一。

　　接下來我想說的是，本書並不能保證讓您盈利，而且我打包票，世界上沒有任何一本書、一位老師可以保證讓您盈利。只有市場才能幫助我們盈利。您選擇了什麼樣的老師，決定了您能成為什麼樣的人，所以用正確的態度看待老師是決定我們現貨交易能否成功的關鍵性因素之一。

　　由於本人才疏學淺，難免有疏忽之處，敬請各位讀者不吝指教。

　　最後做個自我介紹。

　　筆者小刀大叔，本名屈珊，2012年接觸農產品現貨，2013年5月開始交易，經歷大虧後，自2013年年底開始研究裸K平切交易，2014年借助裸K平切交易實現扭虧為盈。2014年至今，我一直沉浸於裸K平切交易在農產品現貨、股票、期貨中的應用。

　　我在市場沉浸多年，信奉交易只能靠自己，需要用知識和技能來武裝自己的大腦。交易者需要歷經從知識驅動到技能驅動，再從技能驅動到本能驅動，方能實現交易盈利。

　　2015年起，我借助公眾號及個人博客進行農產品現貨交易知識的分享，全網閱讀量破百萬，幫助數百名投資者脫離交易虧損的漩渦，並於2015年2月28日成立交易培訓公司——盤思動。

　　裸K平切交易由我和盤思動團隊研發，適用於所有有K線的投資品種，自從2015年商業化運作以來，服務過很多交易者。部分投資者雖然學習了裸K平切交易，但是他們自始至終都沒從事過現貨交易，他們將所學應用於外盤交易、股票交易和期貨交易。

小刀大叔

目 錄

第一章　快速入門：現貨基礎知識　　　　　　　　　　1

　　第一節　專業術語：秒懂現貨交易　　　　　　　　3

　　第二節　交易標的：認識現貨合約　　　　　　　　22

　　第三節　交易場所：農產品現貨電子盤　　　　　　28

　　第四節　常見騙局：投資第一要務是避開陷阱　　　34

第二章　從零到盈：現貨交易實操　　　　　　　　　49

　　第一節　入市準備：你適合做交易嗎？　　　　　　51

　　第二節　快速上手：交易軟件的使用　　　　　　　61

　　第三節　案例解析：以指南針市場為例　　　　　　86

第三章　交易邏輯：現貨投資如何實現盈利？　　　　103

　　第一節　你賺的是誰的錢？　　　　　　　　　　　105

第二節　現貨市場誰在賺錢？　　　　　　　　　　109

　　第三節　輕倉、順勢、止損　　　　　　　　　　　132

第四章　裸 K 交易：獨創交易制勝法則　　　147

　　第一節　交易心理：心態比技術更重要　　　　　149

　　第二節　交易紀律：計劃你的交易，交易你的計劃　165

　　第三節　資金管理：長期穩定盈利的保障　　　　185

　　第四節　思維制勝：裸 K 交易系統　　　　　　　197

第五章　學員感悟：學習裸 K 交易收穫了什麼？　225

後記　交易員父親給女兒的 6 點建議　　　　　255

第一章

快速入門：
現貨基礎知識

交易的門檻其實很高，其中最高的門檻就是學會如何買漲買跌。

很多人學交易，上的第一節課就是如何買進賣出，並以此作為自己學會交易的標準，這種感覺猶如初生嬰兒發出第一聲哭啼的時候，有人說這聲哭啼表示這個嬰兒悟透了人生的真諦。可能嗎？

交易如人生，是一場修行，咱們很多人以為學會了，其實僅僅是修行的開始。

對於咱們90%的交易者而言，學會如何買進賣出只能表示，正式開始虧錢了，因為這是修行的第一步。我並非悲觀，其實這是很客觀的論斷。

第一節　專業術語：秒懂現貨交易

有人認為現貨賺錢很容易，所以他們說這裡是天堂；有人認為現貨盈利很艱難，所以他們認為這裡是地獄。

到底是天堂還是地獄，您說了算，因為現貨交易是理智者的天堂，也是衝動者的地獄。

這就是現貨交易，一腳天堂，一腳地獄！

什麼是現貨交易？

我們來簡單瞭解一下現貨交易，本部分主要從三個層面來對現貨交易做簡單的介紹。

一、現貨交易的學術概念

對於現貨交易在國內的起源，大家說法不一。一種被廣泛認可的說法是在1998年舉行的亞太經合會議上，有學者提出「用電子商務的方法來推進中國的流通業現代化」，這一觀點被很多學者認為是國內現貨交易的起源或者說是里程碑事件。

從 1998 年至今，已過去 20 年，在這 20 年中，國內的現貨交易也越來越被大眾熟知。

現貨交易又稱為大宗商品交易，對於很多投資者而言，主要借助電腦或智能手機完成，所以也稱為電子現貨交易，是目前國內金融市場一種常見的交易模式。同時，現貨、股票、期貨被稱為金融市場的三大要素。普通投資者可以借助現貨 T+0 和多空交易機制來獲取利潤（後文會對 T+0 和多空交易進行詳細的利弊分析）。

對於現貨交易，不同的身分關注的角度也不一樣，不在其位，不謀其事。我是一名普通的散戶投機者，所以接下來我主要從投機者的角度，來跟大家聊聊投機者或者說交易者眼裡的現貨交易。各位朋友若想進行深入瞭解，可借助互聯網平臺查詢相關文獻資料。

二、投機者眼裡的現貨交易

近幾年，現貨交易逐漸進入大眾的視野，並且被冠以理財、投資等標籤，但是從我這幾年的交易經歷以及跟各位現貨愛好者的交流獲得的信息來看，現貨交易對於絕大多數的老百姓而言，僅僅是一款投機產品。

在這個投機游戲中，有人如痴如醉，物質財富和精神訴求都收穫頗豐；有人走火入魔，身心俱疲卻不甘失敗最終懷疑人生。對於很多接觸現貨交易的人而言，這感覺猶如我們在情竇初開的年紀遇見那個多看一眼就心花怒放，一顰一笑都會令我們神魂顛倒的她。初戀是美好的，但心跳的希冀換來的是如夢如幻的甜蜜，還是飛蛾撲火的凄涼？沒有人知道答案，一切都由時間說了算。

非常抱歉，我在這裡沒有對其進行粉飾，更沒有對其進行惡意抨擊。雖然我們很多人不願意接受，但是「七虧二平一賺」的財富分配規則，就是現貨交易的真實寫照，我們必須清楚這一點，因為看清現貨交易的本質，是我們在這個游戲中成為贏家的先決條件之一。

三、現貨交易的發展前景

圖 1-1 中的數據表示，從 2011 年至 2017 年，每天通過百度搜索引擎搜索現貨交易的平均人數。通過這一數據的變化趨勢，我們不難看

出，現貨越來越被大眾所關注。2016年，現貨的蓬勃發展，也使得目前國內現貨行業的發展面臨很多挑戰，現貨市場處於一個「百花爭豔均不開」的局面。我跟所有熱愛現貨交易的朋友一樣，期待這個行業發展得越來越好。

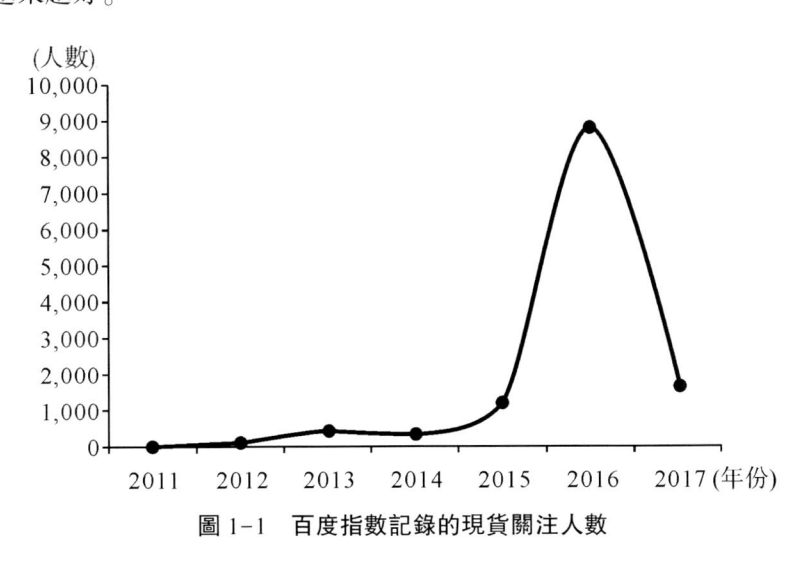

圖1-1 百度指數記錄的現貨關注人數

現貨和股票的異同

考慮到很多現貨交易者之前都有過股票交易的經歷，且喜歡把在炒股過程中形成的一些慣性思維用於現貨交易中，導致一些不必要的虧損。所以這一部分簡單聊聊二者之間的異同點，股票、現貨的異同點是一個很大的課題，咱們僅僅挑一些交易中容易被大家忽略、容易犯錯的地方來談談。

炒股和炒現貨的相同點

1. 二八定律明顯的游戲

炒股和炒現貨都屬於高風險的投機游戲，二八定律表現得非常明顯。贏家通吃，輸家買單。

2. 對參與者的要求高

炒股和炒現貨對投資者的專業技能、資金管理能力及自律能力有較

高要求。

炒股和炒現貨的不同點

1. 交易規則的差異化

現貨是 T+0、多空雙向交易；股票是 T+1，單向交易，只能買漲。

從持倉時間（不考慮退市因素、單純考慮交易機制）來說，股票可以長期持有數年甚至數十年；而現貨持倉時間較短，按照現在的交易規則來說，一般現貨持倉時間不會超過一年。

2. 槓桿

股票交易默認不帶槓桿，現貨自帶槓桿，一般為五倍槓桿。槓桿的存在，在提高資金利用率的同時也放大了風險（後面章節會專門聊槓桿）。

用一個例子來說明槓桿最直接的影響：

小張花了 5 萬元買進了某只股票，帳戶剩餘資金 5 萬元。在小張買進之後，股票持續下跌。但是不管這只股票後市如何漲跌，不管小張何時賣出，小張帳戶剩餘的 5 萬元資金不會受到任何影響。

但是如果是現貨交易，又是什麼情況呢？

小張花了 5 萬元「做多」某現貨市場的某合約，帳戶剩餘資金 5 萬元。當小張買進之後，該合約持續下跌。伴隨著行情的下跌，小張帳戶剩餘的 5 萬元資金會變得越來越少。當剩餘的 5 萬元資金被消耗為零的時候，他的持倉就會被系統強行賣出，俗稱「爆倉」。

很多人炒股扛單，等個幾年，有時候可以等回來（注意：這裡並不是說炒股可以扛單、可以等待，對於任何投資，止損永遠是第一位的）。但是炒現貨如果被套了不及時止損，千萬別想著等幾年，先不說現貨有持倉時間要求，單純的槓桿因素就有可能讓你的帳戶爆倉。

3. 價格影響因素

股票的價格影響因素跟現貨相比更複雜，比如說政策、上市公司的經營業績表現、重大事件披露、熱點事件等，均會對股價產生較大的影響。

總之，對於股票、現貨兩者的異同點，用通俗的話來概括一下：炒現貨和炒股都不能亂來，要學習，要懂方法，懂資金管理，懂做盤紀

律，要洞悉人性；股票沒槓桿，現貨有槓桿，槓桿的存在對我們交易者的要求會更高。

現貨交易專業術語

這一小部分講一些專業術語，主要是避免大家在日常交流或者閱讀的時候，因為不明白術語的意思，出現理解偏差。

進場、入場、建倉、開倉、平倉、離場、出場等等，看起來這麼多詞語，其實就三類。

第一類：買入類的術語。

進場、入場、開倉，這三個詞語的意思是一樣的，簡而言之，遇見策略中的買入點位，就果斷買入，這個稱為進場（入場、開倉）。

第二類：賣出類的術語。

平倉、離場、出場，這三個詞語的意思是一樣的，簡而言之，遇見策略中的賣出點位，果斷賣出，就稱為平倉（離場、出場）。

第三類：有內涵的術語。

首先說說建倉，建倉有兩層意思：第一層意思就是簡單的買入行為，跟上面的開倉、進場、入場意思差不多；第二層意思表示一段成功的買入過程，而且這個買入過程可能是一次，也可能是多次，以帳戶的訂單處於盈利較佳的狀態視為建倉完成，它表示的是一個動態的交易過程，不屬於一次性動作。

比如在裸 K 交易中，我們所說的建倉成功一般指帳戶有訂單，而且盈利點差一般超過一個合約的正常波動，在漲停板和跌停板區間外。這意味著不管第二天該合約如何運行，即便是漲停（跌停），手裡的訂單也是盈利的，這個時候我們就稱為建倉成功。

第二層意思沒有明確的標準，每個人的日常盈利點差不一樣，故標準不一樣。

舉例：

啟蒙緣問寶哥：在忙啥呢？

寶哥回答：在建倉呢。

這就表示這段時間寶哥正在忙著往帳戶買進訂單，買進去之後或許馬上就要止損，繼續等待二次入場機會，甚至是等待三次入場機會。

當某一天寶哥說：建倉終於成功了。就表示這個時候寶哥帳戶有較大浮盈了。

但是如果寶哥說：這次建倉沒成功。這就表示寶哥這段時間的交易是竹籃打水一場空，忙活了很久，沒抓到大魚，甚至是頻繁止損，需要重新制定交易策略。

接著說說入多、進多、掛多、買漲、做多。這幾個術語都有一個共同的意思，就是基於我們的交易策略，我們認為接下來行情的走勢可能會出現繼續上漲的態勢時，我們利用交易軟件來買進多單的行為。

接下來說說現貨交易專業術語：入空、進空、掛空、買跌、做空。現貨是雙向交易，與入多、進多、掛多、買漲、做多相對的術語是入空、進空、掛空、買跌、做空。這幾個術語都有一個共同的意思，就是基於我們的交易策略，我們認為接下來行情的走勢可能會出現繼續下跌的態勢時，我們利用交易軟件來買進空單的行為。同時，掛空還有另一個意思，就是我們買進訂單時，不論是做多還是做空，我們的訂單並沒有成交，踩空了。

很多人看到這裡，會很自然地想到，我們在交易的時候何時該買進多單，何時該買進空單，也就是想實現買多必漲、買空必跌、進場就賺錢的願望。這涉及對交易的認知問題，我將幾個重要的觀點在這裡進行簡單的總結：

（1）做交易追求的不是進多必漲、進空必跌。

（2）判斷何時進場，需要借助交易策略。

（3）沒有人能準確地知道接下來的行情是漲還是跌，我們自己不可以，別人也同樣不可以，咱們可千萬別因為這個認識誤區，而將自己的交易主動權交給別人。

（4）現貨交易能否盈利的關鍵在於何時賣出，而不是何時買入。

再說說空倉、清倉、平倉。

這三個詞語都有一個共同的意思，即把帳戶裡的訂單全部清空。不管帳戶裡是多單還是空單，不管是盈利還是虧損，將所有訂單全部轉讓出去，就稱為空倉（清倉、平倉）。

但空倉還有另外一層意思，即保持帳戶處於無任何訂單買入的狀態。俗話說：「會買的是徒弟，會賣的是師傅，會空倉的是祖師爺。」空倉是一種交易策略，即投資者能抵擋住盤面走勢的誘惑，伺機而動。保持空倉狀態，是一個投資者走向成熟的標志之一。

最後再介紹幾個專業術語：減倉、補倉、鎖倉、反手、換手。

減倉：是指投資者把手裡的訂單平倉一部分的交易行為，一般常用於止盈。

補倉：是指投資者繼續買進跟手中所持訂單方向相同的訂單。比如：手中之前是某合約的多單，又繼續買進同一合約的多單；手中之前是某合約的空單，又繼續買進同一合約的空單。這兩種交易行為均稱為補倉，補倉也稱為加倉。

鎖倉：是指投資者繼續買進跟手中所持訂單方向相反的訂單。比如：手中之前是某合約的多單，又繼續買進同一合約的空單；手中之前是某合約的空單，又繼續買進同一合約的多單。這兩種交易行為均稱為鎖倉。

需要提醒的是，鎖倉是特定時候的交易手法，切記慎用鎖倉，鎖倉不能成為不止損的理由！鎖倉容易解鎖難，鎖倉操作不慎很容易兩邊虧。

反手：是指把投資者手中訂單賣出，然後再次買進相反方向訂單。多單平倉再買進同一合約的空單，空單平倉再買進同一合約的多單，均稱為反手。

換手：換手和反手的交易手法一樣，兩者都是把手裡訂單賣出，再買進同一合約相反方向的訂單。換手和反手的區別在於：反手一般用於止損後，換手一般用於止盈後。

交易中的觀盤和停盤

必要的時候，離市場遠一點。

觀盤是指只關注行情走勢，並不參與實際交易的一種交易狀態；停盤不僅是指不交易，而且還需要交易者徹底脫離交易氛圍，在交易時間離開電腦，徹底忘記交易這回事。

第一，觀盤和停盤的區別。

很多人把觀盤和停盤當成一回事情，實則兩種交易狀態對交易者的影響區別很大。

觀盤很好理解，但是很多人對停盤不理解，交易中遇到下面兩種狀態時需要停盤。一是遇到長時間的虧損，這意味著咱們的節奏錯了，而且咱們一直被盤面牽引，故而需要離開盤面一段時間，不看、不想、不聞、不問，當疲憊感消失之後，重新迴歸盤面，從頭開始復盤，做策略。由於停盤的這段時間，咱們的大腦中會有一段空白期，故而重新迴歸盤面時，很容易從之前被盤面牽引的「迷魂陣」中走出來。二是在長時間的盈利之後，咱們往往自信心爆棚，如果持續交易，很容易由於自信心作祟，忽視風險而翻船。

第二，停盤是生理和心理的需要。

對於很多新手投資者而言，交易很容易上癮，連吃飯、睡覺都想著盤面 K 線，哪怕看見幾根電線都會當成均線。

交易看起來是一個動動鼠標就能完成的事情，但鼠標動一動，背後十年功。交易可以很簡單，但是並不輕鬆。人不是機器，長時間高壓狀態下的交易，會讓人的生理和心理都十分疲憊。交易不是生活的全部，當你感覺交易讓自己很疲憊的時候，不妨停盤休整一段時間。要知道，市場的錢是賺不完的，但如果咱們狀態不佳，多少錢都是可以虧完的。

T+0 利弊解析

首先解釋一下什麼叫 T+0。所謂的 T+0，是指當天進場的訂單當天就可以出場。跟股市的 T+1 相比，T+0 更加靈活。炒股的朋友都知道，當天買進的股票是無法當天賣出的，至少要等到第二個交易日才能賣出。

T+0 弊端分析

我相信接觸過現貨的朋友看過很多針對現貨交易優勢的宣傳，其中 T+0 就是一個重要的賣點。很多朋友看到這裡或許會問：大家都說這個是優勢，一天之內，隨時買進賣出，多好啊，想撿錢就撿錢，難道還有弊端？

當然是有弊端的！T+0 從理論層面確實使交易變得靈活，看似想進就進、想出就出，但是從我們散戶的角度來看，它就不完全是優勢了。當一個事情的優勢被放大，也就成了劣勢，這一點在我們很多交易經驗不足的投資者身上體現得淋漓盡致。

T+0 使投資者當天頻繁交易的必要條件成熟。很多投資者在這一制度下很容易失控，頻繁交易、無節制交易，直到本金損失較大方才醒悟。人天生有賭性，而 T+0 進一步激發了人們的賭性。

T+0 有利的方面我就不深說了，因為大家都在說，也正是因為說的人太多了，所以我們很多投資者忽視了它的另一面。

正確看待 T+0

我們只有看到交易制度的兩面性，才能使制度成為交易的助力，否則它就是阻力。

取其精華去其糟粕，對於理性的交易者而言，T+0 順應我們的理性交易理念，我們可以利用這一制度實現當天止盈止損；對於感性的交易者而言，T+0 制度給予了我們能不斷抓住機遇的錯覺，但結果往往是：不抓的時候是機遇，一旦抓了就是風險。

制度一視同仁，是公平的，是利是弊取決於我們自身。

什麼是多空雙向交易？

多空交易，也叫多空均可交易，跟雙向交易是一個意思。
什麼是多空（雙向）交易？
先來說一說股票的單向交易。

股票的單向交易其實跟我們日常生活中做生意的思路一樣，我們在低價位買進、高價位賣出，賺取差價，也就是通常所說的低買高賣。

那麼，當價格一路下跌的時候，對於很多單純從事股票投機行為的投資者而言，就只能割肉或死扛，等待股價觸底後恢復上漲。因為在單向交易的制度下，投資者只能通過買漲或者說做多獲利。

雙向交易不僅可以通過做多獲利，在判斷行情下跌的時候，我們也可以通過做空（買跌）獲利。

做多好理解，做空往往很難理解，這裡舉個例子說明一下。

北京的小明和深圳的小刀是好朋友。在春節的時候，小刀跟小明說自己準備來北京玩，請小明幫忙買一件羽絨服，去北京時穿。

小明一想，羽絨服過段時間就要降價了，於是就從朋友的服裝店借了一件售價500元的羽絨服給小刀，然後小刀給了小明500元。

到了夏天，羽絨服從500元降到了300元，小明就去服裝超市買了一件300元羽絨服，還給了開服裝店的朋友。

小明相當於500元賣出這件羽絨服，300元買進這件羽絨服，賺了200元的差價，這就類似於雙向交易中的做空思路。

對雙向交易判斷的誤解

之所以在這裡補充這個題外話，是因為我們很多投資者耗費幾年時間仍參悟不了交易，就是這個坎沒有過。

我們再來看一下雙向交易的定義：

當我們判斷行情要上漲的時候，我們可以做多獲利，當我們判斷行情要下跌的時候，我們可以做空獲利。

這個定義本身是會誤導交易者的。我們很多人一直在挖空心思來琢

磨如何判斷行情走勢，然後依據判斷來進行交易，這個做法符合人的常態化思維，但交易恰恰是反人性的，這個常態化思維害死了好多人。

因為判斷在前，交易行為在後，在交易結果達成之前，所有的判斷本質上只是一種猜測或者是預測，人作為被譽為自然界生物鏈頂端的高級生物，具有天生的傲骨，很多時候的虧損就是源自我們不願意承認我們的判斷錯了，以至於傷痕累累。

有人會說，判斷有對有錯，那我努力提高判斷的準確性，甚至讓自己的判斷百分之百正確，不就可以了。這又是一個誤區，上面談到過，這是常態思維，並不適用於反人性的交易市場。

當我們碰了壁，發現自己好像很難準確判斷之後，我們發現自己的社交圈裡出現了一批人，好像比我們更擅長做這個事情，而且還「樂善好施」將其判斷成果分享給我們。於是，我們感謝上帝在給我們關上一扇門的同時又打開了一扇窗，我們猶如久旱逢甘露，很容易地就遇見了投資生涯的「貴人」，心安理得的享受其成果，從此走上一條不歸路。

所有的準確行情都是做出來的，不是判斷出來的。請大家用心理解這句話，什麼時候認同這句話了，你的交易基本上就算入門了。

既然無法判斷，那麼如何賺錢呢？我對行情判斷的看法是：看似無法判斷，實則無須判斷，轉換思維，無欲則剛。

永遠不要試圖依託自己的判斷來定生死，行情的走勢本質上是由一群人驅動的結果，由於參與行情驅動的每個單一因子的交易行為（驅動行為）是隨機的、不確定的，所以行情的走勢也是不確定的。交易盈利的過程是在不確定性中追求確定性的結果，我們要努力做好行情未來各種走勢的應對機制，尤其是犯錯誤的時候的糾錯機制或者說補救措施。

放棄自我，追求無我。優秀的交易員在交易的時候不需要對市場或者走勢有任何的主觀判斷，但是，無論行情走勢如何發展，優秀的交易員總會有與之匹配的應對措施來及時處理，這就是我們通常所說的交易系統，也是所有投資者在投資領域需要一直修煉的技能。

雙向交易的弊端

很多人都納悶，我為什麼老是跟人唱反調，大家都說雙向交易好，

怎麼還會有弊端？不是我要唱反調，而是任何制度都有兩面性，上一節在聊現貨交易 T+0 制度利弊的時候談到過，要想利用好制度，必須對制度本身及制度所帶來關聯性影響有一個充分和客觀的認知。雙向交易的弊端同樣是放大了人內心的賭性，給很多投資者造成到處都是機會的錯覺。

當然，雙向交易的優勢也是明顯的。對於部分經驗老到的投資者而言，雙向交易在特定情況下，為投資者提供了一種風險對沖的客觀條件。

當然了，T+0 也好，雙向交易也罷，制度是客觀的，具體還是得看應用它的人。

雙刃劍：保證金制度和 5 倍槓桿。

保證金制度是指我們在參與交易的時候，無須支付全款，只需要支付部分訂金（保證金或保障金），即可買賣合約。

舉例說明：

比如我們進場某合約 100 批，合約報價是 300 元，那麼從理論上說，不考慮手續費因素，咱們進場 100 批需要支付的全款資金應該是 100×300＝30,000（元）。

但是目前很多農產品現貨市場都採用 20% 的保證金比例，咱們進場時，實際只需要支付 30,000×20%＝6,000（元）。

全款資金相當於實際支付資金的 5 倍，故而又稱為五倍槓桿。

大家有沒有一個疑問：我購買的時候只需要支付 20% 的資金，那麼我盈利或者虧損的時候，是不是也要按照 20% 來算呢？

下面再舉例說明：

當盈利的時候，比如咱們在 300 元的價位進場 100 批空單，進場一段時間之後，盤面價格運行至 290 元，不考慮手續費因素，意味著咱們盈利 10 個點（300−290＝10）。

此時咱們的實際盈利是：100×10＝1,000（元）。

當虧損的時候，比如咱們在 300 元的價位進場 100 批多單，進場一段時間之後，盤面價格運行至 290 元，不考慮手續費因素，意味著咱們

虧損 10 個點（300−290＝10）。

此時咱們的實際虧損是：100×10＝1,000（元）。

保證金制度僅僅是咱們進場買入的時候，需要使用的實際資金只占全款資金的一定比例（比如 20％），但是計算盈利或者虧損的時候，跟保證金制度就沒必然關係了。實際盈虧僅僅取決於咱們的交易量和盈虧點差。

注意我的措辭，盈虧跟保證金制度沒有必然關係，為什麼說沒有必然關係，而不是毫無關係呢？因為確實是有間接關係的。

如何看待保證金制度？保證金是一柄雙刃劍，它放大了資金的利用率，實際上就是放大了利潤和風險，這是什麼意思呢？咱們分開來說。

正常情況下，如果是全款交易，當我們盈利的時候，假設合約價格是 500 元，我們的持有資金是 10,000 元，不考慮手續費因素，咱們最多能購買的批量是 10,000/500＝20（批）。如果咱們盈利 10 個點，盈利金額就是 10×20＝200（元）。

但是由於有了保證金制度，假設保證金比例是 20％，所以咱們最多可購買：20×5＝100（批）。那麼同等條件下，盈利也變成了 10×100＝1,000（元）。當我們虧損的時候，同等條件下虧損也變成了 10×100＝1,000（元）。

保證金制度（槓桿）放大了利潤和風險，同時也放大了貪婪和恐懼。

不僅如此，當咱們缺乏資金管理意識或者遭遇極端行情的時候，保證金制度使得爆倉成為很多投資者的宿命。

交易是低容錯率事件，一旦資金管理出了問題，遇到極端行情，在槓桿的助推下，帶給投資者的打擊是致命的，甚至用「連根拔起」來形容都不為過，而且只需要一次即可讓我們損失慘重。

這一部分的知識點本身其實很簡單，主要是想說明咱們要對制度有理性認知，不僅要看到制度有利的一面，更要看到制度對交易不利的一面。

手續費：不是最大的交易成本

交易的過程就是學習的過程，從錢的角度來說，必須支付的成本包括三部分。

第一，手續費。

手續費是指我們在交易的時候支付給交易市場的佣金。交易市場一般按照購買的件（手）數收取，進場的時候收取一次，出場的時候收取一次，也有部分市場是進場的時候就把出場時的手續費一起收了。

目前，大部分市場的手續費都是購買 1 件（批）1 元，雙邊收取，即一進一出 2 元。但是市場也在探索一些新模式，部分合約也有例外。

比如某交易市場的番茄醬和棉籽粕，是按照最小交易量進場，手續費分別為單邊 60 元和單邊 40 元，雙邊收取；某交易市場的石板大米，按照最小交易量進場，手續費為單邊 10 元，雙邊收取。

手續費是交易者的主要成本之一，但並非交易中的全部成本，也不是最大的成本。為什麼這樣說呢？因為交易者支付的最大成本往往是「學費」，即下面要講的虧損。

第二，虧損。

虧損是整個交易過程中最昂貴的成本，昂貴到有 90% 的人都支付不起，所以有些人選擇用時間來進行轉換。

所謂時間轉換，是指用較長的時間來夯實基礎，完成第一階段知識驅動的問題。交易需要逐步從知識驅動轉變為技能驅動，從技能驅動轉變為本能驅動。這本是所有初學交易者的必經之路，只不過我們骨子裡的貪婪和自傲，使很多人的交易之路在這一階段就夭折。面對交易，一個不願意支付時間成本的人，終歸要付出昂貴的資金成本和更加高昂的時間成本。

第三，隔夜費。

隔夜費是指部分交易市場針對當日未平倉的訂單收取的一部分費用，一般按照持倉量來收取。目前，大部分交易市場已經取消了隔

夜費。

最後再強調一遍：最昂貴的交易成本絕非手續費和隔夜費，而是在讓交易技能滿足扭虧為盈的過程中，所需要支付的資金成本乃至時間成本，統稱認知成本。

漲跌停：被神化的快速獲利捷徑

漲停板和跌停板是指一個合約當日最大的價格運行區間。

漲停板是指交易制度所限定的一個合約當天能觸碰的最高點。跌停板是指一個合約當天能觸碰的最低點。漲停板和跌停板不一定會被觸碰到。

炒過股票的朋友都知道，A股市場上個股的漲跌停板一般為±10%。在現貨市場，每家交易所規定的漲跌幅限制不盡相同，有些農產品現貨市場是±7%，有些是±10%。

漲停板和跌停板的測算

舉例說明：

某交易市場的漲跌幅限制為±7%，該交易市場的翠芽當日收盤結算價為500元，那麼第二天的漲停板和跌停板分別為：

漲停板：500+500×7%＝535（元）

跌停板：500-500×7%＝465（元）

也就是說，第二天翠芽的價格只能在465~535元這一區間內運行。

這裡有個簡單的計算公式，計算漲停板時，直接用當日收盤結算價×107%；計算跌停板時，直接用當日收盤結算價×93%。

當天開盤後，一個合約的漲停板和跌停板會在交易客戶端顯示。如圖1-2所示，在交易客戶端，選擇任何一個合約，右側都會顯示該合約的漲停板和跌停板。

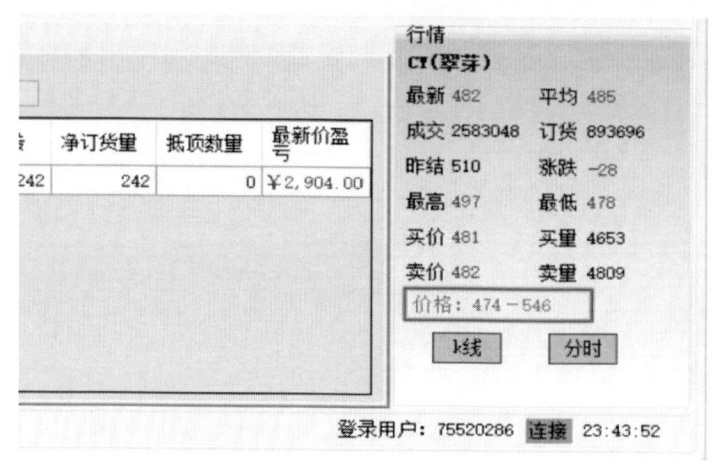

圖 1-2　合約右側顯示漲停板和跌停板

但我們做策略時，為了提前佈局，需要提前一天知道漲停板和跌停板，所以我們最好是熟悉計算漲停和跌停的方法。

注意：漲停板和跌停板的基準數據，是當日收盤結算價，並非當日收盤價，而且一定是收盤時候的結算價，因為一個合約在運行的時候，結算價一直在變化。

如何看待漲停板和跌停板？

在筆者的裸 K 平切交易中，漲停板和跌停板無任何特殊性，僅僅是一個普通的套單點而已。如果說特殊，特殊性僅僅在於「一」字板 K 線。關於裸 K 交易系統，本書第四章會有詳細介紹。

漲停或者跌停後會打開嗎？

不一定，因為它們僅僅是一個普通的點位，有時候會打開，有時候不會打開。

再次提醒：咱們投資者切勿犯經驗主義錯誤，切勿依據任何自己不熟知原理的過往經驗進行交易。

連續漲停和跌停的影響

很多市場對於一個合約連續兩日漲停，或者連續兩日跌停，會調整第三日的漲跌幅區間和保證金比例。

比如某交易市場調整方式如下：

當一個合約連續兩日漲停，或者連續兩日跌停的時候，在第三個交易日該合約的保證金比例會從 20% 提高至 30%，同時，該合約第三個交易日的漲跌幅區間會由 ±7% 變為 ±10%。

如果一個合約盤中漲停或者跌停了，但是在收盤前打開了，即收盤時並不是收在漲停板或者跌停板上，該合約不能稱為當日漲停或者當日跌停。

買漲買跌：最簡單也是最難的游戲

之所以現在才開始寫如何買漲買跌，因為在尚未瞭解前文的內容時，我們就入場交易，是注定要走很多彎路的。如果入場交易注定是咱們的人生插曲，我希望大家能通過我前面講的內容在入場前多明白一點，多一點對這個行業的理性認知。

言歸正傳，第一，如何做多？

1. 多單進場

利用交易客戶端的「買入」和「訂立」菜單完成多單進場，界面如圖 1-3 所示。

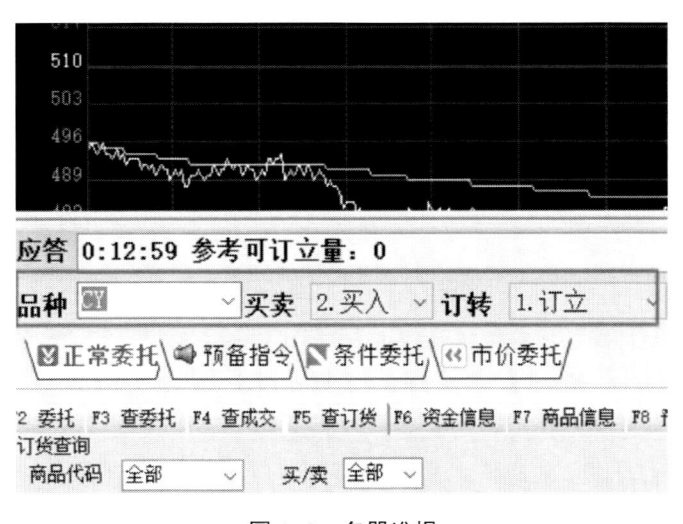

圖 1-3　多單進場

進場多單的操作步驟如下：

①根據合約品種代碼，通過「品種」後面的下拉菜單選擇想入場的合約代碼；

②在「買賣」菜單後面的下拉框選擇「買入」；

③在「訂轉」菜單後面的下拉框選擇「訂立」。

在「訂立」後面有「價格」「可訂立量」「數量」3個菜單，這裡一一介紹一下。

「價格」菜單右側默認顯示的數字表示我們想購買的合約最新市價，咱們可以手動輸入價格，因為很多直接按照市價成交的人都會面臨同向點差的悲劇（買高了或賣低了），一般實際購買價格會和盤面價格有一個最小波動單位的點差。

「可訂立量」是指根據咱們選擇的合約當前價格，系統自動測算出我們帳戶資金可購買的總批量。

在「數量」處，我們可輸入想購買的批量，系統會默認跟「可訂立量」保持一致，即滿倉買入。因此，「數量」這裡的參數一定要手動填寫，除非你就想滿倉操作。

④當咱們確定了品種、價格、購買的批量，然後就點右邊的「正常委託」菜單，系統會彈出確認窗口，確認無誤後點擊「確定」即可。

⑤成交後系統會彈出一個成交回報，此時表示我們完成了多單進場的操作。

2. 多單出場

當咱們多單進場之後，到了合適的價位需要出場的時候，該怎麼操作呢？

選擇品種，「買賣」菜單下拉框選擇「賣出」，「訂轉」菜單下拉框選擇「轉讓」，價格後面輸入咱們想出場的價格，「可轉讓量」會自動顯示咱們能出場的批量，「數量」後面輸入咱們想賣出的批量，然後點擊「正常委託」即可。同樣，系統會彈出提醒，確認無誤後點擊「確定」即可。

成交後，系統會彈出一個成交回報，此時表示我們完成了多單出場

第一章　快速入門：現貨基礎知識

的操作。

前面講的是當我們做多的時候，從入場到出場的整個步驟，空單進出場和多單進出場方法一致，但操作菜單和命令不一樣：空單進場——賣出訂立；空單出場——買入轉讓。

我們總結一下：

做多：多單進場，買入訂立；多單出場，賣出轉讓。

做空：空單進場，賣出訂立；空單出場，買入轉讓。

強烈建議新手把上面買多買空的交易指令，用便簽記下來貼在電腦上，因為不熟悉的情況下很有可能忙中出錯，做出相反的操作。

下面我們來介紹幾個重要的菜單。

在「訂轉」的下拉框，除了「訂立」「轉讓」還有兩個菜單（如圖 1-4 所示）。

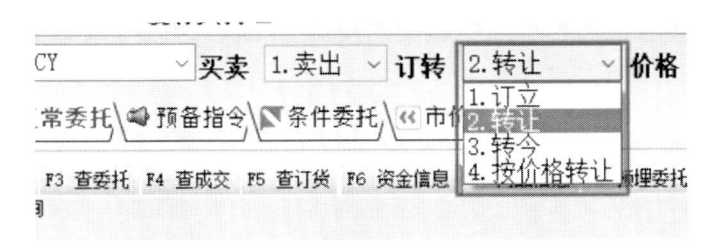

圖 1-4　訂轉下拉菜單

「轉今」表示優先轉讓今天的訂單。同一個合約，咱們的帳戶有當天進場的倉位，也有前幾天進場的倉位，如果出場的時候，選擇「轉今」，會優先轉讓今天的訂單。

「按價格轉讓」是指當某合約我們進場了多個價位的訂單，比如我們手裡有 300 元價位的杜仲、310 元價位的杜仲、330 元價位的杜仲，咱們出場的時候，僅僅只想出場其中某個價位，比如只想出場 310 元價位的杜仲，此時可以選擇「按價格轉讓」菜單來執行。

最後特別提醒：新手一定要多多熟悉軟件，熟悉軟件的操作。很多人因為急於賺錢，都在交易客戶端上栽過跟頭。

第二節　交易標的：認識現貨合約

股市裡交易的是股票，每個股票都有唯一的代碼對應。農產品現貨市場交易的實際是農作物訂單，我們通常將每個交易的品種稱為合約。

什麼叫合約，如何查看合約價格？

在每家交易市場，每個合約也都有唯一的代碼，比如貴州遵義指南針大宗商品交易市場的合約及代碼分別為：
①已上市交易的白盤合約。翠芽「CY」、杜仲「DZ」、金叉石斛「SH」、方竹筍「FZS」、黑木耳「HMR」、猴頭菇「HTG」、金銀花「JYH」、石板大米「SBM」、蝦子辣椒草莓型「XLJ」。
②已上市交易的晚盤合約。紅鬆鬆子「SZ」、天麻「TM」、蝦子辣椒條型「TXJ」、正安白茶「BC」。
下面介紹一下查看合約當前行情價格的四種方法。
1. 通過報價頁面查看價格
如圖 1-5 所示，在行情分析客戶端，通過報價界面，我們可以很直

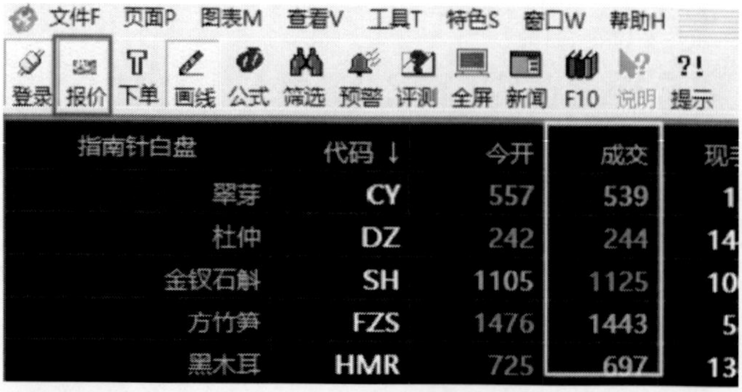

圖 1-5　指南針報價界面

觀地查看各個合約當前的一些基本信息。「成交」這一欄的數字，表示當前該合約的最新成交價格，比如翠芽的當前價格就為 539 元。

2. 通過右側盤口查看價格

如圖 1-6 所示，我們可以用鼠標雙擊任何一個合約。以翠芽為例，會顯示盤面的 K 線走勢，在右側「成交」文字後面會顯示一個數字 539。這個數字表示翠芽的合約最新價格為 539 元。

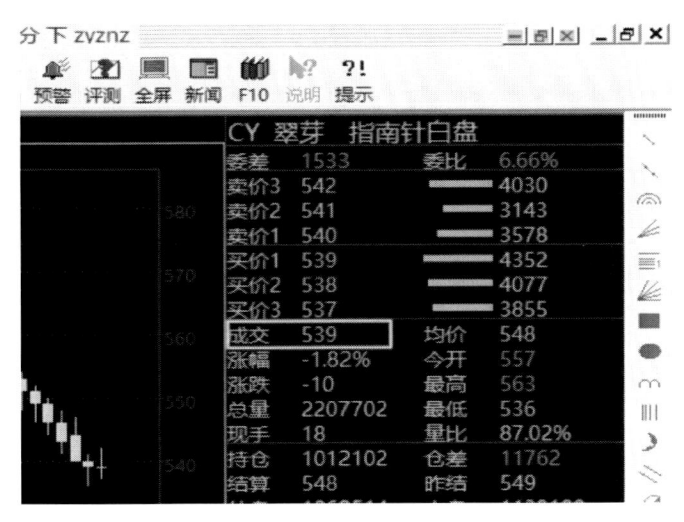

圖 1-6　成交右側數字即為最新報價

3. 通過交易客戶端查看價格

當我們開通帳號，登錄交易客戶端之後，也可以很容易地通過交易客戶端查看合約的當前價格。

4. 通過手機客戶端查看價格

當我們通過手機客戶端登錄交易帳號之後，也可以很容易地查看報價。

其實查看合約行情價格的方式有很多種，這裡只簡單提這幾種方式，後文會一步步將這些基礎知識串聯起來，力爭做到讓看完這些內容的朋友們能快速上手，減少一些不必要的試錯成本和探索時間。

那麼，我們該如何設置自選合約呢？所謂弱水三千只取一瓢。合約有很多，不一定每個都做，咱們可以利用行情分析客戶端自選合約的功

能，把經常交易的合約設置為自選合約。

設置自選合約的步驟如下：

①打開行情分析客戶端，點擊左上角「報價」菜單，如圖1-7所示，進入報價頁面。

圖1-7 報價頁面

②如圖1-8所示，在合約報價列表界面，選擇想設置為自選的合約，比如翠芽、杜仲，右鍵依次單擊，選擇「設為自選品種」，這樣就設置好了。

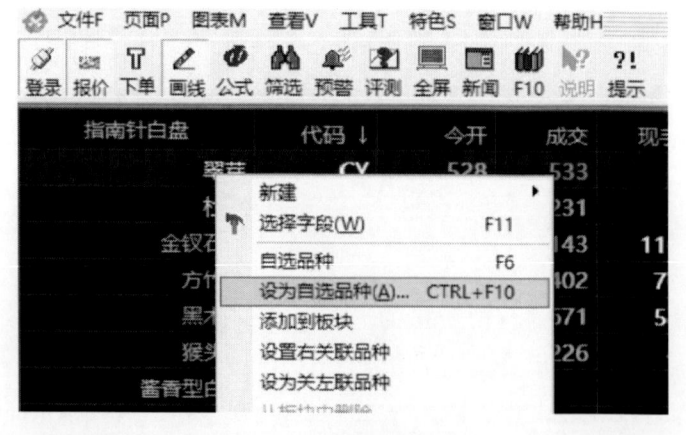

圖1-8 設置自選合約

刪除自選合約步驟如下：

①點擊左下角板塊，進入自選合約列表頁面。

②鼠標右鍵單擊，選擇要移除的合約，如圖1-9所示，然後在右鍵菜單中選擇「從板塊中刪除」即可。

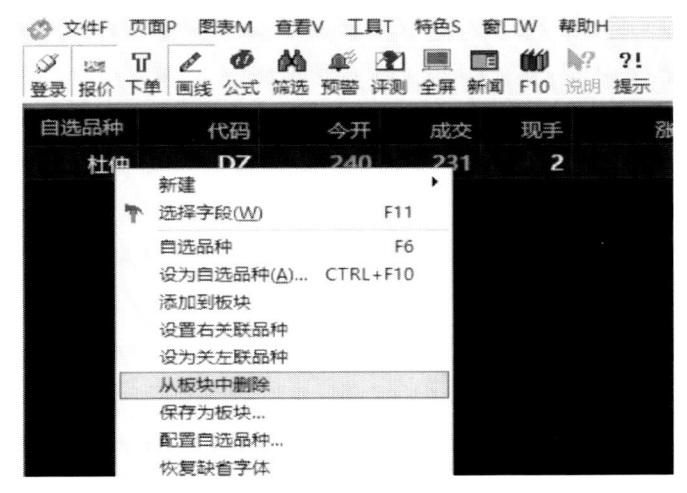

圖1-9　刪除自選合約

這個功能就簡單介紹到這裡，操作起來比較簡單，大家自行測試即可。

如何通過合約交收穫利？

關注合約交收期，規避低級錯誤，更要知道如何通過交收穫利。

交收的含義

交收又稱為交割，指的是到了約定的時間，履約的過程。對於咱們普通投資者而言，平時買賣的是合約訂單，到了交收期，做多的人提貨，做空的人供貨，這就叫履約，也就是通常說的交收（交割）。

交收對投資者的影響

1. 交收期跟交易的關係

每個合約都有上市時間和交收時間，按照當前指南針的制度，一般

每個合約的上市時間和交收時間的週期為一年。這就意味著，咱們投資者參與每個合約的交易，從理論上說，最長持單時間接近一年。

當然，這裡說的最長持單時間可以接近一年，僅僅是說交易制度允許，不代表咱們必須這麼幹，更不代表咱們就真能幹成。如果咱們帳戶訂單處於虧損狀態呢？別說一年，可能不到一個月就爆倉了。

清華大學說全國高校考生均可報考，但是不代表每個人都可以上清華，能否上清華，應該以咱們的成績為準。同理，咱們在交易的時候該持單多長時間，應該根據自己的交易手法及交易計劃來決定。

對於最長持單時間可以接近一年的正確理解是：咱們剛好抓住了某合約的一波趨勢，剛好這波趨勢從該合約上市走到交收，剛好咱們是長線交易者，剛好咱們的心態夠好，具備長期持單的耐心。那麼在這個過程中，市場會允許咱們持單接近一年，不會給咱們強行平倉，僅此而已。

但實際情況是，上述這種持單接近一年的交易，絕對屬於偶然性事件，可遇不可求。更何況，一個合約剛上市及臨近交收的時候，其交易量往往比較小，流動性很低，不適合交易。

所以咱們參與交易的時候，應盡量避開剛上市和臨近交收的合約。對於剛上市及臨近交收的合約，咱們去參與，就猶如參加聚會，來的人還不到十分之一，咱們已經自己喝高了；或者咱們遲到了，大家都喝得差不多了，已經買單準備散場了，你才去。

2. 利用盤面和實物價差獲利

以指南針為例，支持一批交收，簡單點理解，可以用很少的本金來進貨。很多交易品種，比如黑木耳、猴頭菇、湄潭翠芽、蝦子辣椒，有時候其價格並不高，交收一批也就幾百元錢。咱們國家幅員遼闊，很多物種地域化差價很大，當某品種的盤面價格跟該品種在咱們當地的市價相比有明顯優勢的時候，咱們可以直接提貨交收，並通過銷售獲利。如果咱們本身就是開超市的，售賣一些干貨，那就更好了。

如何查詢合約交收期

咱們大部分時間還是在關注交收對咱們交易的影響，所以需要瞭解

每個合約的交收期。

這其實很簡單。我們可以通過所參與的交易市場官網查詢每個合約的介紹，並做一張電子表，把每個合約的交收期記錄下來，在平時交易的時候隨時查看。

合約交收流程

第一步：買入訂立。

買入訂立需交收的合約，當需要交收的時候，直接開始走交收流程。

第二步：補齊資金。

我們買入的時候都是先繳20%的保證金，走交收流程的時候就需要補齊資金，包括保證金以及交收手續費（交收手續費可以在市場官網查詢）。

第三步：聯繫市場工作人員。

聯繫市場交收專員，填寫交收申請表。

第四步：收貨。

填寫交收申請表後，在交收專員的協助下，完成後續環節。交收期間一定要和交收專員保持緊密聯繫。

關於合約的交收流程就簡單介紹到這裡，因不同交易市場的具體規定不盡相同，其他細節問題可以諮詢市場工作人員。

非主力合約不交易

這一部分很簡單，其實是延續前文關於交收的一些知識點。

什麼叫主力合約？

主力合約從字面理解有兩層含義：一是主力資金（大資金）已經開始介入的合約，二是大量散戶已經開始參與的合約。

為什麼要關注主力合約？

交易只能選主力合約。這句話對咱們交易的實際影響在前文關注合約交收期更要關注如何通過交收穫利提到過，這裡再重申一遍。

投資者一定不要參與剛上市的合約及臨近交收的合約。其道理很簡單：一個合約參與的人越多，走勢越活躍，咱們投資者獲利的概率就越高。

如何選擇主力合約？

我們主要從兩個緯度來關注主力合約：一是上市時間和交收時間，二是持倉量。首先，一般上市一個月以內的合約，咱們不要介入，即便介入也要輕倉；一般臨近交收一個月以內的合約，咱們以平倉為主，盡量不開新倉。其次，每個合約運行到成熟階段，會有一個相對恒定的持倉量，當持倉量跟成熟期的恒定持倉量相比，明顯偏少的時候，不建議介入，即便介入也是輕倉。

這裡屬於經驗之談，僅供參考，如果非要交易非主力合約，只要能賺錢也行，祝您好運！

第三節　交易場所：農產品現貨電子盤

目前，市場很多，大家的選擇也很多，但是不管選擇哪個市場，歸根究柢打鐵還需自身硬，不要輕信他人的推薦，尤其是不要信「老師」「分析師」的自賣自誇。大家要明白，很多「老師」「分析師」實際上就是業務員，自己是不做交易的。

農產品現貨有哪些交易市場？

目前，國內的交易市場多達數百家。大家如果有興趣的話可以通過各個銀行的網銀平臺簽約菜單瞭解，很多交易所均跟幾大銀行有資金託管合作。光幾個國有大行的簽約菜單下面羅列的交易所加起來就有數百家，還不包括那些通過第三方支付機構進行資金劃轉的交易市場。

一句話概括：目前國內的交易市場太多了。

交易市場的分類

依據每個市場交易的標的物不同，交易市場又細分了很多門類，比如貴金屬交易所、農產品交易所、藥材類交易所、化工類交易所等。自我入行以來，我主要從事的是農產品交易，所以本書主要以農產品為例。當然，雖然以農產品為例，但是這些知識尤其是基於風險的一些防範措施和技術分析方法，適用於所有的交易市場。

什麼樣的市場是好市場？

很多朋友看到這裡可能會問，你認為哪個市場最好做？這其實是一個假命題，因為所有的市場在我看來，均是賭場，無論我們選擇哪個市場，均是參與零和博弈游戲。如果我們自身缺乏完善的交易系統，那麼虧損是注定的，沒有任何一個市場是送錢的財神。

如果非要推薦一個市場，那我的答案是：既然您問了這個問題，最適合您的市場是菜市場，趕緊去菜市場買菜，回家做飯，因為您目前的基礎不太適合做交易。

換句話說，需要他人推薦市場的投資者朋友，往往懷抱期望進場，卻終將失望而歸。作為一名投資者，最需要具備的是甄別能力，去幫助自己選擇一個合規合適的市場。

我從不推薦「好市場」，並非我害怕承擔責任，而是根本沒有「好市場」。我從2013年入行，做過很多的市場，比如壽光系的果蔬市場、天新茶葉、天津匯港、新疆海川、河北系的市場、鄭州棉花、聚秦農林、貴州指南針、南京亞太、涪陵榨菜等，沒有發現哪個市場是絕對的「好市場」。

農產品現貨有哪些交易軟件？

前文聊了有哪些交易市場，這一部分簡單聊聊有哪些交易軟件。

按運行平臺分類

交易軟件按照客戶端的使用場景主要分為PC端及手機端，按照操作系統分為基於Windows及Mac系統的。目前，國內現貨領域的交易軟

件主要包括 PC 端 Windows 系統下的運行軟件，及安卓客戶端、iOS 客戶端，暫時沒有專門在 Mac 系統運行的軟件。

按軟件開發商分類

國內的現貨交易市場均選擇了跟不同的軟件開發商合作推出各自市場的交易客戶端，暫時沒有軟件支持用戶登錄一個帳號同時進行多個市場的交易。也就是說，如果一個投資者要同時進行多個市場的交易，需要同時安裝多個軟件。至於這種情況是否會改善，也只能看整個行業的發展了。

交易軟件細分為行情客戶端和交易客戶端。行情客戶端主要有倚天版和富遠版的，交易客戶端主要有鄭大版和金網安泰版的，此外還有比如博易大師類的軟件。

這些大家做簡單瞭解即可，當我們選擇好在某個交易市場進行交易的時候，自然就能夠通過市場官網進行瞭解，選擇適合自己的軟件版本。

以農為本的農產品交易所

鄭重聲明：本書僅以貴州遵義指南針大宗商品交易市場為案例，目的是便於大家對農產品現貨交易有一個直觀的理解，本書並不向投資者推薦任何一家具體的交易平臺，也不為任何一家交易市場站臺、背書。讀者朋友們據此入市風險自負！

還是前面說的，如果非要讓我推薦一家市場，那我的答案是菜市場！因為自己沒有甄別能力，需要他人推薦市場的投資者朋友，那是對自己錢包的極度不負責！

另外，「地球會轉，人心會變」，交易市場所處的內外部環境都是時刻變化的，一家交易市場即便以前有再好的口碑，也不代表它以後一定會合法合規營運。當本書與讀者見面的時候，貴州遵義指南針大宗商品交易市場還在不在營運、在不在健康規範營運，誰也無法保證！

2015 年年底，我參加了指南針在北京舉行的一次發布會，聽了指

南針老總基於農產品現貨商業模式的一些分享，他談到了以農為本和互聯網思維。

本人在進入現貨交易領域之前一直從事互聯網工作，本身就是一個生活在大城市的農民，我瞭解互聯網，更懂農民。

聽完分享，我當時的感覺是，指南針的玩法很新穎也很大膽，若能成功，完全能走IPO的道路，也確實可以帶動農業經濟的發展。

發布會結束後，我又參與了指南針另一位老總主持的代理商交流會，聽了其基於農產品現貨電子盤的一些看法，我感覺他們跟其他市場相比，更看重虛擬交易對實體經濟的帶動作用。

當我去見指南針市場總監的時候，我很認同對方的觀點：絕不降低門檻縱容代理商惡意欺騙用戶，嚴厲打擊惡意擾市的營運行為。

但是，說比做永遠容易得多，他們是這麼說的，可會不會這麼做，我就不敢保證了，只能聽其言而觀其行，也希望指南針能不忘初衷，合法合規營運，帶動實體經濟發展！

截至我撰寫本書之日，指南針交易合約包括蝦子辣椒、方竹筍、湄潭翠芽、黑木耳等在內的合計13個農產品品種。

按照當前的交收制度，其最小交收單位為1批。

交易時間：非法定節假日均正常開盤，分為白盤和晚盤。白盤交易時間為9:00—11:30, 13:00—15:30。晚盤交易時間為19:00—21:00。

有些交易市場的白盤合約和晚盤合約是同一個合約，白盤收盤後晚盤開盤行情繼續，這樣會給部分不能保證白天、晚上都有時間盯盤的投資者帶來一些不方便。相比之下，指南針的白盤品種和晚盤品種為不同的交易品種，白盤和晚盤的走勢不連續，部分非專職的投資者可根據自己的時間安排選擇只交易白盤或者只交易晚盤。

交易場所整頓，我們該怎麼辦？

大概是2017年9月份的一天，有人（暫且稱其為D君）添加我的QQ。剛通過好友驗證，來了個電話，我就接電話了，接完電話，QQ上

就有了下面幾條消息和一個窗口抖動。

D君：最近行業整頓你怎麼看？

D君：？

D君：喂，說話啊，人呢？

（一個窗口抖動。）

小刀：不好意思，剛才在接電話，最近網上報導澳大利亞有一個袋鼠懷了10胞胎，您怎麼看？

D君：這個關我什麼事！

小刀：整頓關我什麼事！

D君：……

交流就到此為止了。

作為一名普通的交易者，面對行業整頓，我們該怎麼辦？答案就在上述對話中——關我們什麼事！

整頓是必然的，也是必要的

近幾年，隨著行業的發展，關注現貨交易的人確實越來越多了。一個投資產品，關注的人和參與的人多是好事情，但是有陽光的地方必然有陰影。伴隨著行業的發展，非正規營運也越來越多，也就是通常所說的客損。

所謂的客損，是指一小部分交易平臺和代理機構聯合操縱行情，跟客戶對賭。如果客戶賺錢，平臺就虧錢，交易平臺和代理機構為了最大化地獲得利潤，往往會安排業務員化身「盤神」，給客戶提供行情建議。

當客戶資金量小的時候，客戶天天撿錢，「老師」會不斷鼓勵客戶追加資金。客戶在利益的驅使之下，一旦追加資金，就被一鍋端了。當客戶再無力投入資金的時候，「老師」就消失了。

可能有人會說，那如果我的大資金賺錢了呢？非常抱歉，一旦我們投資者選擇的交易市場屬於非正規營運的平臺，大資金只要賺了錢，就肯定賣不出去。

從某種層面來說，我們一旦選擇了入金，錢就不是我們的了（關於

如何選交易平臺及常見的騙局類型後文會有專門的探討)。

針對是否要做客損,我曾經跟好幾個友商交流過,他們的觀點是:「散戶的心態比較奇怪,苦口婆心地勸他們做正規平臺,給他們講技術分析,告訴他們要止損,他們不會聽,他們還是會虧,與其把錢虧給市場,還不如讓我得一點好處。」

對於這種觀點,我們不能說友商完全錯了,誰讓大家都愛錢呢?

從現貨貴金屬到現貨原油,從現貨原油到天然氣,從天然氣到部分「微交易」平臺,接下來要淪陷的可能是外匯。其實這些騙局很容易被識別,但是願意花點心思來學習的交易者實在是少之又少,所以給了別人可乘之機,這是誰的錯?

交易是一場競技,有輸有贏,如同賽車,我們可以接受因為技不如人而失敗,但是如果我們的失敗是因為我們駕駛的車道突然間出現了塌陷,那就太不值了。針對這種挖坑的行為,如果沒有管制,也許就沒人願意來參與這個賽車游戲了。

現貨投資屬於市場經濟的產物,要遵循市場的發展,因此宏觀調控在必要的時候也是需要的,整頓是必要的,也是必然的。只有整頓,才有可能構建一個相對公平公正的競技環境。

現貨還能走多遠?

我2013年入行的時候就發現,針對「現貨行業還能走多遠」的論斷一直沒停過,但是時至今日,我們依舊在這個行業鏖戰。

我的觀點是,現貨是一個行業,它不會消亡。

整頓之後,無非有兩種情況:一是它的發展更加規範、健康、完善,咱們的交易環境和交易氛圍更好;二是現貨徹底沒了,如果出現這種情況,必然會有新的替代品,也許炒現貨變成了炒花生、炒瓜子之類的。為什麼這麼說?道理很簡單,民眾有投資的需求,市場就必然有供應。

所謂的交易市場也好、投資產品也罷,對於我們而言,只是一個博弈的工具。博弈的成敗取決於我們個人的綜合水準,而不取決於到底是炒現貨還是炒花生、炒瓜子。

我們是普通的老百姓，說句很自私、很現實的話，相對行業的發展，我們更應該關注我們個人的盈虧。試問：我們個人交易的盈虧是跟行業發展的盛衰呈正相關嗎？行業蓬勃發展沒整頓一片祥和，我們的交易就一路賺；行業整頓來臨，我們的交易就一路虧損，是這樣嗎？

我想，答案在每個人心中。

如果我們看好現貨交易，不管行業整頓與否，我們都應該潛心修煉，提升內功；如果我們不看好現貨交易，不管行業整頓與否，我們都應該遠離現貨，尋找其他更適合自己的投資產品。

相對於關注現貨能走多遠，我們更應該關注自己的交易修養有沒有跟上行業的發展，因為行業發展的背後代表著那些和我們在一個戰壕的交易者在成長。而在這個零和博弈的游戲中，從某個層面來說，他們又是我們的對手。我們在交易這個領域，唯一的核心競爭力是，具備比我們的對手更強更快的學習能力。誰能突破自我，誰就能成為勝者，我們更應該關注我們自己能走多遠！

行業如何發展，我們只要適當關心、關注即可，這些不是需要我們操心的事情。任何時候，自身強大，具備盈利能力，才是王道！

第四節　常見騙局：投資第一要務是避開陷阱

前面我們也提到過，交易是一場競技，有輸有贏，如同賽車。我們可以接受因為技不如人而失敗，但是如果我們的失敗是因為我們駕駛的車道突然間出現了塌陷，那就太不值了。

不過，總有一些有錢任性的人，他們對投資完全不懂，又不願意花時間和精力去學習，經常問我有沒有可以喊單、最好是代操作的市場。對於這類人，我的回答是：最適合你的市場是菜市場！趕緊買菜回家做飯吧，因為你目前的底子不太適合做交易。

作為一名投資者，最需要具備的是甄別能力，因為投資第一要務是

規避陷阱。賺錢之前應該首先想到防範風險。不懂風險，就不懂賺錢！資金安全永遠是我們選擇平臺時第一個考量的因素，再怎麼強調都不過分。

正確看待行業返佣行為

正確看待返佣，切勿本末倒置！佣金是交易的成本之一，自然是越少越好。

三種降低交易成本的思路。

1. 聯繫開戶機構降低佣金

交易所對佣金有統一的規定，但是交易所不直接接觸大眾投資者，跟大眾投資者打交道的一般都是會員機構或者代理商。

代理商為了吸納客戶，往往會根據自身營運情況來降低佣金標準。對於咱們投資者而言，在同等服務條件下，能找到佣金相對低的開戶機構，可以降低一部分佣金，自然也就降低了交易成本。

但魚與熊掌不可得兼，這並非咱們散戶投資者的最佳選擇，有時候甚至是一個誤區。

2. 減少交易頻次

交易頻次越高，支付的佣金成本越高。對於咱們交易者，尤其是新手交易者而言，80%的交易其實都是無意義的，唯一的意義在於給會員機構貢獻了佣金利潤，僅此而已。咱們作為投資者，可以通過降低交易頻次來控制佣金成本的支出。

3. 提高利潤成本比差值

成本的高低是相對於產出而言。如果2015年在深圳買進一套50平方米左右的小戶型房產，大概需要120萬元，2年後，房產會增值到240萬元左右，基本上會翻一倍。但是如果兩年前花120萬元買進一輛車，2年後這輛車的實際價值一定會貶值。同樣的成本，不一樣的產出。

放到交易中，同樣支付了300元的手續費，有人獲利3,000元，有

人獲利300元，利潤成本比差值不一樣，自然成本的高低也就不一樣。

咱們做交易，有人喜歡日短，有人喜歡中長線，有人頻繁刷單。三種做法，實際上成本都是不一樣的，這裡並非在鼓吹哪種交易模式好，存在即合理。後文我們談現貨交易的盈利模式時會談到這個問題，交易者只能被動接受客觀行情，但是如果能偶爾拿點中長線也未嘗不可，盈利點差大，自然就從根源上降低了成本。

追求高返傭的利弊

上面談了降低交易成本的三種思路，但是行業現狀是什麼？80%以上的投資者把降低佣金標準（俗稱高返傭）當成降低交易成本的唯一途徑。

1. 不健康的營運模式給雙方帶來的傷害

作為一家公司化運作的會員機構，需要經營成本。目前現貨領域的盈利模式單一，佣金收入幾乎是大部分會員公司的全部收入。當然，咱們不討論吃客損的會員機構。行業在發展，一些不合規的營運模式終歸會慢慢淡出歷史舞臺。

當會員機構把佣金全部返給了投資者，會員機構吃什麼？大家都是上有老下有小的人，都要吃飯。很顯然，技術服務肯定會打折，甚至沒有技術服務，會員機構要保證自己的收入，只得鼓勵客戶頻繁交易，最終受傷的是客戶。客戶在頻繁交易中逐步流失了本金，會員機構看似在盈利，實則也是收入慘淡。

最終，隨著客戶資金的損失殆盡，會員機構也慢慢滅亡。高返傭看似能吸納客戶，實則是對雙方的一種傷害。

2. 從交易成長的角度談談弊端

（1）一葉障目。

部分投資者入行幾年，以為做交易就是靠賺取佣金。由於許多投資者一味追求佣金，所以很多投資者對交易缺乏宏觀的瞭解。一個投資者如果入行幾年一直在刷單，最終把自己給刷死了，這也是一種悲哀。

（2）低成本導致頻繁交易。

開倉需要理由，但是一旦交易成本低成為開倉的理由，則是交易者

的不幸。對於咱們部分缺乏交易系統知識的投資者而言，低廉的交易成本往往成為頻繁開倉的誘因之一，而咱們為此所付出的代價，絕對不是節省的那點佣金成本能彌補的。

如何正確看待佣金問題？

1. 從投資者的角度來說

咱們缺什麼，就去追求什麼。

如果咱們技術成熟，就不需要任何技術服務。由於導致交易盈利不理想的唯一原因是佣金成本高，所以咱們可以考慮單純以佣金的高低，來作為選擇開戶機構的唯一標準，甚至可以自己開一家公司，來最大限度地降低佣金標準。如果不屬於上述情況，咱們還是不要被蠅頭小利蒙蔽了雙眼，做出撿芝麻、丟西瓜的選擇。

咱們應該選擇那些對自己的交易技能提升有幫助的會員機構，通過交易技能的提升，降低交易頻次，提高利潤成本比差值，從根源上降低交易成本。

道理很簡單，決定一個交易者成敗的關鍵因素絕非佣金高低，而是綜合技能水準的高低。

2. 從會員機構的角度來說

降低佣金標準只是一種低價策略，在 5 年前，這種策略也許能適應市場的發展，但是隨著市場的成熟，這種策略已經慢慢不合時宜了。會員機構或者說代理公司的生存發展，最終還是要靠提高技術服務水準，做口碑傳播。

對於那些既要高品質的技術服務，又追求高返傭的散戶投資者，咱們也可以拒絕！

正確看待「指導老師」

99%的人選錯了老師，所以虧了錢。

這篇聊一聊老師，老師還有啥好聊的？其實可以聊的地方非常多，我們99%以上的投資者之所以失敗，源自沒有處理好自身和老師的

關係。

這個行業有三種老師。

熱心的老師

在前文什麼是多空交易和雙向交易中談到過，由於我們很多人缺乏對交易的客觀認知，一直在努力判斷行情。一些投資者用盡一切辦法才發現這個自己玩不轉交易，然而面對虧損的錢，又不甘心，剛好伴隨著我們入市交易，我們的開戶資料被洩露，一些打著「大數據」名義到處竊取他人信息的不良公司業務員闖進了我們的生活。

我們「驚喜」地發現，我們遇見的事兒在這些人眼裡都不是事兒，他們對行情的把握可謂是爐火純青，總能捕捉到當天的最高點和最低點。從他們所曬的截圖來看，他們天天在吃肉，我們很想跟著喝一杯湯。我們很慶幸功夫不負有心人，終於遇見了能帶自己賺錢的大神。

可實際情況是，如果他們是狼，我們就是他們眼裡的肉。當我們投入資金的時候，我們也就失去了所有。然後伴隨著一聲「這個人的錢應該虧完了」，被我們奉為大神的老師將我們拉黑，就此淡出我們的生活。

識別這類老師很簡單，他們往往有幾個特徵：

1. 永遠在打雞血

跟你溝通的所有的重心都是在告訴你：

「我們有非常牛的老師，保證你賺錢，只要跟著我們玩，百分之百賺錢。」

「你投入的本金越多，我們給你派的老師就越牛，你賺得也就越多。」

「馬上大行情了，趕緊入金，賺一波」。

「前幾天我們的牛老師帶領客戶在××點位買進多單，如果你也買了，你就賺大發了」。

2. 非常熱心

熱心到你覺得他是你的親人，他的存在就是為了你能發財，他這一生的價值就是為了你的幸福。

3. 盈利高手

特別喜歡曬盈利單。當然，很多訂單是用軟件製作的。

其他的不列舉了，有判斷力的人不用列舉也能識別，沒判斷力的人列舉再多也無用。

其實，要打造一個這樣的「老師」超級簡單，一週即可。因為都有固定的話術，背誦就可以了。

不想淪為這類騙子老師的魚肉，記住兩句話即可：做交易最最重要的原則，就是要麼不做，要做就要靠自己；所有告訴你行情多麼好，勸你交易的人都是圖你的錢。

冷漠的老師

相對於上面熱情的老師，這類人本身對交易有一些真實的感悟和認知，他們不會對您噓寒問暖，甚至有時候有點冷漠。

但是在交流具體的知識時，他們不含糊，會給您說一通。當然，很多您可能聽不懂。您想聽接下來您關注的合約會走到哪裡，您想讓他們告訴您在哪裡買進，恰恰這些他們不會說。

所有在市場具備盈利能力的交易者，均沒有能力判斷接下來在哪個點位進場一定賺錢，交易本質上是一種試錯、糾錯的游戲。

是不是無法理解？因為如果您理解了，您也就上道了，真的。

這類人的冷漠其實很正常，所有在戰火裡幸存下來的交易者，其本身對交易都有理性的認知。他們不會極力鼓吹交易的好，因為交易本身就不是一件好事兒，但是他們也不能逢人就說，別做交易啊，很坑啊，這樣也顯得像剛從瘋人院出來，對不？

在瘋子和惡人之間，他們選擇了沉默。

一個陌生人，對您過分的好，要麼是看中了您的人，要麼是看中了您的錢，大家都很忙，誰有閒工夫天天纏著您噓寒問暖呢？

但是由於我們投資者一旦入行，就會遇見很多公司業務員對我們的噓寒問暖，慢慢習慣了這種被「呵護」、被「重視」的感受，所以我們往往很容易錯失那些冷漠的老師。

在投資領域，如果能遇見一個跟我們不聊行情、不聊業務，只聊專業知識的人，那真心是我們的福氣。

熱心未必真愛，冷漠未必無情。

別關注別人說話的態度，多關注別人傳遞的信息，是一個人成熟的標志之一。如果在一個成年人參與的游戲裡，我們連成熟都談不上，何談盈利？還沒開始就已經輸了一籌了。

從不說話的老師

第三類老師最牛，不管我們認不認，都必須尊其為師，而且拜師越早，就能越早盈利。這個老師就是市場，市場才是真正的老師。

我初入投資領域的時候，夢想能學會類似獨孤九劍一樣的功夫，獨步江湖，所以取的網名叫「獨孤小刀」。但是很多人老問我是不是很孤獨，後來我才知道，很多人看成了「孤獨小刀」。明明很厲害的名字，非把我看成傷感胖子，於是就改成了小刀。老有人叫小刀老師，說叫小刀不禮貌，可我最不喜歡別人叫我老師。於是，我就改成了小刀大叔，這樣大家叫的時候，加個後綴，就不會覺得不禮貌。

我們每個交易者在市場面前都是學生，只有市場才是真正的老師。什麼是老師，老師是教我們學知識、用知識的人。做交易，任何一句話、任何一個知識點，都必須在市場裡實踐，而且是長時間實踐，才能明白、會用。

只有市場能解決我們學知識、用知識的問題，所以市場才是老師。從一個交易者的成長軌跡來看，交易者能否成功，取決於其對市場的領悟和認知能力的高低，而不是取決於他人指導的好壞。

有些人看到這裡或許會問：小刀胖子，你是不是在自己打自己的臉，你既然說交易只能靠自己，那你寫這些東西我豈不是看了也白看，那我還看個什麼啊？

一看您就是急性子，我上面的話還沒說完呢，這句話的完整版是這樣的：從一個交易者的成長軌跡來看，交易者能否成功，取決於其對市場的領悟和認知能力的高低，而不是取決於他人指導的好壞，從失敗到成功，中間的所有過程我們都必須經歷，雖然過程不可逾越，但是週期可以縮短。

正確看待帶盤及喊單行為

帶盤和喊單是一個意思，指的是跟隨性交易，是以他人的交易意見作為參考甚至作為賺錢的法寶。帶盤和喊單都是不健康的行業現象。

帶盤和喊單是一種不健康的行業現象

自己不決策，熱衷於跟隨他人交易的投資者，大多數是抱著「賺錢是因為我牛，虧錢是因為你有錯」的心態。當跟單的他們盈利出局時，沒有人會記得喊單的你；一旦他們止損甚至扛單割肉出局時，你連呼吸都是錯的。

而自己不交易，僅僅熱衷喊單的從業者，多數人是抱著「賺錢我厲害，虧錢怪你笨」的心態。當跟單的你盈利出局時，他們恨不得你寫歌唱遍大江南北；當你虧損出局時，他們就會選擇性的遺忘。

上面的結果還算是好的，最怕遇見「熱心老師」，以帶盤和喊單為誘餌欺騙投資者並騙取投資者本金。

上述觀點可能有點偏見，但我總感覺帶盤和喊單就跟幫人做作業一樣。對於一個只想混完小學畢業的人而言，能夠有人代勞寫作業，不論對錯，結業了（虧完了）也就收工了。但如果我們本身對自己的定位不僅僅是小學畢業，那我就建議您還是腳踏實地，獨立決策、自主交易。

為什麼這麼多人熱衷於喊單？

不合理的現象背後都充斥著無奈。不管是帶盤喊單的工作者，還是到處尋求帶盤指導的交易者，均屬無奈。

國內的金融市場發展迅速，尤其是近 20 年更快，但是相對金融市場發達的國家，咱們畢竟晚起步了一段時間。任何行業的發展都需要一個累積和沉澱過程，如果累積和沉澱不足將帶來多方面的影響，其中一個方面就是民眾對投資（投機）的認知不足甚至缺失。

認知的不足無論是對普通的投資者還是對從業人員而言，都是一致的，甚至很多現貨公司的老板，也只片面地認為開現貨公司來錢快，直到客戶虧損較大、流失嚴重的時候，才發現這錢並不是這麼好賺。

由於缺乏對投資的認知，大眾交易者總認為他人能幫助自己判斷行情，而很多從業人員其實初衷是好的，認為帶盤喊單能幫到投資者。

此外，從業人員入行門檻低也是帶盤喊單盛行的一個原因，在現貨領域做個分析師太簡單了，只要會打字、口才好、熟悉下交易流程、學點技術指標，就可以開始喊單了。而且，不干不行啊，要生活啊，老板給了業績壓力，這個月的手續費必須賺多少，不然就扣錢，那只好硬著頭皮干吧。

有人可能會問，為什麼這些從業人員不自己交易賺錢呢？原因在於，交易面前，人人平等，單純靠自己交易賺錢維持生計太難了，從我自身的經歷來看，自2013年5月開始交易，虧了近一年，才勉強說能賺錢。當然，我屬於資質較愚鈍的那類人，不具備代表意義，很多資質好的朋友或許不需要虧這麼長時間，但是終歸都要虧一陣子，時間長短而已。

很多從業者敗給了現實的生活壓力，在這個領域除了喊單，很多時候別無出路！

現貨作為一個金融領域細分的新型產品，需要走的路還很長，我們每位交易者涉身其中，需要走的路更長。

發自本心的建議

在這裡，我想從個人的角度給大家提兩點建議：

（1）對於從業者而言。

如果僅僅做個過客，那麼這個行業其實並不太合適您；如果自己本身對交易也有興趣，一定要注意，不該賺的錢還是不要賺，否則，一旦自己做交易就會被心魔所傷，眼下的苟且會為自己未來的交易留下很多隱患。

（2）對於大眾交易者而言。

如果僅僅想著找捷徑賺快錢，那麼您的資金很可能成為他人口袋裡的快錢。這是一個九死一生的行業，交易者盡快脫離帶盤和喊單，寧為知識付費，不為消息買單。有時候買單的代價是很高的，交易者應盡早培養獨立決策能力，構建自己的交易系統，自主交易，才有可能成功；

否則，注定失敗。

少關注哪個點位進場，多關注為什麼要在那個點位進場，後者才對我們的交易有幫助。

看到這裡或許大家會發現，有些內容頻繁出現，比如謹防騙局、獨立交易、構建交易系統等，在實操環節，類似「止損、做盤紀律、資金管理」這些字眼也會頻繁出現。這些頻繁出現的內容對我們的交易生涯的影響非常非常大。這些頻繁出現的內容，是為了提醒讀者朋友，也是警示我自己，在現貨交易學習的事情上，我們對學習態度的重視遠遠超過學習本身。

現貨交易穩定盈利的條件就一句話：在可控的風險之內去冒險，把每次冒險的成本控制在可控範圍之內。但是這句話很空洞，需要我們進行拆分。裸 K 交易自成一體，知識點彼此關聯，有時候為了闡明某個知識，需要其他知識的幫襯，所以有些內容會重複出現。

學習是一個從簡單到複雜、從複雜到簡單的過程，所有的知識最後變成了八個字：固定標準，執行標準。

現貨交易常見騙局

前文談到過，交易猶如賽車競技，有輸有贏，技不如人輸了沒關係，勝敗乃兵家常事，重新來過就可以。但是如果我們輸是因為有人給我們的跑道挖了坑，那就另當別論。

我們在慶幸獨占鰲頭、所向披靡的時候，突然掉坑裡了，等反應過來，才發現車毀了。我們後來發現，我們連比賽的名都沒報上，被一幫人忽悠，在自娛自樂而已。

這是恥辱！

言歸正傳，常見的交易騙局有哪些？

知性女子的青睞

某天，我剛起床就發現盤思動某交流群裡有很多未讀的消息記錄。什麼情況？翻了一下記錄，原來是某位客戶朋友 G 君在群裡說，他十

分青睞但一直無緣一親芳澤的高中時期的女神突然加了自己的微信，還邀請他去做客，G君很忐忑，不知道女神究竟為何。

群友們紛紛獻計獻策：有人說女神是芳心暗許，想再續前緣；有人說女神只是單純地想重溫同學情；……各種說法都有，熱火朝天。

我回了一句：她是想做微商了吧。

G君認為不可能，再三糾結之後，買了高鐵票，去看望女神。沒過幾天，G君便滿滿正能量，朋友圈的畫風突變。以前他的朋友圈的內容是這樣的：「陳狗子，我要和你絕交，居然趁我喝醉了在我臉上畫烏龜！」他的最近一條朋友圈是這樣的：「如果總是在不切實際的幻想，永遠不會成功！改變，從點滴做起！早安，加油！」然後配了一堆產品圖片和招代理的圖片。

這個世界上沒有無緣無故的恨，更沒有無緣無故的愛。某一天，您的微信（尤其是男性）也許會出現很多美女加您，她們對您熱情有加，天氣熱了提醒您多喝水不要中暑，天氣冷了提醒您多加衣服不要感冒，在您不開心的時候陪您哭，在您開心的時候陪您笑。她們會時不時地在朋友圈曬一些照片，衣著靚麗，不是在旅遊，就是在辦派對，生活多姿多彩，偶爾不經意地透露出他們的生活品質之所以如此高，是因為她們在從事投資這個高大上的事業。

您感慨蒼天有眼，讓如此尤物出現在您的生活中。可她一旦成了您的貴人，您也就虧成了廢人。

所有在您的微信裡出現的那些讓您心感溫暖、噓寒問暖的陌生女子，如果這個帳號背後的主人不是您親媽，那麼他就是玩了一招男扮女裝，您虧損之後，您的錢就由他來花。

噓寒問暖的財神電話

這個不深說了，很簡單，凡是主動打電話推薦投資理財的人，尤其是在您虧損的時候來給您提供幫助的電話，一律不接就是了。會交易的人每天忙翻了，非親非故，誰有時間管別人的死活啊。

股市掘金的嫁接

這個最難識別，往往是通過微博或者一些平臺來推薦「牛股」，然

後需要投資者加微信或者 QQ 群獲取最新消息，這個群只是「外圍群」，並非 VIP 群。在投資者進群之後，其套路如下：

（1）如果推薦的股票盈利了。

會有一堆人來感恩老師的大愛，推薦的股票一直上漲。一般「財神」團隊會嚴格控制後續股票推薦的頻次，然後會有助理之類的人時不時地發一些 VIP 群的交流對話，那技術、那服務都是頂級的。

於是乎，有人心動了，想進 VIP 群獲取更好的服務。「財神」團隊就會建議投資者開個原油或者黃金帳戶，美其名曰，老師白天炒股，股市消息就作為福利送給大家了，晚上一起來炒原油、炒黃金。

（2）如果推薦的股票被套了。

會有一堆人來說炒股不好，不如玩現貨原油（瀝青、天然氣），因為雙向交易，多空都可以獲利。此時按照劇情安排，一般會出來一些因為做了一次現貨而把股票虧損賺回來的熱心群眾。

然後，就沒然後了……

其實還有很多種騙人方法，騙子都是高智商的人，而且我發現，列舉再多的騙局意義也不大，因為如果一個投資者不能轉化思維，嘗試著自主決策、自主交易，真的是防不勝防啊。

總之一句話，寧可相信母豬能上樹，也不可相信不靠自己能致富。

如何識別坑人平臺？

我們先來看下正規交易平臺都有哪些。

（1）八大國營交易所。

上海證券交易所、深圳證券交易所、全國中小企業股份轉讓系統（新三板）、上海期貨交易所、鄭州商品期貨交易所、大連商品交易所、中國金融期貨交易所、上海黃金交易所。這八個國營交易所是合法合規的交易所，其業務涵蓋股票交易、期貨交易。

（2）現貨交易所。

除了上述股票和期貨交易所，還有一些現貨交易所，相對於上述八

大交易所，現貨交易所的數量很大，截至 2017 年 6 月，全國各個地區的現貨交易所共計 1,000 多家。數量多的背後摻雜著更多的隱形風險，金融詐騙層出不窮。

交易本身是一個高風險的行業。對於咱們投資者而言，股票和期貨的風險主要在場內，而現貨不光有場內交易風險，還有場外風險。

所謂場內風險，是指由於投資者交易技能不足而導致的交易虧損。所謂場外風險，是指由於選錯了平臺，遭遇金融詐騙導致的虧損。

對於想長期從事交易投資的朋友而言，尤其是資金量級相對較大的朋友，我們建議在發展已經相對規範和成熟的八大國營交易所進行股票和期貨的投資，並通過證監會批示的合法券商及期貨公司開戶。

而對於正在從事現貨交易的朋友而言，要學會關注場外風險，咱們這裡主要聊一下如何選擇現貨交易所進行開戶。

我們再來學習下如何挑選現貨交易所。

1.「三不做」原則

（1）所有主動打電話推廣的平臺堅決不做。

有的現貨市場打著大數據的名義，盜竊投資者信息，對投資者的交易經歷如數家珍。

請一定記住：對於這些業務員打電話推薦的平臺，我們堅決不做。

（2）所有承諾盈利的平臺堅決不做。

古往今來，沒有任何人能對自己的交易承諾盈利，連自己的交易都無法保證，又如何來保證別人盈利？很多業務員信誓旦旦地保證一定賺錢，只能說明業務員被他的上司或者老板洗腦洗得比較深而已。

（3）社交好友推薦的堅決不做。

所有通過微信、QQ 添加的好友，如果在聊得火熱之後開始推薦平臺，對於這些平臺，我們堅決不做。

2. 負面連篇的不做

我們可利用百度、知乎等平臺搜索市場的負面內容，比如搜索「市場名稱+騙子」或「詐騙」「騙局」等關鍵詞，如果搜出來之後負面新聞一大片，百分之百不能做。沒有負面消息的不代表我們可以做，但是

有負面消息的我們堅決不做。

3. 其他識別方式

通過上面的方法，我們已經可以過濾掉很多交易所了。除了上述的方法，我們還可以借助關注盤面容量、阻力位的套單洗單邏輯、成立時間、交收流程等方式來判斷平臺的好壞。

學習交易，很多時候需要靠花費一定的時間成本來減少資金成本的損耗。比如，在決定做一件自己不熟悉的事情之前，我們應多花點時間瞭解一下。這樣可以規避很多風險，讓我們少走很多彎路。所以，我們常說：做投資，慢就是快！

大家不要發個市場的名字過來問我：這個市場是合法的嗎？因為這個問題的潛臺詞其實是：小刀大叔，我做這個市場能賺錢嗎？

做交易需要甄別能力，前文中也談到過，一旦問了這個問題，意味著您不適合做投資，因為您基礎太薄弱了。對於這類投資者而言，做哪個市場都是「不合法」的，區別僅僅在於本金虧完的時間長短不一樣而已啊。

選擇靠譜的現貨代理商

前文聊了一些關於選擇平臺的話題，我們再來聊下如何選擇現貨代理商。

第一，代理商的糾結。

現貨領域，或者放大至金融領域來說，所有從業者的唯一價值體現就是：幫客戶賺錢，或者說為客戶的「錢途」添磚加瓦。

都說不忘初心，方得始終，但堅持初心的難度不亞於在交易中實現穩定盈利的難度。慢慢地，很多代理商發現幫客戶賺錢這件事並沒有那麼容易，不容易的原因在以下兩點。

(1) 市場本身的殘酷性。

在市場面前，人人平等，市場「殺」人從來都是童叟無欺、老少通吃。很多代理商很想為客戶提供進多必漲、進空必跌的點位，但是這

一違背市場客觀規律的目標注定實現不了。

(2) 投資者的不成熟。

中國的投資者非常不成熟，主要表現在底子薄、不愛學習。拿國內發展較早的股票市場來說，整個 A 股市場的參與者有 2 億多人，但是 80%以上的人缺乏基本的投資知識和投資邏輯。在整個股票圈，最受歡迎的莫過於「送牛股」，而且很多人堅信找人要牛股信息是炒股發財的秘籍。部分股民參與投資幾年，甚至分不清什麼話是對的，什麼話是錯的。

股市尚且如此，更不用說缺少沉澱和累積、發展時間不長的現貨市場了。因此，在初心和現實生活壓力面前，代理商很糾結，有些代理商選擇了退出，有些代理商選擇了探索新模式，而有些代理商的目光則從幫助客戶賺錢轉向了客戶的錢包。

第二，散戶需要清醒的頭腦。

上面說了代理商的糾結，有些代理商的目光從幫助客戶賺錢轉向了客戶的錢包。稍微好點的代理商，利用虛假盈利誘導客戶開戶並頻繁交易，以賺取手續費。更有甚者，直接選擇代理非法平臺，賺取客戶虧損的錢。

交易並不適合每個人，如果決定入市參與博弈，就別以噴子的修為來參與這個殘酷的游戲。在投機領域，只有贏錢的人和輸錢的人，噴子是最廉價、最無知的。

對於選擇代理商這件事情，既然繞不過去，我們就要學會用理性的眼光來看待：過於熱情的不選，鼓吹盈利水準很高的不選，無專業答疑、一味鼓吹開戶的不選，鼓吹錯過這波行情要再等十年的不選。

總之，如果我們遇見的代理商告訴我們，如果不開戶、不入金，就是我們的損失，這樣的代理商多半不靠譜。原因很簡單，要麼這類代理商不懂交易，無技術服務能力，要麼這類代理商本身所代理的平臺就有問題。

特別強調，跑到別人群裡加 QQ 好友或者私聊的代理商千萬不能選。現貨交易，心不正，利不穩！

第二章

從零到盈：
現貨交易實操

交易本質上是一個經營風險的過程，無論如何強調風險，都不過分。投資者在交易中能獲得穩定的利潤，是一個投資者綜合能力的直接體現，而風險管控的能力直接決定我們最後的投資結果，因此，做好了風險管控，利潤自然就來了。

我們永遠不要擔心當我們把所有的精力放在風險管控上，會不會「沒空賺錢」的問題。這是多慮了，追逐利潤是人的本能。在這種本能的驅使下，把風險過濾掉後，剩下的自然就是利潤。大多數投資者都是主動追求利潤，被動進行風險管控，其結果是虧損；咱們就反著來，坦然地看待風險，做好風險規避方案，被動接受利潤。

第一節　入市準備：你適合做交易嗎？

交易的過程就是學習的過程，從我們進行第一筆交易開始，學習就是一個繞不過去的話題。如果我們拒絕學習，學習就會主動找上門來，而一旦被它找上門，往往意味著我們已經付出了慘痛的代價。100%的交易者都有過虧損的經歷，99%的人虧損都是源自對現貨交易學習的認識有誤區。

不懂風險，就不懂賺錢！

交易是一個風險和利潤並存的游戲，我們只需做好風險管控即可。這一部分咱們來聊聊交易的風險及風險管控。

風險管控的解讀

首先，我們來對「交易是一個風險和利潤並存的游戲，我們只需做好風險管控即可」這句話做個解讀，因為很多人會誤認為對於風險的管控只要浮於表面就可以了，也可能會認為風險管控是一件很容易的事情，其實是誤解了，這句話有四層意思。

1. 要盡一切可能來最大化地降低風險

有人說，不交易就沒風險，我十分認同這句話。事實上，對於大部分人而言，不涉足交易，未必是一件壞事情。雖然很多人都是抱著美好的賺錢願望來參與投資的，但有的投資者收穫的只有打擊，甚至是家破人亡的災難。當然了，我們這裡自然是針對那些已經決定交易和已經在交易的人，聊聊交易的風險管控。

在風險的管控上，無論如何強調風險，都不過分。這句話好像有點繞，其實我想表達的意思是，我們每位投資者對待交易中的風險管控方案，永遠沒有最優，只有更優。投資者在交易中能獲得穩定的利潤，是一個投資者綜合能力的直接體現，而風險管控的能力直接決定我們最後的投資結果。

2. 做好風險管控，利潤自然就來了

我們永遠不要擔心當我們把所有的精力放在風險管控上，會不會「沒空賺錢」的問題。因為追逐利潤是人的本能，在這種本能的驅使下，把風險過濾掉後，剩下的自然就是利潤。大多數投資者都是主動追求利潤，被動進行風險管控，其結果是虧損；咱們就反著來，坦然地看待風險，做好風險規避方案，被動接受利潤。

3. 風險管控應該是一種本能

人作為一種高等生物，喜歡無拘無束，討厭約束，這是人的本能。人一生都在為追逐財務自由和精神自由而努力，當我們開始從事交易的時候，這種對自由的嚮往使得我們屢屢碰壁，因為缺乏約束的交易必然會虧損連連。

我經常說交易專治各種不服，因為每個人在交易中，都會因為我們的率性而為付出慘痛的代價，我們想主導交易，我們想任性一點，我們想讓盤面按照自己的意願來運行……貌似我們都做不到。

很多人吃過虧之後就離開了市場，部分人選擇繼續鏖戰，在虧損的事實面前，開始關注風險的管控了。但這個時候，基於交易的風險管控並非出於本能，是不得已而為之。

我在 2014 年就看清了這一點：那年，我根據自己的虧損和盈利經

歷，提煉出幾個關於做盤紀律和資金管理的規則，我視它們為交易者的「安全帶」和「護身符」。但是，當我把規則公開之後，這些我用高昂的代價換來的東西被人當垃圾一樣給丟棄了。在這些被利潤衝昏頭腦的「牛散」（牛氣衝衝的散戶）面前，我的心血和我作為一名草根交易員的尊嚴被無情地踐踏。那一年冬天，我在洛陽，洛陽很冷，我的心猶如洛陽的空氣一樣，更是冰冷的。

人的成功靠品格，交易的成功靠強大的風險管控能力！

2015年的某個晚上，我刪除了6個QQ上的近萬名好友，同時，我決定將裸K交易進行商業化運作。

從2015年下半年開始，越來越多的人開始逐步系統學習裸K交易，很多人在經過為期一個月左右的學習之後，實現了獨立交易並且開始賺錢（請注意我的措辭，是賺錢，不是盈利）。但我知道，那遠遠不夠。

我很清楚，這種狀態對於當時的他們而言，其實是一種風險。因為他們並沒有把風險管控轉化為一種本能，他們願意按照視頻說的來執行主要因為：一是他們曾經虧怕了；二是他們觀看的視頻是他們用一臺手機的代價換的，他們付出了成本，自然不會走馬觀花地簡單看看；三是他們通過我的實盤演示，認為跟我一樣做好風險管控就能賺錢。

於是他們就賺錢了，但僅僅是賺錢而已，離穩定盈利還差得遠。他們對待風險管控只是一場自編自導的戲，自己欺騙自己而已。

網上講風險管理的知識很多，可為什麼好像對我們沒用呢？交易如人生，對於交易者而言，很多時候交易就是我們的生活，可是為什麼聽過很多道理，依舊過不好生活？這是因為我們並沒有把風險管控當成一種本能，我們之所以願意去做風險管控，只是因為我們想賺錢，而不是出自本能，自發地進行風險管控。

這就如同男人和女人戀愛了，女人懷孕了。男人出於對女人負責，跟女人結婚了。但是他並不愛這個女人，只是出於責任，和她結婚、一起生活，僅僅是一種自己強加給自己的意識。婚後的男人和女人一起生活並不快樂，這樣的婚姻能持久嗎？

如果您對風險管控的態度只是出於臨時賺錢的需要，強迫自己進行

風險管控，您賺錢的假象自然也就不會長久。

要把風險管控意識轉化為一種本能，一種如同我們對利潤追逐那樣的本能。風險管控就等於追逐利潤，這兩個事情其實是一件事，也許很難，但這是我們每位投資者在交易成功路上必須完成的鳳凰涅槃，更是我們的宿命。

4. 必須具備風險管控的能力

有些朋友看到這裡會嗤之以鼻，有些朋友看到這裡會覺得，這小子寫的東西有點意思噢，貌似有點道理，我認同，但是我還是虧錢了啊！

要知道，這個世界不是你想你要，就一定能做到的。

當我們對風險管控的認知達到一定高度的時候，擺在眼前的問題就變成了我們該如何做風險管控。當我們不具備風險管控能力的時候，無論有無風險管控的意識，我們的交易結果都是一樣的。

想做風險管控，就要先搞明白交易有哪些風險。接下來，我們就簡單聊一下，交易的風險有哪些。

交易的風險

交易的風險主要包括兩大類：看不見的風險和看得見的風險。

1. 看不見的風險

（1）快錢思維讓你淪為他人的魚肉。

大家有興趣的話可以去各大網站搜索現貨投資被騙的案例，所有因為做貴金屬、原油、瀝青、微交易被騙的投資者都屬於此類人，平時啥都不學，幾十萬的資金去亂倒騰，還沒找到感覺，就被人騙去了本金。

（2）自滿心態帶來的風險。

部分投資者在經過一段時間的虧損之後開始學習，有了一些小成績，便覺得自己不用找帶盤的人和喊單的人，能獨立交易了，於是開始信心爆棚，把做盤紀律和資金管理拋到腦後，猶如脫韁野馬，試圖讓利潤奔跑。結果，利潤還沒跑，本金卻跑熄火了。

一個人，以前被3歲孩子打，長大了能打3歲的孩子了，就以為自己很厲害。其實還差得遠呢！

後文會有專門的內容重點介紹做盤紀律和資金管理的細則，現在雖

然還沒談到這兩塊，但是大家一定要記住，做盤紀律和資金管理的重要性遠遠超過所謂的技術。

對做盤紀律和資金管理的理解力度及執行力度直接決定了我們的風險管控能力。如何做風控，就靠它們。

所有鼓吹技術的人都是對交易認知高度不夠的人，技術只是工具，只是武器！現貨江湖蕓蕓眾生，若是放在古代，大家都是行走江湖的人，誰沒個刀叉棍棒防身啊，別把武器當成自己走江湖的全部依仗。說不定哪天遇見一個玩空明拳的和尚，赤手空拳就滅了你。

我特別不喜歡跟人聊技術、聊行情，我覺得那是在浪費彼此的時間。道理很簡單，行情是做出來的，不是聊出來的，而一個缺少風險管控意識、只想尋求捷徑的人，瞭解的技術越多，死得就越快。

我跟他聊得越多，被他拉黑的概率就越大，我不是業務員，而是一個交易員，為何要在這上面耗費時間？與其花時間做無意義的交流，不如用這些時間來健身。

對於一個有著強烈風險意識的人而言，無須聊技術，因為他們都懂，面對具象的交易行為，交流越多，交易噪音就越多，對自身交易策略執行的干擾力度也就越大。

面對具象的交易行為，我更樂意享受孤獨，我認為孤獨是一個交易者發自內心的狂歡。交易時候的交流，看似熱火朝天，實則是一群人的孤獨。

一個人的投資之旅是一個緩慢成長的過程，千萬不要自信心爆棚。我們唯一可以信心爆棚的時候，必須是我們已經離開這個行業的時候。請用心體會這句話。

對於所有已經鏖戰多年的交易者而言，咱們的交易生活不僅有過去的苟且，還有遠方未知的坑。面對市場，要時刻心懷畏懼、心懷感恩，這是一個交易者必須具備的基本素養之一。缺失這種認知，就是我們最大的交易風險，而我們也必將為此買單。

（3）尋找高手浪費時間和資金。

這樣的例子就不勝枚舉了。這裡的風險指的是喜歡到處找高手帶盤

的行為。有些人也許遇見的不是坑人的平臺，但也不代表這就是我們追求的方向。

我一直強調交易要靠自己，要學會獨立決策、自主交易，寧可為知識付費，不可為消息買單。因為後者是我們交易之旅中的一種看不見的風險。

對於看不見的風險，以上三種情況概括起來就一句話：不願深入學習，因為無知帶來的一些對交易認知上的偏差，會成為我們盈利路上的隱性風險。

2. 看得見的風險

當我們面對不確定的行情走勢，必須在進場之前想好防範措施。這就猶如我們不知水的深淺，又不會游泳，所以下水就要帶上游泳圈一樣。

道理很簡單，看得見的風險很容易解決，我們很多投資者的虧損並不是虧在看得見的風險上，而是栽在上面描述的三種看不見的風險上。

不會學習，鐵定虧錢！

這一部分我們就談談學習現貨交易的誤區。

交易與學習分離的兩大極端

1. 不學習先交易

還不知道水的深淺，就撲通跳下去了，在經歷虧損之後，要麼撤離戰場，要麼痛定思痛進行學習，只不過此時此刻由於虧損的經歷，投資者草木皆兵。

尤其是那些被騙的投資者，還沒到達戰場，就已經虧了幾十萬元，這個時候面對交易（學習），唯一的念頭就是：老子一定要回本！雖然是被動地學習，其交易心理根本就是錯的。故而，他們往往會從一個坑跳到另一個坑，久而久之，也就自我放棄了。

所有被坑過的投資者，如果決定要學習，就需先做好以下兩件事情：第一，忘掉虧損。君子報仇十年不晚，鳥兒要想飛得高，就該把地

平線忘掉。第二，抽離大部分資金，用小資金從頭再來。是不是覺得現在敗得很慘？如若繼續大資金瞎折騰，只會更慘。

2. 先學習不交易

跟上面不學習先交易的人相比，還有一類人先學習不交易。他們看了太多的書，聽了太多的道理，依舊做不好交易。

交易重實踐，需要邊交易邊學習。當自己不具備獨立交易、自負盈虧能力的時候，少投入點資金就可以了。什麼時候該停下交易去學習，什麼時候該進場交易，其實是有講究的。

對技術定位的兩大極端

第一個極端是過度迷戀技術，認為學會了某個指標或者某個方法，就等於撿錢了。第二個極端是抨擊技術，全憑感覺走，要啥啥沒有。而且往往抨擊技術的人，都經歷過迷戀技術的誤區，他們不過是從一個誤區到另一個誤區罷了。技術很重要，只是90%以上的人都抓不住學習技術的重點，故而在兩個極端之間來回掙扎。

對獨立交易的誤解

前面談了很多，一句話即可概括：交易不是你牛了才開始獨立交易，而是你開始獨立交易了才可能變牛。別把順序搞反了。反對這句話的人要麼是不懂交易的虧損者，要麼就是不懂裝懂的業務員大神。對於業務員而言，只要你交易，他就賺錢了，自己多動動腦子吧。

從自我感覺良好到暈頭轉向的淪陷

這種錯誤對於大部分人而言已然是一種奢侈。在前文談交易的風險及風險管控中談到過自滿心態，剛開始有點成績就開始飄飄然了，結果可想而知。對於交易這件事，從入行開始，最好學會保持謙卑心態，因為市場永遠是大爺，所有那些想當大爺的人一不留神就會虧成孫子。

並非每個人都適合做交易

哪些人適合做交易？

第一，具有閒錢、閒時、閒心的人。

做交易的錢一定要是閒錢。如若不然，在面對交易的時候，由於急切地想賺錢，反而會導致更大的虧損。網上有報導過一些業務員慫恿投資者借錢或者用信用卡套現做交易，散戶借錢做交易是非常不理智的行為。

所謂的閒時，就是說作為交易者，一定要有充分的時間。交易分為交易前的復盤和交易後的總結，並非如很多宣傳資料介紹的那樣：每天兩小時，實現財務自由。

閒心是說做交易一定要心平氣和。如果本身的生活狀態就不太順，還是不要做交易為好。

第二，具有基本的硬件配置。

一臺電腦、較流暢的網絡寬帶，是最基本的配置。拿手機做交易，尤其是那些用手機學習交易的，真心是湊熱鬧的。

對於基本的電腦操作要熟悉，請人遠程，但是自己不知道遠程按鈕在哪裡，那就搞笑了。

當然，除了上述羅列之外，最重要的一點，是要具備一顆學習的心，因為學習能力直接決定一個投資者的盈利能力。投資者還需永遠心懷戒備，對於所有告訴自己能輕鬆賺大錢的信息，都要三思而後行。

學習交易的正確姿勢

姿勢不對，努力白費！

交易的四個階段

1. 看山是山，看水是水

初入市的交易者，不論是基於何種原因入市，都對這個領域瞭解甚少，所以大多數人都會本著「因為不懂所以謹慎」的態度參與交易。賺錢了見好就收，虧損了立刻跑路，僅僅憑藉人類的思維本能進行交易，往往更容易盈利。這就是所謂的看山是山，看水是水。盈利的核心原因在於「因為不懂所以謹慎」。於是，他們會感嘆：「交易真的好簡單啊，要是早知道這個我早就發財了。」然後就進入了下一階段。

2. 看山不是山，看水不是水

交易一段時間之後，對盤面不再那麼陌生了，交易者便從謹小慎微開始變得「膽大妄為」。他們心裡除了賺錢和賺更多錢之外，再無其他想法，開始重倉、滿倉、扛單。當人類用自欺欺人的視角，以已知的態度來看待未知的事物，悲劇也就開始了，我們會因為這種無知而付出慘痛的代價。

在這個階段，你會感覺一切都變了。明明覺得要漲，盤面卻一直跌；明明感覺要跌，盤面卻一直漲；好不容易看對了，結果沒敢進場；不止損往死裡套，剛止損行情就立馬回頭；只要一進場，就感覺被人盯上了一樣，我不動，敵不動，我若動，就虧個大窟窿。

其實，市場還是那個市場，市場始終如一地不忘初心，扮演著「劊子手」的角色，永不疲倦地進行赤裸裸的「屠殺」。變的是我們，我們忘記了初入市時的「因為不懂所以謹慎」。

在這個階段，感性、頑固的人忘不了初入市的那種甜蜜，永遠把希望寄託於下一次交易，但是希望並沒有在轉角出現。他們始終在這裡垂死掙扎，一直到無力掙扎，然後帶著無盡的傷痛，跟市場訣別。

理性、睿智的人意識到問題可能出現在自己身上。有些人選擇主動撤退，有些人開始潛心學習，從基礎知識、技術方法、資金管理、做盤紀律、心態管理等入手，終於明白過去的自己有多麼無知了。當意識到過去的自己在交易中有多麼愚蠢的時候，就意味著你已經開始成熟了，接下來就有機會進入下一個階段。

3. 看山還是山，看水還是水

當我們明白了套單洗單、破位止損，明白了無復盤不策略、無策略不交易，明白了我們每一筆交易為什麼可以盈利、為什麼需要止損、為什麼不能扛單時，我們便不再憑藉感覺進場。我們每一次進場、出場都需要一個說服自己的理由，而且這個理由必須有理論支撐。我們對交易每一個執行環節的理解，從任性的「我想、我感覺要如何如何」變為理性的「我需要如何如何」。這個時候，交易者對自己的交易是有安全感的，已知越來越多，未知越來越少。但在這個階段，我們的交易往往

處於不虧損或者說微盈利的狀態。

如果要用一個詞語形容第二階段的交易，應該是「死去活來」；而如果用一個詞語形容第三階段的交易，那就應該是「半死不活」。這個階段大虧難，大賺也難，為什麼呢？

因為當到達第三階段的時候，我們對於交易本身已有了相當充分的認知。無論是用均線、MACD還是跟我一樣用裸K，不管是多點共振還是單點定多空，如今的我們已經掌握了一套方法，而且這套方法能讓我們看懂盤面、看懂自己的交易，但就是無法盈利。

因為我們還沒有參透最後一層東西，也就是認知自我。很多時候，我們並不像自己想像中那麼瞭解自己，我們並沒有將已知的知識體系變為一種本能。有很多人在這個階段便止步不前了，而有些人則可以突破自我，進入下一個階段。

4. 不看山不看水，人在山水在

唯有交易系統方能實現穩定盈利，每個人都可以有個性化的交易系統。交易系統存在的意義，就是當我們的理性戰勝不了感性的時候，系統能對我們的交易進行約束，幫助我們戰勝自己。

這個階段也叫「盤隨心動」。到此，交易的學習步入一個新的高度，剩下的則是在優中尋求更優了，而這還需要我們用一生來完成。對交易的學習是沒有終點的，正所謂「生命不息，學習不止」。

學習的三個階段

1. 學會認知市場

上面講了交易的四個階段，其實在第一個階段和第二個階段，交易者一直在學習認知市場。交易專治各種不服，不管大家是主動去認知，還是被動去認知，終歸會有自己的認知。認知什麼？認知交易的風險、交易的不確定性及交易盈利的充要條件。

2. 清晰瞭解盈利的充要條件

當對交易有了一些基本的認知之後，就會逐步認清交易盈利的充要條件，其實本質上就兩個東西：一套科學的方法和一套駕馭自我的思維模式。

3. 從已知到本能

當我們充分認知了盈利的充要條件之後，所有的這些知識體系僅僅停留在「知道」的層面，還需要將已知變為一種本能，未知變已知解決的是規避市場噪音的問題，而本能才能解決自我對交易的干擾。

上述三個階段是每個投資者必經的階段，但是目前行業的投資環境和交流氛圍，不知不覺使得眾多投資者一直在「用戰術上的勤奮掩蓋戰略上的懶惰」。在交易領域，戰術是指到處找大師學習如何分析盤面，如何看準行情；戰略是指明白學什麼、怎麼學。

交易的學習本質上是一個輸入輸出的過程，大部分人在問題來臨前缺少輸入，交易中面對問題需要輸出的時候，就會力不從心。所以，大部分人一直在「學會認知市場」這個階段無休止的留級，平白無故地耗費了很多精力和金錢。

交易者的輪迴

當某一天，我們能在交易中游刃有餘，有興趣就做幾把，沒興趣就很自然地休盤的時候，我們會發現，其實這個時候我們對交易的感覺跟初入市時一樣。初入市，我們因為不懂，所以謹慎；這個時候，我們因為明白交易的風險和不確定性，故而更加謹慎。

一旦謹慎，一切就都對了。我們剛出生的時候無力行走，要坐嬰兒車，由爸爸媽媽推著我們前行；當我們老了無法行走的時候，則要坐輪椅，由兒女推著我們前行。交易如人生，這就是一個交易者的輪迴，終點即是起點。

第二節　快速上手：交易軟件的使用

看教程要仔細，多關注細節，這樣可以少犯很多低級錯誤。

投資者想成為贏家，就要學會用時間成本的投入來減少資金成本的投入。如果投資者意識不到這一點，就需要用更大的資金成本和更多的時間成本來驗證上面這句話的真偽。

如何查看不同週期 K 線和分時線的歷史數據？

如何進行 K 線週期切換

如圖 2-1 所示，在倚天版行情分析客戶端左上角，在任何一個合約的行情界面都有多週期 K 線切換按鈕，依次為：分時、分筆、1 分、5 分、10 分、15 分、30 分、60 分、日線、周線、月線。我們根據需要點擊每個按鈕，即可自行切換。

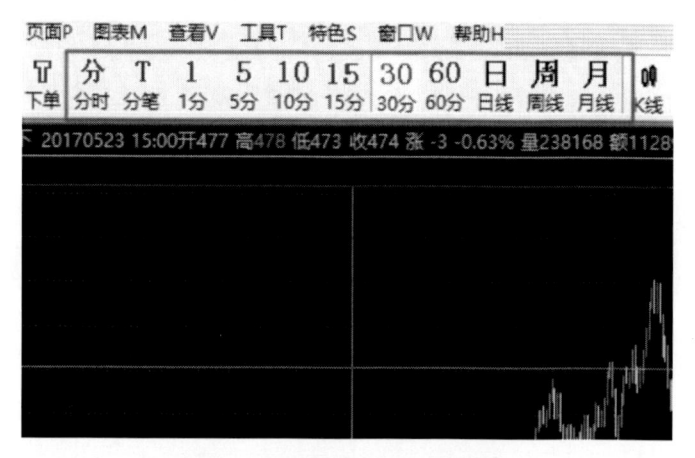

圖 2-1　多週期 K 線切換按鈕

交易該使用哪個週期的 K 線？

這又屬於經驗型的問題，所謂經驗型的問題，就是沒有固定答案。該使用哪個週期的 K 線，跟咱們每位投資者的交易方法、交易手法有關係。我個人在 2014 年以前主要使用 1 分鐘 K 線和 5 分鐘 K 線，2014 年以後主要使用 30 分鐘 K 線，偶爾看下日線。

一般來說，投資者本身的交易模式關注的點差越大，應參考的 K 線週期就越長。比如，刷單的朋友可能大多用分時線，或者 1 分鐘、5 分鐘 K 線；波段交易者往往關注 5 分鐘、15 分鐘、30 分鐘 K 線；長線交易者關注 30 分鐘 K 線、日線甚至周線。其實這並沒有固定的要求，適合自己的就是最好的。

這裡先補充一個常識：不同週期的 K 線僅僅反應不同週期下的行情走勢，但這不代表我們看的週期不一樣，盤面價格就不一樣。比如，張三看的是 5 分鐘 K 線，李四看的是 30 分鐘 K 線，兩人關注的是同一合約，那麼張三看到合約價格是 300 元的時候，李四看見的合約價格肯定也是 300 元。但有可能出現張三看的 5 分鐘 K 線是陽線，而李四看的 30 分鐘 K 線是陰線的情況，這屬於正常現象。

再補充一個觀點：經常會聽到有人說，若一個合約的 5 分鐘趨勢是多，則其 30 分鐘是空。在裸 K 交易體系中，一個合約的趨勢永遠是唯一的，不管何種週期，多就是多，空就是空。當然，這又牽扯到不同的方法體系的知識結構問題。這裡說的趨勢唯一，跟週期無關，僅僅是針對裸 K 交易。關於裸 K 交易系統，本書第四章會有詳細介紹。

如何查看分時線歷史數據？

經常使用分時線的朋友們是否發現，倚天版的分時線默認只顯示最新的數據，如圖 2-2 所示。

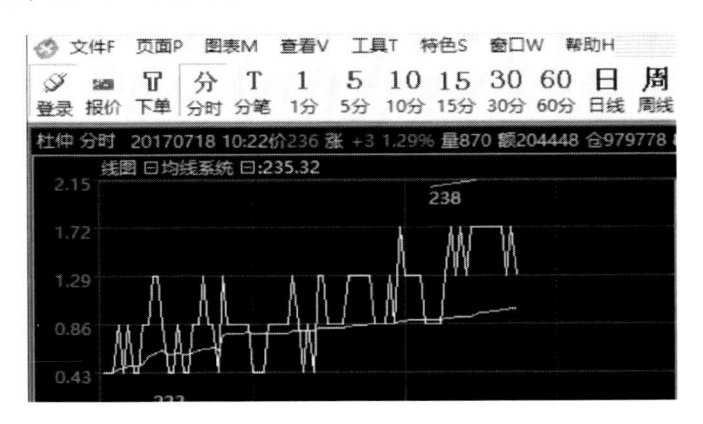

圖 2-2　默認的分時線界面

那麼，如果我們要查看該合約歷史分時線數據，該怎麼辦呢？很簡單，對軟件升級即可。

第一步：點擊行情分析客戶端左上角「登錄」按鈕。

第二步：如 2-3 圖所示，會出現登錄界面，點擊「J 升級」按鈕，進行升級。

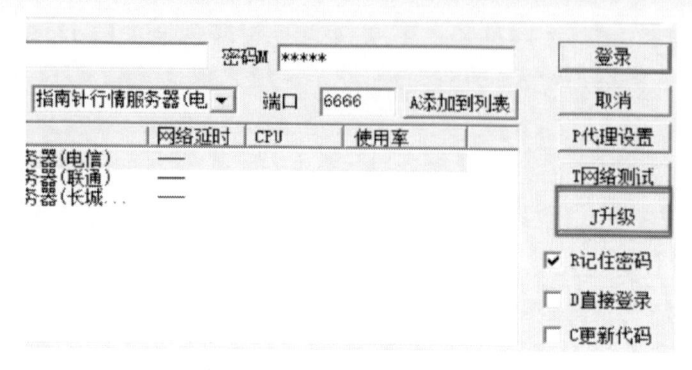

圖 2-3　登錄界面

完成升級後，再次進入任意合約的分時線界面，在鍵盤上多按幾次向下的方向箭（↓），歷史分時線數據即可全部顯示出來。

升級一次之後，所有合約的分時線都會顯示歷史數據。

如何讓行情分析界面只顯示 K 線？

裸 K 核心在「裸」，即不需要其他任何技術指標，只利用盤思動提煉的裸 K 指標即可。

在行情分析客戶端，打開任意合約，會出現如圖 2-4 所示的默認界面，包括盤面 K 線、均線系統、成交量、相對強弱指標、隨機指標。

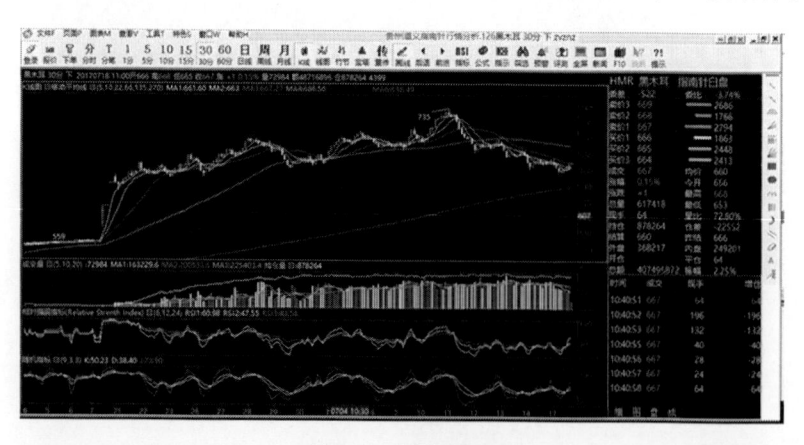

圖 2-4　默認界面

如圖 2-5 所示，盤面只有 K 線，無任何其他技術指標，這就是裸 K 的標準界面。如果盤面有均線、布林帶、黃金分割，這些均非裸 K 平切交易。

圖 2-5　裸 K 標準界面

作為一名標準的裸 K 交易員，看見除了 K 線之外的東西就會難受，所以我們首次打開行情分析客戶端時，需要對軟件進行簡單設置。其具體步驟如下：

第一步：設置「圖表」菜單。如圖 2-6 所示，在任意合約的行情界面，鼠標左鍵點擊左上角「圖表」菜單，依次選擇「圖形組合」「單圖分析」。此時，盤面還剩下 K 線和均線。

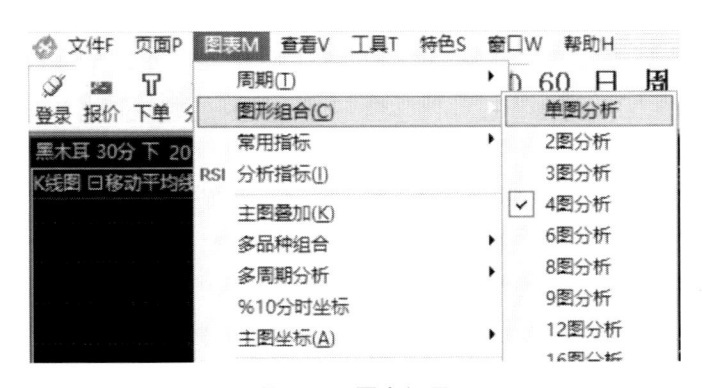

圖 2-6　圖表設置

第二步：刪除均線。如圖 2-7 所示，鼠標點擊均線任意位置，當均線上某根線出現白色小方塊時，意味被選中。然後按下鍵盤上的「Delete」刪除鍵，即可刪除均線。此時，盤面就只有 K 線了，看起來是不是清爽了很多？

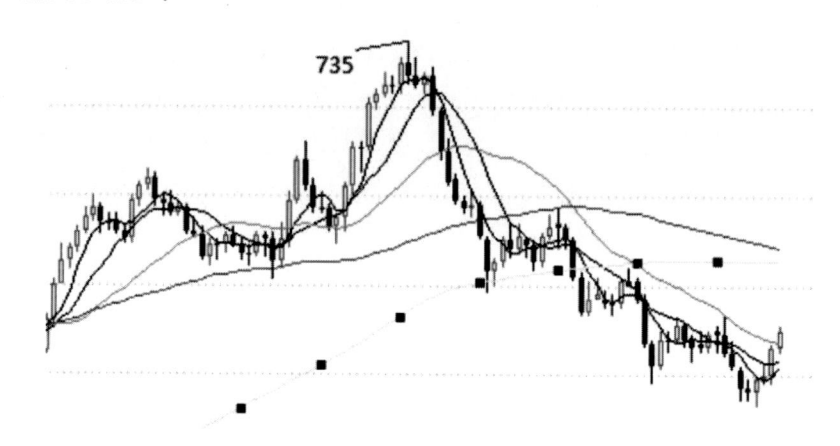

圖 2-7　選中均線任意位置

注意：不同週期的 K 線需要分別設置，假設 30 分鐘 K 線設置好了，切換到 5 分鐘 K 線時需要再設置一次，下次使用時就無須重複設置了。設置好任意一個合約，其他合約也無須重複設置。

下面，我來介紹幾個關於 K 線的快捷鍵操作。

改變 K 線大小：只需要按鍵盤上的向下方向鍵，即可改變大小。

移動 K 線位置：CTRL+左/右方向鍵即可。

刪除 K 線：SHIFT+左/右方向鍵即可。

如何同時查看多個合約？

同時交易多個合約的時候，如何同時查看這些合約的行情走勢，以減少不必要的切換？有人說，在任意行情界面上下滾動鼠標的滾動軸，可以切換。確實可以，但是還是要滾動啊。

那麼，要如何像圖 2-8 這樣實現在同一界面同時查看多個合約呢？

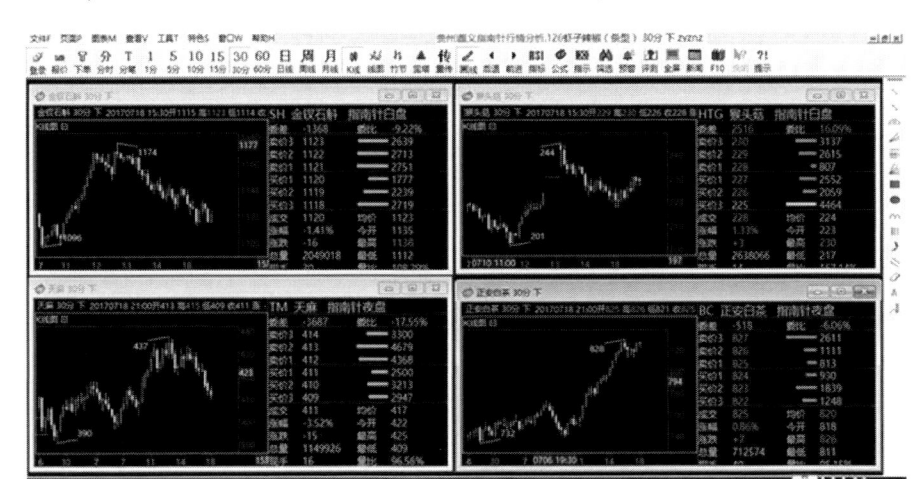

下面，我來講解下如何同時顯示四個白盤合約。

圖 2-8　四個合約同時展示在一個界面

第一步：做四次新建圖表窗口。

打開行情分析客戶端，進入任意一個白盤合約的行情界面。這一步非常關鍵，一定要先進入任意一個白盤合約的行情界面。

然後點擊左上角「報價」按鈕，進入報價界面，此時會顯示所有的白盤合約。在任意合約上鼠標右鍵單擊，如圖 2-9 所示，依次選擇「新建」「圖表窗口」，此時會進入合約的「分時線」界面，不用理會。

圖 2-9　右鍵單擊新建圖標窗口

如果想同時展示四個，就把上面的動作完成四次。

此時，行情分析客戶端界面還是顯示的分時線圖，不用理會，直接看第二步。

第二步：調整窗口排列方式。

如圖 2-10 所示，在行情分析客戶端頂部鼠標左鍵點擊「窗口」菜單。這裡是鼠標左鍵，右鍵想點也點不動的。然後選擇「排列窗口」菜單。

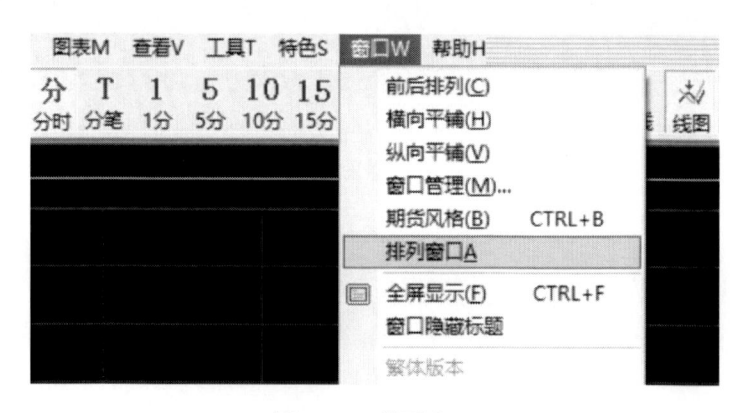

圖 2-10　排列窗口

此時，行情分析客戶端界面堆滿了窗口，可能還會有報價窗口，也可能我們在上面第一步次數弄多了，多了一些窗口，沒關係！每個小窗口都可以獨立關閉，咱們把多餘的窗口直接關掉就行了。

第三步：調整合約品種和 K 線週期。

當咱們完成第一步和第二步之後，或許會發現一個很尷尬的問題：可能所有合約都是一樣的，而且都是分時線，窗口擺的不是那麼美觀，可能每個小窗口哪裡顯示的東西除了 K 線還有其他的內容。不用著急，繼續設置就行了。

（1）改變窗口位置和大小。每個小窗口都可以通過拖動來改變位置，點擊小窗口的標題欄可以拖動每個小窗口，想怎麼擺就怎麼擺。同時，每個小窗口都可以改變大小，點擊每個小窗口的右下角，鼠標指針變成雙向箭頭的時候，就可以通過拖拉來改變小窗口的大小了。

（2）改變合約品種。咱們點擊其中任意一個小窗口中間顯示 K 線的區域，再將鼠標中間的滾軸上下滾動，即可以切換合約。

（3）改變 K 線週期。先點擊任意小窗口中間顯示 K 線的區域，然後點擊行情分析客戶端頭部的 K 線週期切換按鈕，就可以自由切換了。若不知道怎麼切換，請看前文「如何查看不同週期 K 線」。

（4）刪除多餘內容。如果發現每個小窗口顯示的內容很多，沒關係，把它們刪掉只留 K 線。若忘記如何刪除，請看前文「如何讓行情分析界面只顯示 K 線」。

至此，咱們就完成了設置。盤面上根據我們的需要，將需要展示的幾個合約同時顯示在一個界面，減少了我們的來回切換。我們再也不用擔心合約太多，只看這個，就把其他的忘記了。

有人如果問，我設置好了，但是每個窗口哪裡的 K 線看起來好小，這個怎麼辦呢？這要麼是你同時操作的合約太多，要麼是顯示器太小了。

如果覺得做的合約不多，僅僅是顯示器太小，那就更簡單了。可以再接一個顯示器，不知道怎麼接顯示器？後文會專門介紹如何使用雙屏顯示器。如果還是不行，那就換個分辨率大的顯示器，怎麼著也得 27 寸、1,080P 以上吧。

那麼，如何同時顯示四個晚盤合約？方法跟上面說的如何同時顯示四個白盤合約一樣。再次提醒，一定要先進入晚盤合約報價界面，點擊任意晚盤合約，進入行情界面之後，再重複上面的那三步。

如何同時顯示白盤合約和晚盤合約？

大家把上面的過程反覆做幾遍，注意一點，也是第三次提醒了：想顯示白盤合約，必須先進入白盤合約報價界面，點擊任意一個白盤合約，進入行情報價界面；想要顯示晚盤合約，操作方法也是一樣的。

在這裡，我講一個故事：

2015 年，我剛寫完第一版教程，有個投資者 F 君，在他的開戶代理公司老闆的介紹下，看了我的教程，看到了如何同時查看多個合約的介紹。F 君快速瀏覽了一遍，就照著教程來做，結果總是做不對。

他很生氣，一直不停地問。我就給他說肯定是他有地方弄錯了，他還是說我的文章有問題，我想遠程協助他，他又擔心我偷窺他的隱私。我自己把教程反覆看了幾遍，沒有問題啊，還問了幾個QQ上的好友，他們也說沒有問題。就這麼一個簡單的問題，交流了三天，還是沒說清楚。

　　F君去找給他開戶的老板，他老板說他資金太少，不提供服務。F君問了一圈人，也沒人願意搭理他。

　　沒辦法，F君只有同意遠程。遠程之後，我1分鐘設置完畢。F君說：「我忘記先進入行情界面了，你早說我早就弄好了。」

　　其實我早在教程中寫了，只不過咱們這個領域，大爺心態的人太多了，很多人沒時間停下來耐心看教程，都急急忙忙趕著去虧錢，攔都攔不住。

　　再後來，F君被市場教育得差不多了，虧得不行了，又來找我了，說要買付費視頻，參加盤遊記。我沒賣給他，讓他把第一版教程抄一遍，我免費送他視頻。

　　F君很開心，一個星期就抄好了。

　　我很詫異，居然這麼快，結果郵寄過來一看，好家伙！近十萬字的教程至少漏掉了一半。這自然是不行的，重抄。

　　F君說：「我不抄，我就是要買，不抄了，我知道錯了，雖然抄的很潦草，但是我真心體會到基礎知識的重要性了。」

　　好吧，那就買吧。

　　經過一年多的打磨，現在F君早已脫胎換骨。這段故事也成為我們平時喝酒的笑談。

如何使用畫線工具標註點位？

　　G君：小刀，你有交易策略嗎？
　　小刀：有啊。
　　G君：可以發給我看看嗎？
　　小刀：可以啊。（於是我發了圖2-11給他。）

第二章　從零到盈：現貨交易實操

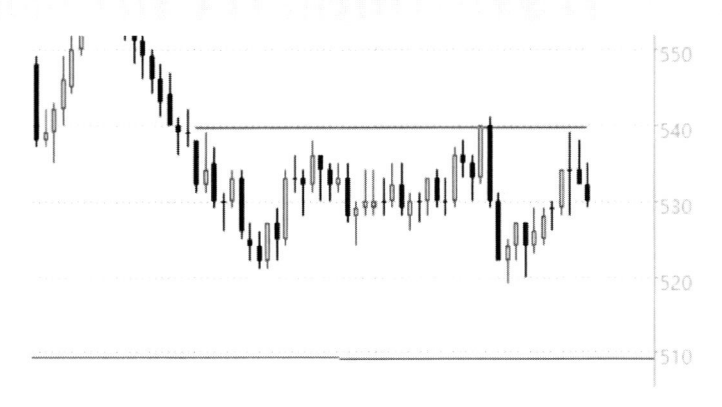

圖 2-11　我的策略圖

G 君：這是啥玩意兒啊？

小刀：您說的策略啊。

G 君：……

經歷複雜的學習過程之後，交易就變得簡單了，把自己策略點位標註好，然後像鱷魚一樣，靜靜地等候。無須思考、無須糾結、無須猜測，只等待點位到來。來了之後，「呼哧」，上去干一波。

那麼問題來了，時間長了，可能自己都會忘記曾經的策略點位，如何標註這些點位呢？

如圖 2-12 所示，行情界面右側有個畫線工具欄，如果沒有，那麼意味著我們和畫線工具之間，還差一個簡單設置。

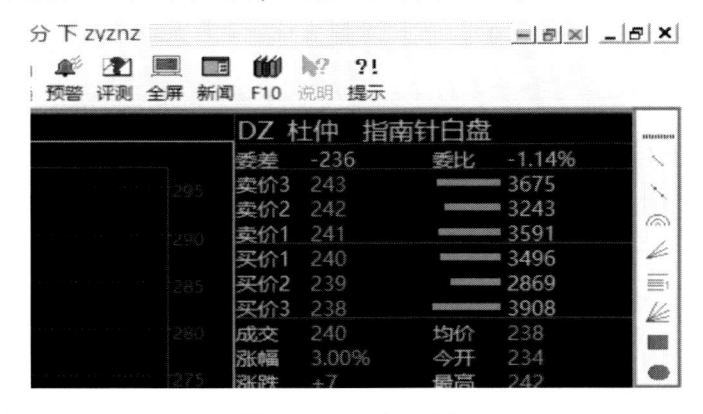

圖 2-12　畫線工具欄

如圖 2-13 所示，點擊行情分析客戶端頂部的「圖表」，在彈出的菜單中選擇「畫線工具」。行情分析界面右側就會出現畫線工具欄了。

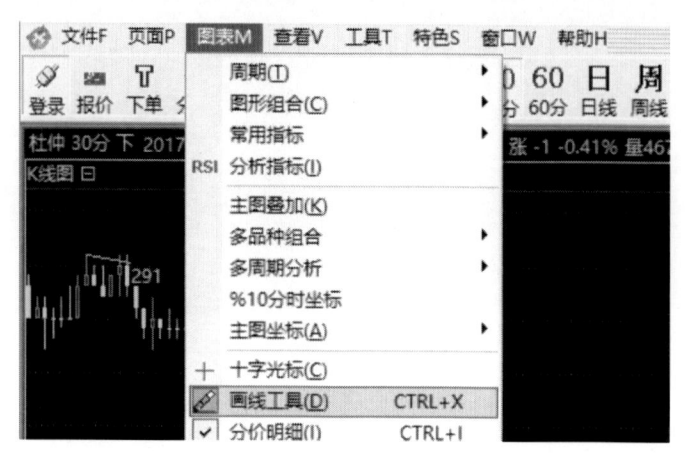

圖 2-13　調出畫線工具

當然，我們也可以通過拖動畫線工具欄，將其拖到行情界面中間，把默認的垂直排列改為橫向排列。

下面就來簡單介紹畫線工具中每個按鈕的功能如何使用。為了截圖方便，我改為橫向排列。如圖 2-14 所示，從左往右，一共有 15 個按鈕，當咱們把鼠標放到每個按鈕上的時候，會顯示每個按鈕的簡介。

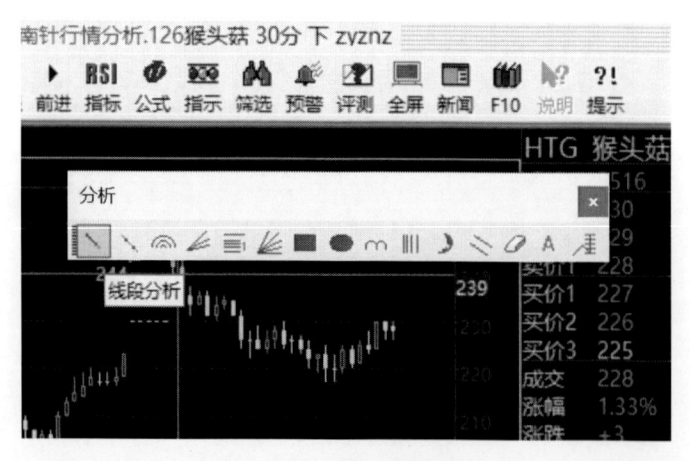

圖 2-14　畫線工具菜單

第 1 個：線段，主要用於畫線段。我們可以通過拖動來改變線段的長短。

第 2 個：直線，主要用於畫直線。至於線段和直線的區別，大家測試一下就明白了。

第 7 個：畫商品箱。其實就是畫矩形，我通常用它來標記套多點位。

第 8 個：畫橢圓分析，可以用於畫圓圈。我主要用它來標記套空點位。

第 9 個：等距週期分析。這個像「M」一樣的圖標，以前我主要用它來復盤，後面有了分天指標就沒用它了（復盤分天指標後文會介紹）。

第 13 個：橡皮擦。點擊一下，「刷」，畫的東西全部沒了。

第 14 個：像「A」一樣的圖標。這個是用來寫文字的，先點擊 A 圖標按鈕，然後在想寫文字的地方畫個框，就可以寫文字了，而且還可以調整文字顏色及字號。

上面是裸 K 交易中經常用到的幾個按鈕，下面再簡單介紹另外幾個按鈕。

畫黃金分割弧度（第 3 個）、畫甘氏江恩線（第 4 個）、畫黃金分割線（第 5 個）、畫阻速線（第 6 個）、黃金分割週期分析（第 10 個）、螺線分析（第 11 個）、畫平行線（第 12 個），還有最後一個長得像蜈蚣一樣的按鈕。不過這些按鈕在整個裸 K 交易體系中，很少用得到，大家有需要可以自行查閱。

最後補充一點，如何改變線段和直線的顏色？先畫線，然後點擊第 14 個像「A」一樣的圖標，再點擊想改變顏色的直線或者線段，就可以修改顏色和寬度了。

時間、成交、現手、增倉是什麼意思？

這部分看懂就可以了，不需要一直記著。

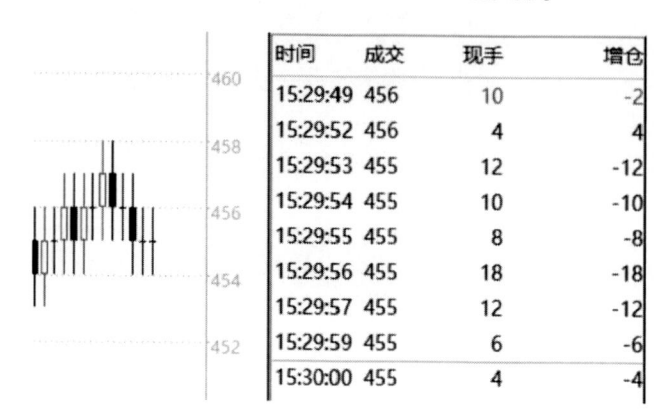

在行情客戶端右側會顯示如圖 2-15 所示的數據。

時間	成交	現手	增倉
15:29:49	456	10	-2
15:29:52	456	4	4
15:29:53	455	12	-12
15:29:54	455	10	-10
15:29:55	455	8	-8
15:29:56	455	18	-18
15:29:57	455	12	-12
15:29:59	455	6	-6
15:30:00	455	4	-4

圖 2-15　時間、成交、現手、增倉

現在我解釋一下這些數字的含義。

(1) 時間。

第一列「時間」表示當前成交時間，一般以秒為單位循環滾動。

(2) 成交。

第二列「成交」表示在當前時間下成交的價格。

(3) 現手。

第三列「現手」表示當前時間當前價位成交的手數，或者叫成交的批量。

如果數字為紅色，表示當前時間成交的價格跟上一時刻相比，價格是相對上漲的。如果數字為綠色，表示當前時間成交的價格跟上一時刻相比，價格是相對下跌的。如果數字為灰色，表示當前時間成交的價格跟上一時刻相比，價格是相對持平的。

(4) 增倉。

第四列「增倉」表示當前時刻當前價位當前成交的手數，對持倉量的影響。如果數值為正數，表示持倉量增加；如果數值為負數，表示持倉量減少；如果數值為零，表示持平。

點擊任何合約的行情分析界面，按下 F2 鍵，都能查看該合約的具體成交明細。但在裸 K 交易體系中，交易者無須關注這些數據。

關注細節：最小波動單位和最小交易單位

最小波動單位和最小交易單位主要是解決什麼問題呢？其實我也說不太清楚，但是我知道有些人確實不知道，所以就寫了這一節。而且我們在進行開平倉標準測算的時候，需要關注最小波動單位。

最小波動單位

最小波動單位也稱最小變價單位或者最小變動價，我們可以理解為每次報價的最小變動幅度。

不同的市場以及不同的合約，其最小波動單位不一樣，大家千萬不要犯經驗主義錯誤，在參與市場的某個合約交易之前，應該先花點時間瞭解一下它們。指南針市場乃至目前大部分農產品現貨市場，最小波動單位都是 1 元，也有部分是 2 元或者 5 元，期貨合約有些是 1 元，有些是 0.2 元。請注意，每次價格變動必須是最小波動單位的整數倍。

舉例說明：

比如上一刻的價格是 300 元，這一刻的價格可以是 301 元或者 299 元，當然也可以是 302 元、305 元或者 298 元、297 元，價格的波動幅度都是最小波動單位的整數倍。

當最小波動單位為 1 元的時候，如果上一刻的價格是 300 元，價格變動的時候不會出現 300.01 元或者 299.45 元等非最小波動單位整數倍的報價。

當然了，如果最小波動單位是 0.2 元，上一刻價格是 300 元，價格變動的時候不會出現非 0.2 元的整數倍，比如不會出現 300.03 元或者 299.70 元。

最小交易單位

最小交易單位說的是交易者每次買入的時候，最少可以買多少。目前，指南針市場跟很多市場一樣，最小交易單位都是 1 件，也稱為 1 手或者說 1 批。

舉例說明：

穆勒：清心，你巴旦木買了多少批？

清心：300 批。

這裡清心說的 300 批實際上就是 300 件的意思。

這裡需要特別提醒一下：一般情況下，交易單位和報價單位所對應的標的物數量都是一樣的。

舉例說明：

指南針市場中的黑木耳：交易單位是件，1 件＝10 千克，報價單位是元/件。指南針市場目前大部分合約交易單位和報價單位所對應的標的物數量都是一樣的。

但凡事總有例外，比如說指南針石板大米，它的交易單位是件，1 件＝250 千克，報價單位是 25 元/千克。石板大米的報價單位其實等同於 0.1 件。

交易時間和持倉時間：經驗主義很可怕

每個市場的交易時間和持倉時間不一樣，這裡依舊以指南針為例說明。

重點說下交易時間，它其實有兩層含義。

第一，市場規定的交易時間。大部分農產品現貨市場的交易時間（開盤時間）跟指南針趨於一致，也有部分市場情況特殊，尤其是國家法定節假日，不同市場會有差異。大家參與一個市場交易的時候，瞭解一下即可，不要犯經驗主義錯誤。

第二，經驗主義下的交易時間。民間有一些經驗主義下的交易時間，比如說開盤半個小時會出大行情、11 點會出大行情等，還包括補缺口、逢高做空、逢低做多等。至於對錯，我不做評價，基於裸 K 平切交易，我簡單提兩點：①決定咱們帳戶盈虧的只有兩個數據，即盤面價格和訂單成交價格；②經驗不可複製，教訓方可借鑑。

關於現貨交易的持倉時間，我們主要從兩個層面來說。

第一，市場規定的持倉時間。不同市場對持倉時間的規定不一樣，

部分市場對合約的持倉時間有要求，一旦超過持倉時間，則會進行強平。咱們在進入一個市場之前，先花點時間瞭解一下即可。

第二，持倉對心態的影響。從咱們投資者的心理層面來說，在買進某個合約之後，對該合約訂單的持倉時間過長，容易造成心理疲憊，從而出現一些錯誤。這裡說的持倉自然是盈利持倉了，如果是止損，自然是越快越好。咱們心理其實有個持倉時間閾值，如果實際持倉時間超出閾值範圍，則容易出錯，所以基於此，我們持倉時，發現內心焦躁不安時，可以酌情減倉、釋放壓力。當然，最根本的還是得磨煉自己的耐心和毅力，早日從「做」交易上升到「坐」交易。

過濾噪音：委比委差、外盤內盤

委比委差以及內盤外盤，都是股市術語，簡單點說就是對投資者買賣行為的一種計量指標。現貨領域的發展屬於先天缺土、後天不足，很多東西都是從股市、期貨市場引用過來的。

針對這兩個術語的簡單解釋上面已經說了，更詳細的解釋大家可以去網上瞭解。我這裡主要談下這兩個術語在裸 K 交易體系中如何使用。

在裸 K 交易中，針對委比委差和內盤外盤，最好的使用方式就是不用，簡單聊點延伸的東西。

噪音和蝴蝶效應

我們不僅要知道哪些是對交易有價值的，還要知道哪些是對交易沒價值的，而且學會哪些東西對交易沒價值更難。

咱們在做交易的過程中，耗費了大量的時間試錯。只不過在帳戶的資金損失不大的時候，咱們往往意識不到自己是在趕著送錢。在交易領域，試錯是需要代價的，這個代價咱們一般人是承受不起的，其實一直有人在告訴咱們什麼是對的，什麼是錯的。但是來自市場的噪音太多，我從 2014 年年底開始分享，發現很多人用了一年多的時間，只是完成了一件事情，那便是捨棄我反反覆復強調的那些不需要參考的東西。比如，玩裸 K 不需要均線、不需要趨勢線、不需要黃金分割，也不需要

任何技術指標。並非這些東西不好，而是交易最難的是保證交易決策行為的唯一性。參考的東西越多，實際上就降低了自己成功的概率。當只參考一個指標的時候，咱們勝率是 50%；當參考兩個指標的時候，咱們的勝率其實只有 25% 了。

比如，交易的時候關注好自己的三點，執行策略就可以了，不要受盤面誘導，很多人也花了很長時間才頓悟。其實他們原本不需要走這些彎路的，只是人與人之間不信任的基礎太深了，再加上人性作祟，以至於很多人白白損失了很多錢，耗費了很多時間。

分享知識很簡單，但是提升認知是很難的事情，所以後來我改為奉勸對方少投一點錢。這樣，對方在探索並明白哪些東西對交易是無價值的過程中，可以少虧一點錢。

噪音無處不在，過濾噪音需要實踐和經驗的沉澱。我理解我們每個人都需要經歷這個過程，所以我只能祈禱大家在過濾噪音的過程中少損耗一點。

在整個裸 K 教程中，我會介紹很多大家平時經常關注的一些內容，但是最後在談論如何使用的時候，可能就兩個字：不用。如果想把裸 K 研究透澈的朋友，請認真理解這一點。

我們再來說下蝴蝶效應。交易出問題的地方特別多，這是交易的屬性決定的，但是如果咱們在基礎知識上出問題，就挺可惜的。

為什麼我特別注重基礎知識？不明白價格波動的內在原因，就會在預測行情的不歸路上耗費幾年時間；不明白游戲規則的內在邏輯，就會在到處找高手帶盤的誤區上越陷越深……

對交易的認知水準直接決定交易結果。而認知水準是一個量變到質變的過程，只有基礎牢靠，才能實現從量變到質變的蛻變。

任何一個基礎知識薄弱的環節，都可能引發蝴蝶效應，一個小知識沒有理解，犯錯了，其結果可能會使得交易節節敗退，小錯誤帶來大虧損。

當然，大家也可以用木桶效應來解釋，一樣的。

小工具大用處：使用盤思動分天指標復盤

在前文如何使用畫線工具標註點位中談到過分天指標。從 2014 年開始盈利之後，我舉行過不下 100 次的公開復盤，在大家的打擊和鼓勵中匍匐前進。在復盤的時候，經常出現下面這幾種尷尬的場景。

場景一：

小刀：大家看這裡，半夏上衝至 350 元，一路下行到 330 元，在中途形成兩個套單點位，一個是 345 元，一個是 347 元。該合約目前整體走勢先下後上，我們以空頭對待，進場方向確定了，下面確定進場點位。那麼問題來了，如果咱們佈局空單，該如何佈局，是在這裡還是在那裡呢？

聽眾：這裡是哪裡啊？

小刀：好，咱們再來一次。

場景二：

小刀：今天我們花一天的時間對天麻 5 分鐘 K 線進行復盤，我用等分週期線把每一天分割一下，避免混淆，因為策略的優化和制定必須是在停盤時間……（此處省略一萬字）不對，怎麼覺得不對勁呢？

聽眾：小刀，好像時間錯了。

小刀：不好意思，再來一次。

聽眾：……又要花幾個小時。

我在 2015 年帶大家復盤的時候，經常弄到凌晨兩三點，很多人都感覺很累，有些身體素質差的人都拖病了。

有人會問，需要這麼複雜嗎？不知道，我只知道這麼復盤一次，可以出一個盈利在 100 點左右的策略，1～2 個月就做這一波就可以了。如果看得上這種回報，就需要這麼複雜，看不上，就無須這麼複雜。

時間是稀缺資源，尤其是對於跟我一樣的「80 後」而言。在以往幾年的交易中，我一直使用等分週期線來做日期分割，但是效率非常低。因此，我請人開發了個小插件，專門用於復盤，這樣可以大大提高

復盤效率、節省時間。那麼，這個插件要如何安裝呢？

第一，如何下載。

前往「現貨江湖」軟件下載頻道底部的「其他下載」區塊，直接下載即可。

第二，如何使用。

第一步：下載導入。

插件下載後，直接解壓出來，然後打開任意合約，進入任意K線週期界面，比如打開30分鐘K線，點擊行情分析客戶端頂部的「公式」按鈕，就會彈出如圖2-16所示的對話框，再點擊「導入」按鈕。

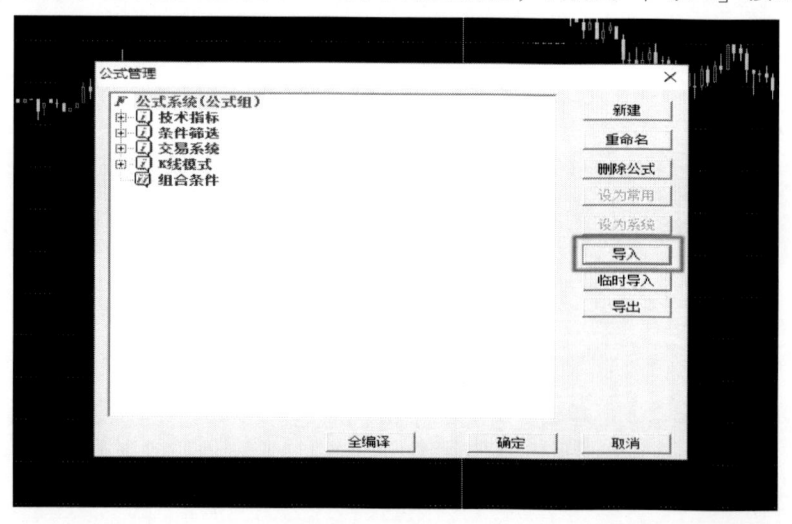

圖2-16　導入插件

此時，會彈出選擇文件的窗口，如圖2-17所示，選擇已經下載並解壓的盤思動復盤分天指標文件，然後點擊底部的「打開」按鈕。

圖 2-17　導入插件

然後如圖 2-18 所示，將「技術指標」及「PSD 分天指標定製版」前面的方框都打鈎，再點擊底部的「確定」，返回公式管理界面，再次點擊底部的確定，即完成了插件的導入。

圖 2-18　打鈎

第二步：激活。

此時，我們會發現，盤面好像沒有什麼變化，只要激活即可使用。

用鼠標點擊我們打開的 30 分鐘行情界面的任意地方，然後在英文輸入法狀態下輸入大寫的「盤思動」首字母「PSD」。此時，在右下角會彈出如圖 2-19 所示的小窗口。咱們用鼠標左鍵雙擊，PSD 分天指標定制版即可被激活。當然，直接敲鍵盤上的回車鍵也可以激活。

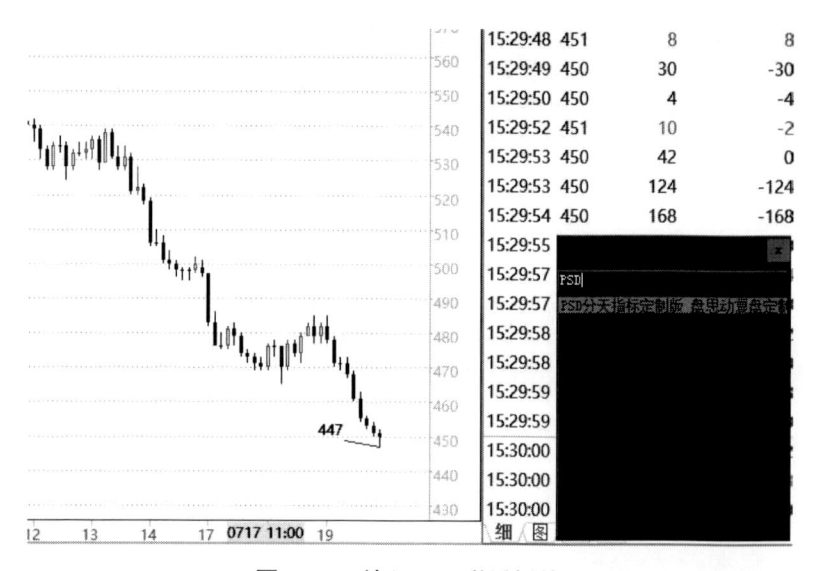

圖 2-19　輸入 PSD 激活插件

注意：不同週期下的分天指標需要分別激活。如果是在 30 分鐘 K 線界面下激活分天指標，只會在 30 分鐘 K 線界面顯示；如果想在 5 分鐘 K 線界面也顯示分天指標，需要在 5 分鐘 K 線狀態界面下再次激活一次。無須重複導入，激活一次後，再次打開軟件也不要重新激活。

兩種辦法刪除分天指標

第一種方法：再次輸入 PSD，再次重複激活的步驟，分天指標就從盤面消失了。

第二種辦法：如圖 2-20 所示，在行情分析界面左上角，鼠標右鍵單擊「盤思動復盤定制」的文字部分，然後選擇「刪除指標」即可。

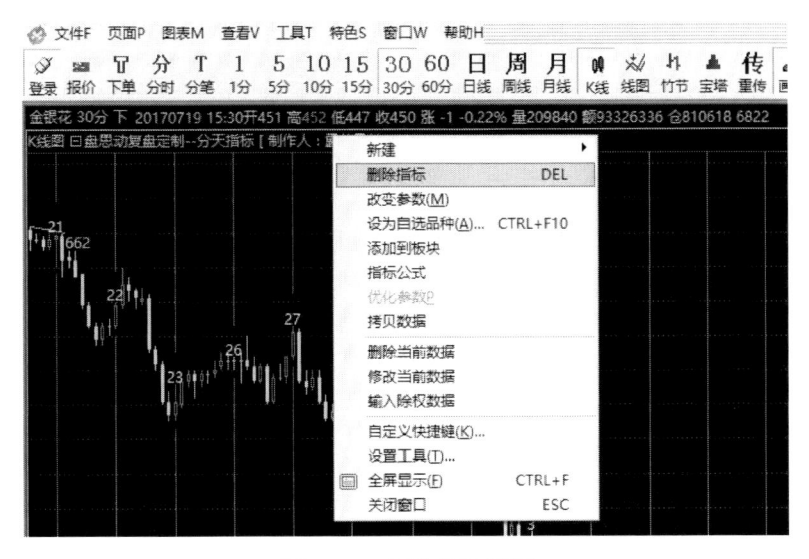

圖 2-20　刪除分天指標

如何使用雙屏顯示器？

　　工欲行其事，必先利其器。

　　雙屏顯示器的效果非常好，誰用誰知道。所謂的雙屏顯示器，是指一個臺式主機連接兩個顯示器，或者說在筆記本電腦上再接一個外置顯示器。

硬件配置

　　大家在配置雙屏顯示器的時候，如果是筆記本電腦，只要買個顯示器，然後接到筆記本電腦上就可以了，不過數據線的接口要跟筆記本電腦的接口匹配。常見的顯示器數據線接口有 VGA、DVI、HDMI，如圖 2-21 所示。

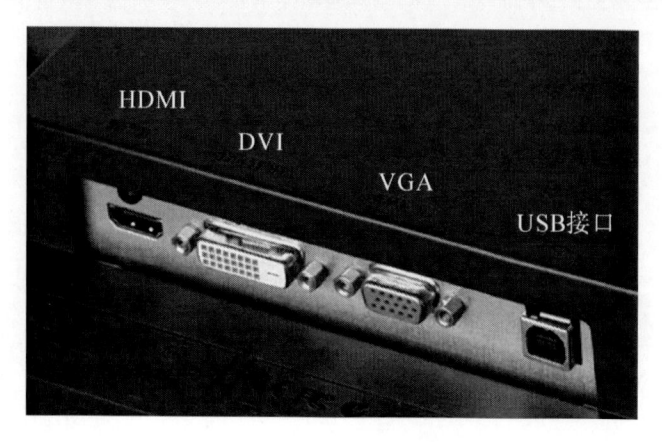

圖 2-21　常見顯示器接口

如果筆記本的接口和顯示器的數據線接口不吻合，只需要更換顯示器數據線或者買個接口就可以了。臺式機如果要連接兩個顯示器的話，需要配備獨立顯卡才可以，兩個顯示器的分辨率和大小最好一致，這樣使用起來會方便一些。這些設備在京東上面購買即可。顯卡和顯示器的價格為幾百元到一千元，數據線和轉接頭的價格十幾元到幾十元。

系統設置

在硬件配置好後，我們需要對電腦進行簡單的設置，以 Windows7 系統為例，在桌面右鍵單擊選擇「屏幕分辨率」，把「多顯示器設置」的右邊改為「擴展這些顯示」，選擇好主顯示器，然後點擊「確定」即可。

設置好之後，鼠標可以在兩個顯示器之間自由切換，可以把一個屏幕用來專門放置行情分析軟件，另一個屏幕用來放置交易客戶端或者做其他的事情，比如聊天，這樣在交易的時候可以減少一些不必要的窗口切換。

當然，若有需要，也可以多配置幾個顯示器，只不過這樣做對顯卡和主機的配置要求會比較高。現在市面上已經出現了超高分辨率的顯示器，利用分屏軟件分屏也可以實現，這個大家根據需要和自己的經濟狀況進行配置購買就可以了。

如何正確使用虛擬帳號？

虛擬帳號，也稱模擬帳號，原本是給新手熟悉交易流程用的道具。

咱們這裡說的「如何使用虛擬帳號」，並非講解如何用虛擬帳號開倉平倉，而是說如何正確認識，或者說如何正確看待虛擬帳號。

認識上的誤區

在我這幾年跟一些投資者接觸的過程中，我發現部分投資者在對虛擬帳號的認識上有一些誤區，主要表現在兩個方面。

1. 用虛擬帳號學交易

有過交易經歷的投資者都容易意識到，實現交易的穩定盈利還需要時間的沉澱和大量實盤的實踐。實盤的實踐意味著資金的損耗。於是，很多投資者想借助虛擬帳號來學習交易，通過虛擬帳號來測試某些技術指標和一些交易方法，甚至試圖來用虛擬帳號磨煉心態。

這是非常不嚴肅的學習方式，交易的學習至少包括以下內容：最基本的交易規則（交易流程）、交易方法、做盤紀律的認知、資金管理的認知、交易心理的認知、對交易本質的認知、對交易系統的打造以及對自我（人性）的認知。而這些環節中，除了基本的交易流程之外，其他的內容基本上都無法來通過虛擬帳號實現。

因為這哪裡有個最核心的東西——逆商。**交易者的逆商高低直接決定交易水準提升的能力**，虛擬帳號的交易對交易者的心理影響微乎其微，更談不上逆商了。

2. 把虛擬帳號的盈利結果實盤代入

還有一些投資者，把虛擬帳號交易的結果進行代入。當虛擬帳戶 50 萬元的資金變成 100 萬元的時候，部分投資者默認為自己已經具備 50 萬元資金三個月翻一倍的能力，於是開始實盤。其結果可想而知，歷史往往不會重演。

長時間使用虛擬帳號，會讓投資者形成自己能賺錢的錯覺，缺乏對交易風險最基本的防範意識，從而在實盤交易中鑄成大錯。

如何正確看待虛擬帳號？

虛擬帳號有兩個作用：①幫助投資者零資金對交易流程有所瞭解；②幫助市場對投資者進行美化教育。

交易的美化教育，是指通過信息包裝和傳遞，掩蓋交易的風險，放大交易的盈利。

在投資領域尤其是現貨領域，大部分投資者都屬於失足型投資者。所謂失足型投資者，在後文中有闡述。

讓人看到甜頭是讓投資者產生興趣的最好方式，虛擬帳號在這個過程中可以扮演這個角色。試想，一個朝九晚五的投資者，因為一通電話接觸到投資，弄了個虛擬帳號玩一玩，在玩的時候，「一不小心」就賺錢了。這種視覺和感官上的刺激是很強烈的。

有些交易所的虛擬帳號和實盤帳號的界面幾乎一致，更有甚者，一些業務員拿兩個虛擬帳號，一個做多，一個做空，總有一個賺錢。這些業務員拿著一張漂亮的盈利圖，對你說：「你看，昨晚的行情，我做了，賺了，你要是做了，這錢就是你的了。」

然後，就沒然後了，這才是空手套白狼。

虛擬帳號的存在，對於很多缺乏基本投資知識的「小白」而言，確實會傳遞一些錯誤信息。而對於本身有防範意識，準備涉身交易的投資者而言，要想提升交易水準，模擬 100 次，不如小資金實盤 1 次。

第三節 案例解析：以指南針市場為例

本節內容繼續以貴州遵義指南針大宗商品交易市場為例，介紹現貨交易軟件的具體使用方法。再次聲明，本書並不向投資者推薦任何一家具體的交易平臺，也不為任何一家交易市場站臺、背書。讀者朋友們據此入市風險自負！

行情分析客戶端的使用

關注細節，減少差錯。

原本在這一部分，我還打算介紹指南針開戶資料及開戶流程，講解一個人可以開幾個指南針交易帳戶、如何更換指南針代理商、指南針銷戶流程及更換資料流程、如何進行帳戶簽約、如何修改帳號密碼、如何出入金、指南針交易市場軟件下載及安裝等內容，但考慮到不同交易市場的具體規定不同，就不再做一一介紹。當大家在操作流程中遇到問題時，直接找所在交易市場或代理商的客服人員即可。在這一部分，我著重介紹交易軟件使用中的一些便捷工具和增值功能，以便更好地輔助各位投資者分析行情、交易下單。

咱們以倚天版行情分析客戶端為例，先說下登錄功能。行情分析客戶端的登錄功能一般很少用，當我們打開指南針行情分析客戶端之後，系統會自動登錄，一般無須理會。但以下兩種情況需要特別關注。

第一種情況：掉線

在掉線之後，如果系統沒有自動重連，咱們需要手動登錄。

第一步：點擊行情分析客戶端左上角的「登錄」按鈕（如圖2-22所示），彈出登錄框。

圖2-22　行情分析客戶端登錄

第二步：咱們點擊「登錄」按鈕重新登錄即可，登錄界面如圖 2-23 所示。

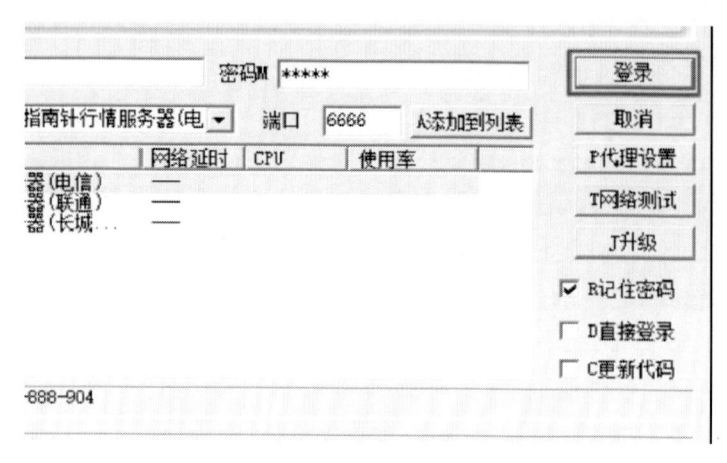

图 2-23　登錄界面

如果登錄失敗，咱們可先進行網絡測試，如圖 2-24 所示，點擊右側的「T 網絡測試」按鈕，系統會匹配咱們的網絡環境，自動進行測試。

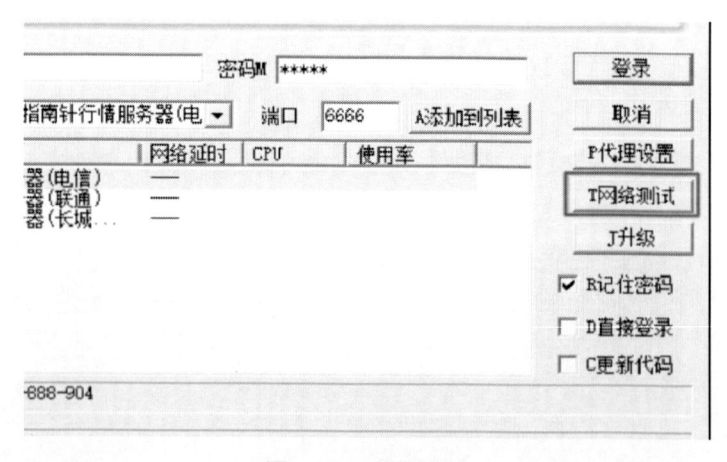

图 2-24　網速測試

然後彈出對話框文字提示，如圖 2-25 所示。點擊「是」，然後再點擊「登錄」按鈕即可。

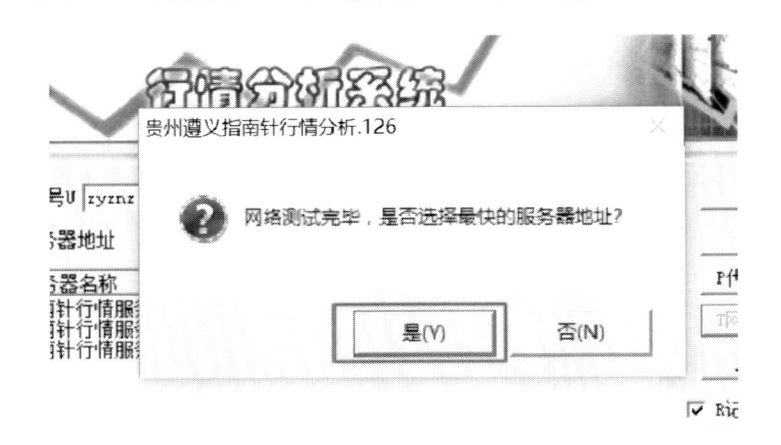

圖 2-25　網速確認

第二種情況：用戶不存在

一般來說，各個市場的行情走勢，無須交易帳號都可公開查看，使用系統默認的帳號、密碼即可，少部分市場需要開通交易帳號之後，才能查看行情走勢。

如果咱們不小心改動了行情分析客戶端的默認用戶名和密碼，行情分析客戶端會在右下角提示「用戶不存在」，此時咱們也可以通過點擊左上角的「登錄」按鈕，輸入行情分析客戶端默認的用戶名和密碼。指南針的用戶名和密碼都是小寫的 zyznz（「遵義指南針」的首字母），然後再次點擊「登錄」按鈕即可。

如何設置自定義品種？

先來講個真實的故事：

2013 年，我最開始是在新疆海川市場進行交易。當時，同一個品種，比如巴旦木，會在盤面同時顯示巴旦木 1403、巴旦木 1407，對應的合約代碼為 BDM1403、BDM1407。

有一天，開盤了，合約快運行至我的目標點位了，我以迅雷不及掩耳之勢，快速買進巴旦木的空單。

那行情走的，賊漂亮！大約一個小時候就到了我的止盈點位，但當我準備出單，打開帳戶一看，什麼情況？帳戶怎麼是虧的？不應該啊？

我當時就蒙了，看了很長時間，才發現原來買錯了。我看的是BDM1403，買成了BDM1407，走勢完全相反。於是，只有趕緊割肉了。

為了杜絕類似的低級錯誤，從那以後我都用「自定義品種」這個功能。

所謂的自定義品種，是指咱們可以通過對軟件進行簡單設置，讓交易客戶端的品種列表暫時只顯示咱們想交易的合約。其具體步驟如下：

第一步：選擇品種設置按鈕。

在交易客戶端上面的行情預覽和下面的交易菜單的分界處，靠近右側（如圖 2-26 所示），有個像扳手一樣的圖標，點擊該圖標，進入自定義品種設置界面。

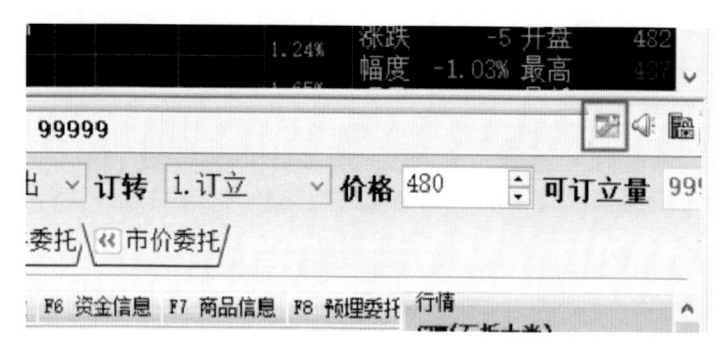

圖 2-26　選擇設置按鈕

第二步：設置自選商品。

在設置自選商品的界面中，我們就可以根據自己的需要，自定義設置在品種下拉列表中展示的品種代碼了。

在左邊的「商品代碼列表」選擇我們交易的合約代碼，如圖 2-27 所示，點擊向右的箭頭，被選擇的合約代碼就會移至右邊「自選商品代碼」下面。我們根據自己的需要，選擇完之後，點擊底部的「確定」即可。

第二章 從零到盈：現貨交易實操

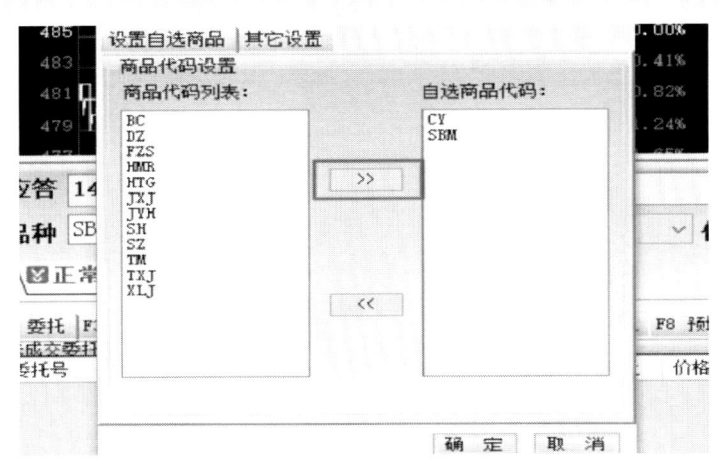

圖 2-27 設置自選商品

　　默認情況下，在品種右側下拉框會顯示所有合約的代碼，但是當咱們完成自選設置之後，此處就會只顯示咱們設置的品種了（如圖 2-28 所示）。在實際交易的時候，可以避免由於合約代碼相近而出現的買錯合約的低級錯誤。
　　如果咱們要取消自定義設置，只需重複上述步驟，在設置自選商品界面，點擊向左箭頭即可移除。當無任何自定義品種時，品種下拉框依舊會顯示全部合約的品種，咱們根據自己的實際情況設置即可。

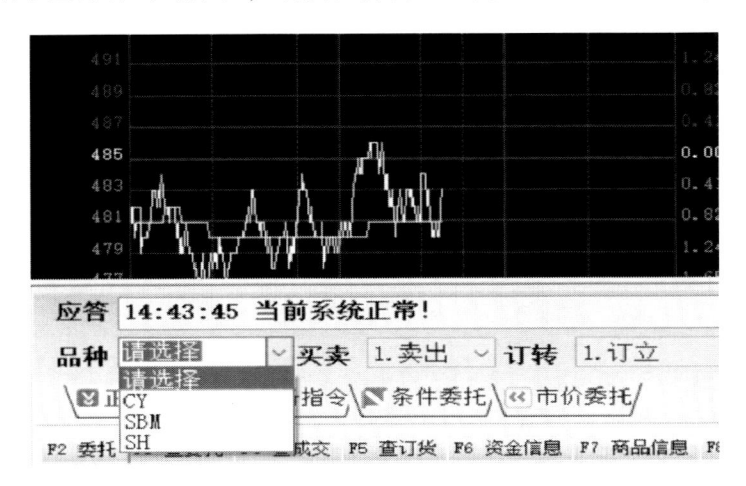

圖 2-28 品種下拉框的變化

如何自動止盈止損？

咱們因為一些突發的特殊事情，不方便繼續手動操作交易客戶端，但是又不願意立刻賣出手裡的訂單時，可以借助交易客戶端的自動止盈止損來掛單救急。但千萬要記住：這只是救急時用的，不能常用！

那麼，如何利用軟件實現自動止盈止損呢？我們可打開交易客戶端，單擊圖2-29中的「條件委託」，在列表中選擇品種，根據自己的實際情況設置好價格和數量。

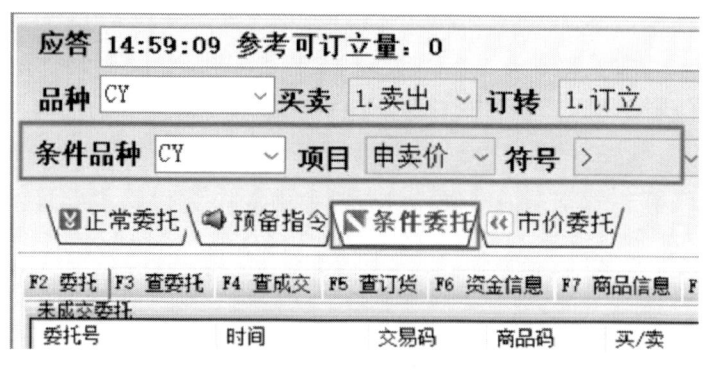

圖2-29 條件委託

然後在「條件品種」這一行進行設置，當最新價大於/小於/等於某值的時候，按照上面品種行設置的價格和批量完成交易。右側有個截止日期，是指當前條件委託的生效截止時間。完成所有設置後，再次點擊「條件委託」即可。

當咱們設置的條件委託未被觸發，需要撤銷的時候，可以直接在客戶端下方的「查委託」處撤銷委託。

這一部分可能很多人沒看懂。我入行幾年，和大家進行過多次各個方面內容的分享，唯獨這個自動止盈止損從來不和人講，並非我覺得這是個什麼了不起的知識，而是因為這個功能本身自帶漏洞，經常會出錯。對於新手交易員，即便手把手地演示，該出錯還是會出錯，解釋過多，只會增加對交易風險認知不足的人的進場次數。他們的交易邏輯會

變成「管他有沒有時間，先進場再說，反正可以自動止盈止損」。

如果事情發展到這一步，這就真心是悲劇了。所以，這個忙我不幫，每位投資者的實際情況千差萬別，覺得需要用這個功能以備不時之需的朋友，可以自行去調試、實踐。

如果我們發現，當交易進行到一半必須離開的場景經常出現，那麼我們最需要的不是瞭解自動止盈止損這個功能，而是盡快解決兩個問題：

第一，時間管理出了問題，需要增強自己的時間管理意識。這個誰都教不了，需要你自己去提高。有這個意識的人可以做好，對於沒意識的人而言，所有基於時間管理的分享都是廢話。

第二，從關注小週期 K 線過渡到關注大週期 K 線。

再次提醒：如果需要提前掛單，可以提前掛極限進場單，不可以提前掛突破進場單；可以提前掛止盈單，不可以提前掛止損單。因為提前掛突破進場單和提前掛止損單，都會「唰」得一下快速成交。

以上關於掛單的提醒僅僅適用於目前農產品現貨軟件，不適用於期貨交易客戶端及股票客戶端。

如何預埋委託交易？

這個功能股市用得多，農產品現貨很少用，但是有時候會需要，所以簡單介紹一下。

所謂預埋委託交易，是指在非交易時間提前設置好某合約的買賣條件。一般分以下兩步完成。

第一步：預備指令。這一步在非交易時間進行。

如圖 2-30 所示，在交易客戶端選擇「預備指令」，在開盤前，提前把以下選項設置好，包括：品種選擇、買賣設置、訂轉設置、價格設置、數量設置。然後點擊右側的「預備指令」按鈕，即完成了第一步。

圖 2-30　預備指令

注意，此時的成交設置並不會在開盤後自動提交，還需要結合第二步才能完成。

第二步：委託。這一步在交易時間進行。

如圖 2-31 所示，在交易客戶端選擇「F8 預埋委託」，當然，也可以通過按快捷鍵 F8 激活預埋委託選項，我們在第一步中完成的預埋指令會在此處顯示。等到開盤後，勾選下方出現的預埋指令，然後點擊「委託」按鈕，即完成了提交。

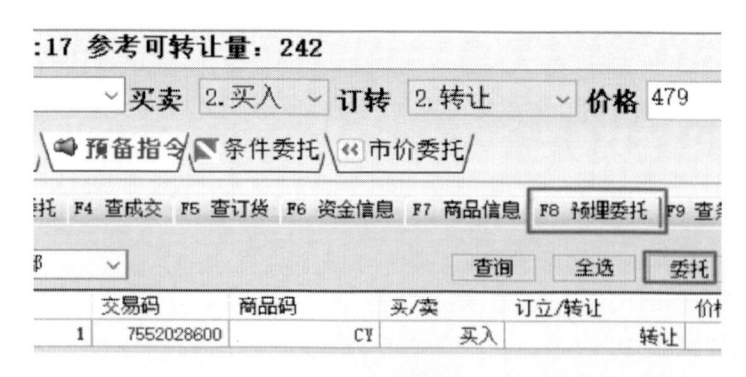

圖 2-31　委託

如果有多條預埋指令，可以一次勾選多條，一次性委託。

其實預埋委託交易，是把只需一步完成的事情分兩步給完成了。我們平時的交易都是在開盤時間一次性完成，預埋委託交易分成了開盤前

和開盤後兩步完成，僅此而已。投資者根據實際情況自行選擇即可。

注意：提交後可能會由於價格的變化導致訂單無法成交，所以需要查看成交回報，關注「查訂貨」選項即可。

多個價位訂單如何按照指定價轉讓？

在前文如何買漲買跌中，我談到過有個菜單叫「按價格轉讓」——想賣哪個就賣哪個。這一部分就來解決這個問題，這個功能在交易中會經常使用。

場景舉例：

我手裡有 178 批翠芽的訂單（如圖 2-32 所示），我現在想賣出其中 78 批。

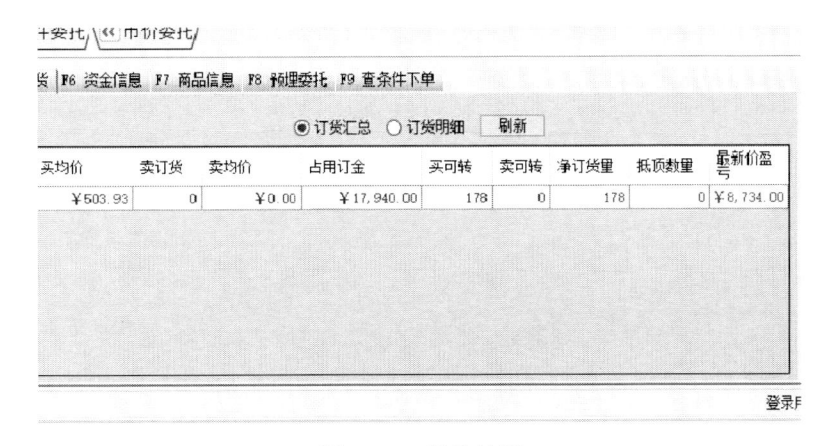

圖 2-32　翠芽持單

如圖 2-33 所示，我手裡這 178 批翠芽並不在一個價位，其中有 65 批為 492 元，有 98 批為 510 元，有 15 批為 516 元。

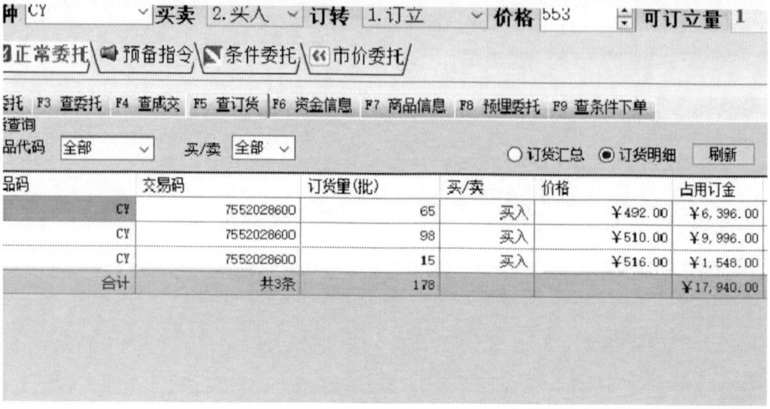

图 2-33 翠芽持單明細

我只想把價位在 516 元的賣掉 15 批、價位在 510 元的賣掉 63 批，合計賣出 78 批。如果我直接利用系統默認的賣出轉讓指令賣出手裡的訂單，實際成交情況一定會偏離預期，所以此時就需要用指定轉讓功能。具體步驟如下：

第一，訂轉項選擇「按價格轉讓」。我們準備出場的時候，進入正常委託界面（如圖 2-34 所示），在訂轉菜單下拉框選擇「按價格轉讓」。

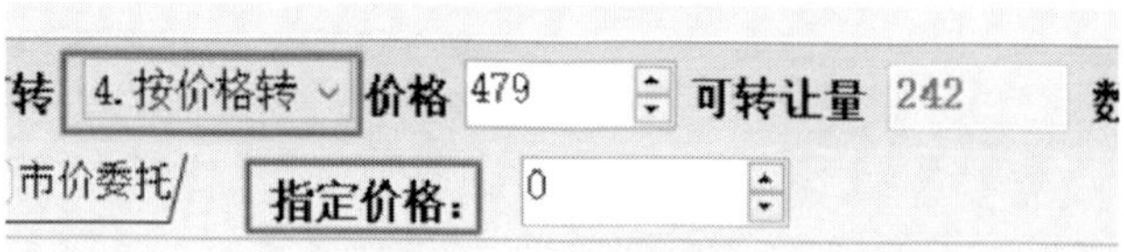

圖 2-34 按價格轉讓

第二，輸入指定價格。我們在下方「指定價格」右側的窗口輸入價格。注意，這裡的指定價格不是當前的市價，而是我們手裡訂單的持單價格。比如我們手裡有 510 元、516 元、492 元三個價位的訂單。如果我們想賣價位在 492 元的訂單，就在這裡輸入 492。

第三，點擊「正常委託」。點擊右側的「正常委託」按鈕，確認無誤，提交即可。

這裡，我分了三個步驟主要是為了讓大家明白過程。其看起來很複雜，其實跟正常的買賣過程相比，注意以下兩個不一樣的地方就可以

了：一是把轉讓改成按價格轉讓，二是增加了指定價格的步驟。

這個功能在軟件設計上不是很友好，所以建議大家多練手，熟悉操作，因為這個功能在日常交易中會經常用到。

資金查詢：到底是虧了還是賺了？

訂貨盈虧和即時盈虧不一樣。

這一部分聊下資金信息菜單，因為有人交易一段時間，都不知道自己是賺還是虧。

登錄指南針交易客戶端，在訂單交易界面，點擊「F6 資金信息」菜單，當然，也可以通過按 F6 快捷鍵，激活資金信息菜單，如圖 2-35 所示。我們把幾個常見菜單的含義解讀一下。

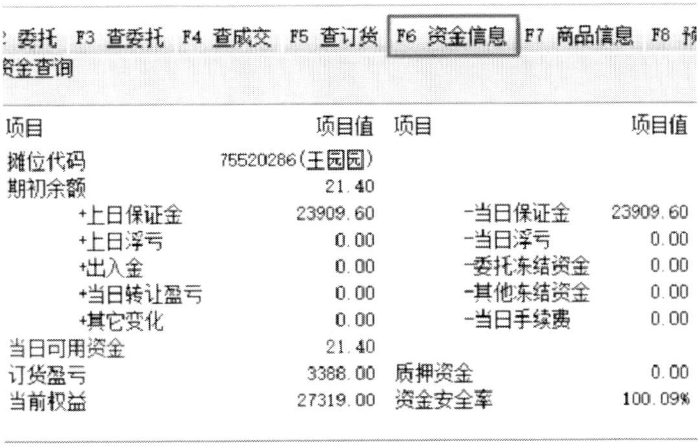

圖 2-35 資金查詢界面

大部分菜單看名字就能明白意思，這裡重點說以下 5 個。

1. 當日轉讓盈虧

當日轉讓盈虧表示，當天已經完結的交易在不考慮手續費的前提下的盈虧情況。若為負數表示虧損。

2. 當日手續費

當日手續費表示，當天交易手續費的損耗情況。

　　　　　　轉讓盈虧–手續費＝當天的實際盈虧
　　很多人的交易手續費超過了當日轉讓盈虧，這表示當天實際是虧損的。
　　當然，有人會說加上返傭還是賺的。農產品現貨你可以有返傭，可在期貨和股票市場沒有返傭了怎麼辦？我們所有的交易行為慢慢都會形成一種慣性，一旦養成，很難改變。
　　我始終認為，交易者的盈利主要通過優化交易體系，減少交易頻次，節省成本，實現節流；通過提升交易素質，提高盈利點差，實現開源。開源節流出利潤，一個交易者能否在市場獲利，跟佣金多少無關。
　　關於佣金，我在這裡談下個人愚見：佣金只能當作備用資金。它僅僅代表您節省了成本，絕非您獲得的利潤。從我個人的交易習慣來說，不棄短，不怕長，逢長則長，逢短則短。行情只給 10 來個點也要，行情給 100 個點也不怕。我不反對刷單，但是我唯獨不喜歡，無關對錯。如果非要給個解釋的話，我的回答是：**贏在格局，輸在計較**。

　　3. 訂貨盈虧
　　訂貨盈虧表示，當前持有的訂單，其成交價跟盤面結算價之間的點差，乘以批量，形成的資金差額。這裡需要強調一點，訂貨盈虧和即時盈虧經常是不一樣的。因為即時盈虧的參考價格是盤面市價，往往一個合約的市價和結算價經常不一樣，故而兩者數據不一樣。
　　有人在 300 買進某合約多單，當價格運行到 305 的時候，忍不住去看帳戶盈虧情況，看了之後發現帳戶是虧的，那明明賺了的 5 個點去哪了？此時合約的結算價可能低於 300，故而訂貨盈虧是負數。

　　4. 當日可用資金
　　當日可用資金表示，帳戶的剩餘可用資金。有人問過我，怎麼發現帳戶的錢自己變少了。這是因為訂貨盈虧是負數，當訂貨盈虧是負數的時候，會稀釋掉可用資金。比如帳戶可用資金是 20,000 元，當訂貨盈虧從 0 變成–20,000 元的時候，此時帳戶的可用資金就從 20,000 元變成了 0。繼續稀釋會出現什麼結果？爆倉！
　　帳戶可用資金中的被稀釋金額，跟訂貨盈虧負數時的金額一致。但

如果帳戶訂貨盈虧是正數，則不會讓帳戶可用資金增加，歸根究柢，是槓桿因素造成的。

5. 當前權益

      當前權益＝帳戶可用資金＋保證金＋訂貨盈虧

由於結算價經常和市價不一致，故而帳戶的權益資金和帳戶平倉後的可用資金會有差異。

交易客戶端其他常用功能

前面幾個部分其實已經對交易客戶端以及大家常用的一些重要功能做了介紹。這一部分咱們對剩餘幾個功能做個簡要介紹，以幫助大家熟悉軟件，減少低級錯誤的出現。

左側菜單

如圖 2-36 所示，指南針商品交易平臺交易客戶端的左側有一排菜單，在左側藍色區塊和右側交易客戶端主界面之間有幾個小按鈕，點擊這些小按鈕，可以實現左側菜單打開和折疊。

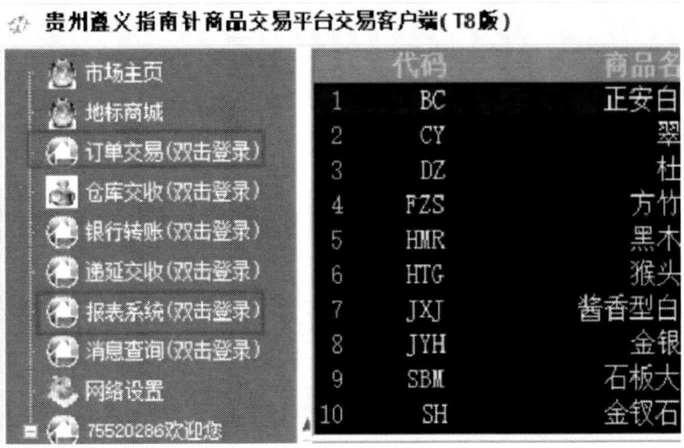

圖 2-36　左側菜單

我在這裡提一下兩個常用的菜單：

①訂單交易（雙擊登錄）。當我們在軟件客戶端點來點去，返回不了交易主界面進行買賣操作的時候，可以通過雙擊左側「訂單交易（雙擊登錄）」按鈕，快速回到交易主界面。

②報表系統（雙擊登陸）。雙擊左側「報表系統（雙擊登錄）」按鈕，可以進入報表系統根據咱們的需要進行報表查詢。

程序鎖定

默認情況下，當我們長時間沒有進行操作的時候，軟件會自動鎖定，我們輸入密碼即可解鎖。如果我們在公共場合需要離開電腦，擔心他人動咱們的帳戶，也可以直接鎖定帳戶，點擊自定義菜單設置右側的小圖標即可。我覺得這一點特別適合家裡有孩子的投資者，謹防小孩誤操作，離開時只要隨手鎖定一下即可。

F2 至 F9 功能菜單

在交易客戶端主界面正常委託菜單的下方，有一排功能菜單。它們分別為「F2 委託」「F3 查委託」「F4 查成交」「F5 查訂貨」「F6 資金信息」「F7 商品信息」「F8 預埋委託」「F9 查條件下單」。這幾個功能菜單，均可在軟件窗口被激活時，通過鍵盤上的 F2 至 F9 快捷鍵進行切換。部分菜單在前面的文章中詳細說過，大家看看就會知道了，這裡就不囉唆了。

這裡，我再說一個容易被大家忽視的菜單。

當我們完成訂轉提交時，一旦成功，就會在電腦桌面左下角彈出一個成交回報（如圖 2-37 所示）。

圖 2-37 成交回報

如果沒彈出這個提醒，意味著咱們的提交可能沒有成功。所以在買入或者賣出的時候，為了安全起見，一定要看看「查訂貨」菜單下是否有變化。

這是一個細節，我見過很多人委託之後，就以為成功了，結果收盤時才發現就差一個點沒成交，所以我在這裡特別提醒大家一下。

到此為止，指南針電腦版客戶端的一些常用功能就介紹完了，遺漏之處請多海涵。其他沒提到的一些功能大家自行熟悉一下就可以了。還是那句話，咱們交易者別太急著賺錢，不要到了盤中，遇見情況才發現不熟悉軟件操作，到處找人問。這樣不好，畢竟咱們的錢也不是撿來的。

目前，市面上的軟件版本很多，大部分軟件的上手時間成本都很低，很容易熟悉的。前面提到過的一些功能，在其他版本的軟件中都可以實現，只是界面不一樣而已。大家可以自行調試、實踐，有問題也可以諮詢市場工作人員或者諮詢開戶代理商。

手機客戶端的使用

手機客戶端僅僅是應急工具。

帳號註冊

指南針的手機客戶端，由指南針和宗易匯合作推出。我們安裝軟件之後，無法直接查看行情，需要先註冊一個宗易匯帳號（注意：此帳號並非指南針交易帳號，僅僅是宗易匯帳號）。在手機客戶端，我們按照提示註冊登錄完成後，就可以正常查看行情走勢了。這個帳號可以同時在安卓手機客戶端和蘋果手機客戶端通用，後期重裝軟件之後可以繼續重新登錄使用，無須重複註冊。

交易帳號綁定

我們可以開啟多帳戶模式，綁定多個交易帳號。如果開啟了多帳戶模式，需要一個6位數的數字密碼。指南針手機客戶端相對其他市場的手機客戶端多了兩個密碼，不過勝在方便，尤其是多帳號管理的時候非

常方便。

簡單思考一下需要牢記的密碼：宗易匯帳號密碼、多帳戶綁定密碼、指南針交易帳號登錄密碼。大家在使用的時候細心一點，別輸入錯了。

手機客戶端交易流程

手機交易客戶端的交易流程和電腦客戶端一樣，只不過功能沒有電腦客戶端完善，這裡就不做詳細介紹了。

最後特別強調一點：手機客戶端只能作為應急之用，不能成為主要交易工具。

第三章

交易邏輯：
現貨投資如何實現盈利？

核心就一句話，永遠不要做大眾人群，要從對交易的態度及交易理念入手，脫離大眾思維，跳出虧損怪圈，成為盈利的小眾人群。

第一節　你賺的是誰的錢？

主力大部分時候會贏取大部分資金，所以大部分散戶會虧錢，只有小部分散戶能盈利。針對我們所有的交易者而言，這是一個七虧二平一賺的游戲。

價格上漲下跌的內在因素

宏觀瞭解原因，微觀佈局交易。

很多交易者在交易的過程中，一直在費盡心機來揣摩或者說猜測行情的走勢，看似很努力地在學交易，實則努力的方向錯了。很多交易者之所以這樣，主要是源自對價格上漲或者說下跌的因素並沒有一個很清晰的瞭解，所以這一部分跟大家簡單聊一下價格上漲和下跌的內在因素。

賣包子的故事

在一個小區裡，有賣包子的人，有買包子的人，包子的售價為1元1個，我們假設兩種情況。

第一種情況：買包子的人突然多了。

某一天，這個小區的人數突然增加了幾倍，大家都排隊買包子，賣包子的老板忙得不可開交。那麼，在這種情況下，包子的價格很容易上漲，賣包子的老板跟之前相比，獲利會增加。

第二種情況：賣包子的人突然多了。

某一天，這個小區突然間又增加了幾家賣包子的包子鋪，因為生產過剩，很多人的包子都賣不完。那麼在這種情況下，包子的價格很容易

下跌，因為很多人希望通過降價的方式來提升自己包子的銷量，不然包子賣不出去就壞了。在這種情況下，一名普通的買包子的用戶，之前花1元錢才能買到的包子，現在只需要5角錢就可以買到。從某種層面上來講，是買包子的人獲利了。

通過上面兩種情況，我們可以得出一個簡單的結論：當買包子的人多的時候，獲利的是賣包子的人；當賣包子的人多的時候，獲利的是買包子的人。

我們把買包子的人看成現貨交易中做多的人，把賣包子的人看成現貨交易中做空的人，那麼情況就變成了：當做多的人「量」多的時候，做空者會獲利；當做空的人「量」多的時候，做多者會獲利。

供求影響價格

通過上面聊的賣包子的故事，我們可以看出來，影響包子價格的因素實際上是供求關係。在現貨交易中，行情走勢也是由雙方的買賣行為決定的，只不過賣包子的故事中所呈現的供求關係我們在日常生活中會經常遇到，容易理解。但是在虛擬的盤面中，這種供求關係我們往往很難理解，所以說我們忽視了價格形成的本質因素：一個合約在運行的過程中，它的供求關係或者說買賣關係隨時都在發生變化，因為在這個過程中，不斷有人買進賣出，所以行情的價格漲跌走勢，也會隨時發生變化。

我們為什麼說行情不可預測，因為交易者的行為是不可預測的。面對不可預測的結果，我們需要隨時做好止損措施。

交易需要獲利，那麼針對這種由不確定性的買賣行為而帶來的不確定性的行情走勢，我們該如何應對呢？

在後面的文章中我們會做一些詳細的講解，但絕對不是靠猜。如果說我們投資者將學習的重心放在如何去預測行情或猜測行情，其實從本質上而言，已經違背了市場的屬性，結局已經注定。

盤面走勢跟基本面的關係

錢是真的，其他都是假的！

第三章　交易邏輯：現貨投資如何實現盈利？

2015年某個晚上，QQ上的一個妹子給我發了一張截圖，帳戶顯示壽光的胡蘿卜被深套。

緊跟著妹子說了一番話：「我聽我們代理商說，胡蘿卜今年的價格很高，現在盤面價格雖然在跌，但是會漲上來，什麼時候會漲呢？我準備再補一點。」

我當時聽了瞬間頭大起來，這妹子該是有多單純啊。

什麼叫基本面？

簡單點說，所謂的基本面是指我們在電子盤進行某合約（訂單）買賣的時候，合約線下對應的實物價格走勢。比如上面的妹子交易的是胡蘿卜，那麼線下的胡蘿卜的價格走勢，就是俗稱的基本面。

基本面跟虛擬盤面走勢之間的關係

基本面和電子盤價格走勢之間的關係背後，其實牽扯到另一個問題：到底是以基本面為交易依據，還是以技術面（技術分析）的結果為交易依據，還是應該兩者兼顧呢？

國內的金融產品先有股票，後有期貨，再有現貨，而且現貨本身的發展屬於先天不足、後天缺土。不管是在硬件上，還是軟件上，現貨都是借用了股票和期貨的成果。

我最近半年一直在學習期貨，我發現在期貨領域，關於基本面和技術面的博弈從沒有停止過。崇尚基本面分析和價值投資的人，認為以技術分析為交易依據的人是亂彈琴；而技術分析派也認為基本面分析派都是一幫假專家，只會打嘴仗。

咱們該怎麼辦？

這就尷尬了，到底行情價格跟基本面有沒有關係呢？其實這個問題的答案是，有沒有關係跟我們無關。

價格的形成是由供求關係決定的，但是影響供求的因素確實相當複雜，一個合約的價格走勢出現技術面和基本面背離的情況實屬正常。

盤面的價格走勢本質上是由參與者的購買行為決定的，而購買者的交易決策依據可能是基本面，也可能是技術分析，所以價格形成的具象因子是十分複雜的。

對於投資者，尤其是對虛擬盤面跟實物流通銜接並不緊密的現貨領域的投資者而言，在進行具體的交易決策時，千萬不能以基本面作為交易決策的唯一標準，更不可依據盤面價格和實物價格的差異來決定我們是重倉壓多還是滿倉壓空。

在現貨領域，依據所謂的基本面進行交易決策，是一種非常盲目的冒險。因為對於部分市場而言，你所在意的基本面可能根本不存在。

期貨和股票領域的個人投資者通過多關注基本面可以對某個階段的行情走勢有個宏觀的瞭解，但是在進行具象的微觀交易時，基本面也只能是參考，絕非我們的決策標準。

零和博弈的游戲

賺的是誰的錢，虧的錢去了哪裡？

這一部分很沉重，因為會擊碎很多人美好的願望，這種感覺我在 2013 年交易 5 個月之後感受過，令人窒息、絕望。其實不想聊這一部分的內容，但是這一部分所聊的東西，如果我們意識不到，不管我們是否願意承認，交易的結局都注定失敗。

我們賺的是誰的錢，我們虧的錢去了哪裡？

2013 年我入行的時候，認為自己的人生即將踏入巔峰，終於可以告別朝九晚五的枯燥職場生涯，過上財務自由的生活。

可當近十萬元虧得只剩下幾千元的時候，我才明白，原來現貨交易並不是大家組團去挖寶，那所謂的「寶」也不是取之不盡用之不竭的。現貨交易的實際財富分配類似大家一起去打麻將，只要入場，就要先給麻將館繳納一部分費用，每結束一盤麻將，錢就會在幾個玩麻將的人之間流動，不會憑空而來。我們贏的是別人輸的錢，我們輸的錢也是進入了別人的口袋。

這就是通常所說的零和博弈甚至是負和博弈，現貨交易的盈虧均來自所有參與的投資者的錢。除了我們普通散戶交易者，還有交易環境和交易素養均超越常人的主力存在。主力大部分時候會贏取大部分資金，

所以大部分散戶會虧錢，只有小部分散戶能盈利。針對我們所有的交易者而言，這是一個七虧二平一賺的游戲。

如何應對零和博弈

既然永遠只能讓少部分散戶盈利，我們所有的參與者，如果不能成為盈利的小眾群體，就需要付出慘痛的代價。我們不僅需要被動地接受金錢的損失，還要接受來自心態層面的打擊，所謂虧到懷疑人生，一點都不誇張。

幾年的交易經歷，讓我對交易有了一些淺薄的理性認識。基於這些認識，我從不鼓勵任何人做交易，因為對於絕大多數人而言，遠離投機看似遠離財富，實則遠離了風險。

面對零和博弈的交易游戲，我們可以選擇遠離，也可以在有理性認知的基礎之上選擇開啓交易之旅。

第二節　現貨市場誰在賺錢？

做 3 年美發師，自然就懂了女人；做 3 年牛散陪聊，自然就懂了大眾交易者的思維習慣。懂了大眾交易者的思維，也就懂了交易。

這就是筆者的裸 K 探索之旅，希望對您有借鑑意義。

您屬於哪一類現貨交易者？

前面我們聊了市場，聊了軟件，這裡簡單聊聊交易者分類，主要目的是通過對交易者進行一些分析，並結合我自身的經歷和瞭解到的一些投資者的經歷，給不同類型交易者的交易成長之旅提供一些建議。

我把所有參與現貨領域的投資者分為五類：

（1）娛樂型的投資者。

這類投資者自身的物質條件較好，並不奢求交易致富，抱著一種打

發時間甚至是消除寂寞的心態參與交易。如果您屬於娛樂型投資者，那我給您的建議是換一種消遣方式，比如學習某項體育運動或者某門樂器，選一些對身心健康有幫助的項目，沒必要選擇來做交易。

娛樂型投資者在見識上一般超於常人，或許在初期接觸交易的時候，會淺嘗輒止、見好就收。但是，涉身交易之後，一旦內心的潘多拉盒子被打開了，或許是賺了小錢後想賺大錢，或許是虧了小錢後覺得不爽，想把虧掉的本錢賺回來，這個時候就違背了初衷，原本是娛樂消遣，一旦失控，必被交易消遣。

（2）賭徒型投資者。

賭徒型投資者也就是我們通常所說的想賺快錢的投資者。這類投資者屬於整個交易市場中佔有率最大的一個群體。從某種層面來說，這類人群推動了整個行業的發展。這類投資者數十年如一日堅定不移地尋找捷徑，可惜最終結果往往並不理想。

（3）失足型投資者。

給大家列舉兩個場景：

①財神駕到。

某日，A君的手機突然響了，一個陌生來電，A君接通了電話。

B君：先生您好，請問最近有關注理財嗎？

A君還沒來得及反應。

B君：我是×××交易所的工作人員，我給您推薦個理財產品，很厲害的耶，只需投入十萬元，一年可以輕鬆翻一倍，只需要簡單的電腦或者手機操作即可。

A君：哇，這麼好啊。

很多投資者入行是因為接到了財神電話，被拖下水了，當然到底是財神還是瘟神，也只有他們自己知道了。如果各位朋友日常生活中接到這種電話，可以在心哪裡默念一句「滾」，然後直接掛掉電話就可以了。非親非故，主動上門來送錢的人，要麼是看重你的錢，要麼是看重你的人，自己琢磨吧。

②土豪朋友的介紹。

C君：最近在忙啥呢？

第三章　交易邏輯：現貨投資如何實現盈利？

D君：最近一直在忙著數錢，忙死了。

C君：哇，這麼厲害啊。

D君：我最近在做交易，賺錢很快，你可以瞭解一下，明天我拉你進一個群。

C君：好啊。

所謂的失足型交易者，是指那些因為業務員的誤導或者朋友善（惡）意的介紹，在沒有對市場的風險進行評估的情況下，就貿然入市的交易者。這類投資者占的比重也很大。

這類投資者交易一段時間後，發現事情並非那麼樂觀。有些人在損失不大的情況下就離開了市場，這是好事情；但是有些人卻越陷越深，成為賭徒型投資者，這是很可怕的。

（4）情懷型投資者。

情懷型投資者很少見。這部分人初期或許是賭徒心態，也或許是娛樂型選手，也可能是失足型選手，在經歷一些交易或者事故之後，成為情懷型選手。當然也有人從進入這個行業第一天就是帶著情懷來的。

這類人對交易的風險有充分的認知，也很熱愛交易。他們並不以賺錢為目的，還不斷通過交易來磨煉自己的性格和意志，在交易過程中不僅收穫利潤，還收穫強大的內心。這類人也是市場中為數不多的勝者。當然，他們有一個共性，那就是面對交易，始終會把重心放在交易系統的磨合及完善上。

（5）成功型投資者。

這裡所說的成功型投資者，並不是說交易做得很成功，而是說在其他領域非常成功，但是覺得辛苦，想換一種輕鬆的方式來賺錢。其實交易並不輕鬆。

這類投資者的優勢在於資金充足。但是有這麼一句話，市場的錢是賺不完的，不論多少錢，都是可以虧完的。所以這類投資者在資金上的優勢僅僅是相對優勢，並非絕對優勢。

這類投資者的劣勢在於太優秀了，甚至優秀到有點自傲，因為能夠在一個領域取得成功，肯定有非凡的能力。在市場面前，不論我們每個

人曾經多麼優秀，在這裡都是白紙一張，都要從零開始。作為一名在其他領域的成功者，如果不能把心態歸零，優勢往往會成為劣勢。但是，如果能擺正心態，這類投資者勝算的概率就會超越一般人，畢竟他們資金充足，而且心智超越常人，缺少的只是交易態度的轉變。

此分類是我根據個人的理解進行的一個非專業分類，各位朋友可以對照來看。

不論是娛樂型投資者、賭徒型投資者、失足型投資者還是成功型投資者，必須轉變為情懷型投資者，才有可能成為這個行業的勝者。因為情懷型投資者熱愛的是交易本身，研究的是交易，戰勝的是自己，其他類型的投資者熱愛的僅僅是錢，並不是交易本身。

專職交易不等於專注交易

不要輕言專職交易。

這一部分其實是我臨時加上去的，因為最近有很多人留言詢問是否需要辭退工作專職學習交易，所以我借這一部分來聊一下。

我沒有觀點，我只結合自己的理解做客觀實情告知。很多人之所以在這個事情上出錯，源自對專職交易缺乏客觀的認知，把交易想得過於美好。

您瞭解專職交易嗎？

如果把您眼下的工作辭退，去一家新的公司上班，可能連續一年都發不了工資，甚至每個月還要倒貼，還經常被您的老板罵得狗血淋頭，但是這家公司可能會在一年後或者兩年後給您一個比較好的未來，當然也可能是吃散伙飯互道珍重，您覺得這種生活您能接受嗎？

這就是專職交易的日常場景，是不是跟網上說的不一樣？不一樣就對了！

到底誰說的是對的，我說了不算，時間說了算。

作為一個成年人，請慎重看待那些對您的日常生活和家庭不瞭解，卻極力奉勸您專職交易的人。

第三章　交易邏輯：現貨投資如何實現盈利？

交易和生活的關係

2017年熱播的電視劇《歡樂頌2》，哪裡有個劇情，樊勝美和勵志青年王柏川兩情相悅，也都到了男大當婚女大當嫁的年齡，但是他們並沒有馬上結婚，因為王柏川的母親認為樊勝美的家庭負擔太重，心疼兒子，拒絕兩人繼續交往。

這其實反應了一個社會現象：婚姻和家庭的關係。按道理來說，相愛是兩個人的事情，為什麼婚姻往往並非如此簡單呢？因為我們都是有著多重屬性的人，我們的多重屬性決定了我們不可以完全以個人的主觀喜好來決定某些事情。

我經常說交易如人生，很多人覺得我在無病呻吟，其實這是一句非常有內涵的話，我們交易的高度決定了我們對這句話理解的深度。

有的人認為我們學會了技術就能進行交易，實現獲利。這真是太幼稚了！要知道技術在決定交易的因素中所占的比重太小了，它是交易獲利的必要條件，但是僅僅有技術遠遠不夠。

我們的多重屬性身分決定了，我們的交易和我們的生活密不可分。當我們有專職交易這個念頭的時候，要先問問自己是否有其他的經濟來源？我們的積蓄是否能支撐我們日常的生活？親人會不會因為我們長時間無法獲利而憂心忡忡？這種憂心忡忡是否會對我們的交易決策產生影響？我們帳戶裡的這筆資金原本是計劃下個月給孩子買保險或者還房貸的，這筆資金隨時都要抽走，這種狀態是否會影響我們的心態？

單純地從錢的角度來說，如果交易獲利是我們唯一的收入來源，交易結局往往不會太好。交易的資金必須是專款專用，無論虧賺均不會影響生活。

現貨論壇上曾經出了個熱帖，一位投資者在寫自己的現貨學習經歷，其中談到過我半價銷售視頻的事情，這個事情發生在2016年5月。當時第三版視頻還沒錄制完，半價預售，有截止時間。有一天，這位投資者在微信上聯繫我，說很想買視頻，但是本身處於虧損狀態，不敢動用老公的錢，錢不多，準備分期付款先買視頻，不然到了截止時間就恢復原價了。

我當時和她說，不用，先停止交易，迴歸正常生活，視頻啥時候買都可以，不管她啥時候買，給她永遠半價。過了一段時間之後，這位投資者聯繫我，半價購買了一套視頻，當時視頻早已經恢復全價了。

時隔一年了，這位投資者的交易也獲得了丈夫的支持，心無旁騖地安心學習，這麼長時間以來，無重大虧損。但如果當初她真那樣干了，結局可能是另一個結果：如果她在當時那種經濟條件不具備的情況下強行分期購買視頻，鐵定會大虧。

上面其實聊的是交易與錢和家人的關係。如果將這個問題深入，三天三夜都聊不完，簡而言之，對於想專職從事交易的人而言，您的生活條件和生活環境必須足以具備支撐您專職學習的時間、金錢和心境，否則，就不要輕言專職。人的思維都有局限性，往往容易只看到事情的一個方面，忽視另一個方面，以為專職交易會讓交易更好，但是在條件不成熟的情況下，實際結果往往是虧得更快。

專職和專注的區別

我們很多時候覺得自己的交易結果不好，是因為沒專職去做交易。其實學交易，專職與否並不是關鍵，關鍵是專注，二者之間有何區別呢？

相信不少人都有減肥的經歷，我們都知道減肥無須把工作辭退。我們只需要請專業的人給自己制訂一個計劃，然後按照計劃來進行即可，比如每週跑步3次、早晨吃雞蛋和牛奶，中午吃少許雞肉或者魚，晚上以素食為主，這樣堅持自然就瘦了。

交易也是如此，無須除了睡覺，全身心趴在交易上，做夢都是K線，這樣就太過了。我們只需制訂一個計劃，安排好交易和生活的關係，在自己的專屬交易時間內，用心復盤、補充知識，邊實踐邊總結。

由於篇幅關係，對於具體的交易學習計劃這裡就不闡述了。

如果所謂的專職交易，只是把更多的時間浪費在到處找行情、找高手帶盤，開盤就會淪為市場的勞力。不要用需要專職學習來為自己的墮落、懶散找借口。

想把交易學好，需要適時離市場遠一點，控制自己的交易頻次和在

交易中投入的時間，多思考、多總結，少些單純為了賺錢而進行的交易，那都是坑。學會克制，便也學會了交易，因為交易的核心素養之一就是克制！

這篇臨時加的內容或許會讓一些人「不爽」。我記得在前年的時候，北京的一個朋友和我講：「看你的東西有時候很來氣，明明信心滿滿、豪情萬丈，結果被你一盆冷水潑下來，很不爽。」

我不勸人從事交易，但是對於已經決定交易和已經在交易的人，我會極力奉勸大家用正確的態度對待交易，雖然大部分人不願意聽這些話，但是這種源自我個人對交易認知基礎之上的一些勸誡，或許會對一些投資者有些參考意義。

我不希望看到太多的交易者某一天想起這篇文章中一些觀點的時候，如下面這段文字描述的感受一樣：

我一直埋怨，你站在我的面前擋住了陽光，直到你轉身離開，我才恍然，在我看不見的你的身後，是傾盆大雨。你早已浸濕的後背，猶如我內心的淚水，難受、刺痛！

交易需要智慧，最怕小聰明

有種愚蠢叫大智若愚，有種聰明叫假聰明。

做交易時，對待交易的態度往往勝過交易本身，交易是一個集技術、心智、性格、思維甚至體力為一體的事兒。對於那些已經在市場摸爬滾打幾年，逐漸形成交易系統的朋友而言，交易比我們很多人想像的要簡單；對於那些心比天高試圖一夜暴富的朋友而言，交易比我們很多人想像的要複雜。

2013年剛入行的時候，有前輩跟我說，現貨不好學，至少要兩年才能弄明白。我當時並沒有將前輩的善意告誡放心上，甚至還認為前輩的水準不過如此，他肯定是吃不到葡萄說葡萄酸，當然這些想法我沒有告訴這位前輩。在當時的我看來，現貨交易挺容易的，因為我當時剛交易了兩天，帳面就有了盈利，已經開始做月入兩萬的發財夢了，自然聽

不進前輩的告誡。也許這就是所謂的「秦人不暇自哀而後人哀之，後人哀之而不鑒之，亦使後人復哀後人也」。

接下來主要聊下很多朋友對待現貨交易的四個誤區。

一、把現貨投資行為當成掘金礦

很多進入現貨行業的朋友最開始缺乏對這個行業的理性認識，受一些宣傳資料的誤導，把炒現貨當成了一個大家一起來挖礦的事兒，虧損後覺得是因為挖得不夠深，結果越挖越陷越深。當某一天意識到錯了的時候，無奈的是此時不論是資金還是心態都已經被打殘了，這是一個很遺憾的事情。

各位朋友，我們不妨想想自己每個月的收入來自哪裡？有些人是自己創業，有些人是上班工作，老板發工資，當然那些生來就有錢，用錢只需去刷卡的富二代就另當別論了。

我們先來說創業，不論哪個行業的創業行為，總會有人失敗離場，有人盈利頗豐。至於上班的工薪階層和白領，一個公司裡不可能所有人都是高管高薪，總會有人拿著低薪，從事著基層工作。不管是創業還是上班，我們對這種收入的差異已經司空見慣，覺得這是一個很正常的事情。

在創業的人中，有的賺，有的虧，很多人虧不起，所以創業的人少，成功的更少。在上班的人中，有人是高薪，有人是低薪，很多人被動地接受了低薪，所以上班的人多。現貨亦如此，現貨沒有低薪，在現貨哪裡，只有盈利和虧損兩種結果。不可能所有人都盈利，如同四個人打麻將，有人贏錢，必然有人輸錢。炒現貨的門檻比上班還低，但現貨盈利的難度比創業還大。

如果把炒現貨當成挖金礦，抱著一種「我就是我，不一樣的菸火」，抱著自己會成為幸運兒的心態去參與現貨投機，盈利幾乎是不可能的，帳戶的虧損會讓您上火！

很多人看到這裡也許會問，既然盈利難，為什麼還有那麼多人去炒現貨呢？那是因為現貨交易賺錢很容易，所有虧損的人都賺過錢，因為一次偶然的賺錢交易，被我們很多投資者樂觀地看成一種必然結果。面

對一次盈利，腦海中就開始計算，雖然之前我虧了3萬元，但是這次我賺了4,000元，我再賺幾次，就把虧損的錢全部撈回來了。

不僅不痛定思痛，還淡化過往虧損，美化預期交易，是我們很多投資者常用的一種自我激勵方法。但是，一次次的經歷證明，很多時候我們只是在自欺欺人而已。

現貨本身殘酷的零和博弈適用於我們每一個人，所有投資者的盈虧都是投資者自有資金之間的流動，每次K線一動，開盤收盤，就意味著資金進行了一次重新分配。張三的盈利來自李四的虧損，狗蛋的虧損去了牛娃的口袋。

現貨交易不是大家伙兒一起挖礦掘金，取之不盡用之不竭。這是我們準備入市，需要首先明白的一個認識上的誤區。要想徹底扭轉敗局，成為盈利的人，就不能隨大流、人雲亦雲，把自己的盈利希望寄托在別人身上。

二、坐享其成找捷徑

明明可以輕鬆撿錢，干嗎受累去學習？

很多交易者入市是因為遇見了一個厲害的「高手」，因為「跟著做」三個字而選擇了入市，很多人也是栽在了「跟著做」上面。在這個行業，沒有任何一個人的持續盈利，是源於「跟著做」。

成熟的交易者面對不確定性的市場，針對自己的每一次交易行為都有糾錯機制，但是「跟著做」的人往往缺乏對錯誤進場行為的糾錯機制，故容易一次交易被深套，過往利潤打水漂。

這是一個大浪淘沙、勝者為王的行業，要想成為勝者，必須說服自己從跟隨別人交易一步步轉變為獨立交易，構建自己的交易系統。否則，利潤可能是曇花一現，甚至誤入客損盤，死得不明不白。

脫離跟隨、自主交易是一件很難的事情，但這確實是這個行業的屬性之一。愛它，就要愛它的全部，您認為呢？學會自主交易，不把自己盈利的希望寄托在他人身上這件事本身並不難，難就難在我們每位交易者思維的轉變。

如果真想坐享其成，不是不可以，把專業的事情交給專業的人，您

完全可以尋找銀行或者其他專業理財機構合作，購買理財產品。如果想自己動手，那我還是建議您自主決策、自主交易。

三、夜裡千條路，早起賣豆腐

從拒絕虧損到接受虧損，再到告別虧損，是我們每個投資者進入這個行業的必經之路。虧損是我們很多人都不願意接受但是又不得不面對的事情，每個人對待虧損的態度不一樣，導致了我們每個人的結局不一樣。

很多投資者在面對虧損的時候，也嘗試過學習，但是通常這種基於學習的思考永遠停留在當天的虧損之後和第二天的開盤之前。第二天盤面一開，這些投資者猶如戰士聽到了衝鋒的號角，像饑餓的人撲在麵包上一樣，忘記了頭天晚上的學習思考，重複買買買的節奏，繼續演繹著多空秀。

「夜裡千條路，早起賣豆腐」是做人的大忌。現貨如人生，這種慣性思維也是現貨必敗的根源。學習，任何時候都不晚，不管我們有多少個理由告訴自己做完這一單再學習，這看似是一種自我開脫的聰明行為，實則愚蠢至極。

四、寧可到處挖坑，不願一處挖井

一只烏鴉在飛行的途中碰到回家的鴿子。

鴿子問：你要飛到哪裡？

烏鴉說：其實我不想走，但大家都嫌我的叫聲不好，所以我想離開。

鴿子告訴烏鴉：別白費力氣了！如果你不改變聲音，飛到哪都不會受歡迎的。

如果我們想讓自己的交易變得好起來，就要從改變自己開始。

現貨交易的方法有很多，學好一個方法即可，不要在到處挖坑的過程中耗費自己的時間成本和資金成本。不改變自己的學習方式和學習方法，甭管學習哪種方法，都沒用。

很多時候，我們因為一些偶然的機會，發現一些好用的指標，自以為撿到了寶，興奮異常，往往興奮勁兒還沒過迎頭就是一盆冷水。

第三章　交易邏輯：現貨投資如何實現盈利？

我們不要自認為很聰明，找到了別人不知道的方法，很多跟我們一樣虧損的投資者並非不知道某技術指標或者某方法，他們和我們一樣，缺少對方法的深度研究和實踐。

交易成功不容易，猶如人生的成長過程，有從無知到睿智的過程和必經階段。但是如果我們自以為是，在上述羅列的幾種「聰明行為」中越陷越深，結局要麼是狼狽出局，要麼是在耗費較多的資金和較長的時間之後才能慢慢步入正軌。

跟隨性交易和自主性交易

跟隨性交易是指自己操作自己的帳戶，但是交易決策行為是以他人的意見為準，或者說將別人的交易建議與自己對交易的理解進行結合。自主性交易是指從盤面的分析到資金佈局計劃，交易者完全自主決策、獨立完成。

從理性的角度來看，大部分人都希望自己通過獨立交易來實現盈利。但是大部分人都是感性戰勝了理性，選擇了跟隨性交易。

這讓我想起關於我外甥的一個小故事，我那可愛的外甥，今年4歲，春節的時候，我給了他一個軍號玩。他接過軍號直接對著軍號的嘴吹了幾下發現沒聲音，然後又把軍號倒過來，對著軍號的另一端吹，自然也是吹不響的。於是，他覺得沒勁，就不玩了。

自主性交易和跟隨性交易猶如軍號的兩端，如果最開始方向錯了或者努力程度不夠，我們最終只能放棄。

其實這一部分聊的知識點，在上一部分聊假聰明的時候簡單提過：用正確的態度對待交易是交易獲勝的第一步，方向偏了，一切白費，故而單獨挑出來聊一聊。

跟隨性交易的兩大隱患

第一大隱患：知其然不知其所以然。

逍遙劉強在《期貨大作手風雲錄》中談到這麼一個觀點：做交易，新手和老手都容易賺錢，半吊子都是虧的。新手之所以容易賺錢，是因

為知道自己啥都不懂，不敢亂來；老手之所以容易賺錢，是因為吃過太多的虧，不會亂來。

很多有過一定交易經歷的人，雖然說是跟隨他人交易，但事實上，跟隨者根本不會完全依照帶盤者的策略來，而是根據自己的理解進行適當的調整。這種調整是人的一種本能。但調整之後，他們並沒有制定相應的糾錯機制，結果自然是虧損常伴。因為很多跟盤的人並不知道對方提供的進場和出場依據是什麼，自然也談不上制定糾錯機制了。

第二大隱患：以為遇見了雷鋒，其實所托非人。

我們很多投資者到處尋覓名師，有的人自以為找到了很厲害的老師，殊不知，這些所謂的老師可能大部分並無實際操盤經驗，他們存在的目的僅僅是讓跟隨者交易而已。

大家想想這樣一個場景：

一個剛畢業不到一年的王姓年輕後生，在公司領導的授意下，給自己冠以「××戰法」創始人的稱號，然後對著電腦另一端一位收入頗豐的中年男子指點江山，盡心盡力地傳授如何買進賣出。中年男子尊稱年輕後生為「王老師」，把王老師驚為天人，因為王老師說的點位彈無虛發，指哪打哪，幾次小盈利之後，中年男子傾其所有加大了資金投入，準備掘金。哪想到，三天不到，錢沒了，王老師也不見了。

然後，王老師在下班後和同事大口吃肉大碗喝酒，談論近一週的精彩演出：「這次這個傻瓜太好騙了，驗證了幾次行情就一次入金了130萬元，運氣一直這麼好就好了。」

所謂的帶盤老師只不過是一個口齒伶俐的業務員而已，可恨嗎？著實可恨。但是反過來看看，所有投資遭遇騙局的人全部是想賺快錢，把自己的主動權交給了別人，利令智昏，自以為找到了搖錢樹，其實是踩進了坑。

打著老師的幌子招搖撞騙的人可恨，被騙的人可悲。聾人聽見啞巴說盲人看見了愛情，多麼滑稽的事情，可是每天都在上演！

為什麼我極力倡導自主交易、自主決策

學習的目的是把自己的無知變為已知，學習的目的是使自己很清晰

地知道如何面對盤面。學習不應該是到處找人告訴你該什麼時候買進。

我們經常教育孩子，陌生人給的東西不要吃，因為擔心我們的孩子被壞人利用，但是為什麼我們自己經常不分青紅皂白就張嘴了呢？需要深思一下。

我們所接觸的投資領域所有的信息，大部分是經過粉飾的，誇大了利潤，縮小了風險。我們要想在這個看似光鮮、實則冷血的行業不受傷害，要麼離開，要麼強大自己，跟市場學習，循序漸進，點滴成長，從盲目跟隨性交易轉變為自主性交易，自己成為自己的老師。除此之外，任何捷徑都是傷害。

交易盈利原理：憑什麼賺錢？

現貨交易簡單點來說就是賺點差，不管是低買高賣，還是高賣低買，只要有點差就可以獲利了。聽起來很簡單是不是？這是理論的說法，也是大家很容易理解的，我們不妨嘗試著做一些深層次的思考。

都在努力，誰甘居落後？

制度不是某一個投資者的專利，而是針對所有人的制度。在相同的制度下，所有散戶之間的競技環境是公平的，但是現貨投資是零和博弈，誰賺、誰虧，大家都在努力，誰甘落後呢？我們憑什麼認為現貨可以實現盈利，其深層次的原理是什麼呢？

這麼說可能有點繞，我們舉個例子。

張三、李四、王五、趙六，均是單身男性，他們共同喜歡上了美女翠花，翠花單身，性取向正常。如果我們問張三：你可以和翠花結婚的原因是什麼？或者說你為什麼認為你可以和翠花結婚？

張三回答：因為我和翠花都是單身。大家會覺得答案很蒼白，因為張三的理由李四、王五、趙六也具備。

我們做現貨交易，認為其制度給了我們盈利的想像空間，但是所有人的想像空間都是一樣的，就跟上面例子中的張三、李四、王五、趙六和翠花結婚的想像空間一樣，都是一致的，我們憑什麼認為勝利的天平

會向我們傾斜？

看到這裡，或許各位朋友應該大概明白我繞了半天想表達的意思了，各位朋友不妨想想我們憑什麼可以實現盈利。我在這裡談下我個人的一些愚見。

我們每個人在面對現貨交易的時候，對其態度和看法會不一樣：有些人談盤色變，有些人如痴如醉，有些人認為我們找個高手就行了，有些人依託技術，有些人依託規則。可謂是現貨江湖，人生百態。不同的態度和看法會衍生不同的交易決策行為，但是只有部分人能實現盈利。

現貨盈利的真正原理是我們每個人都可以打破常態化思維的局限，從眾人中脫穎而出，成為贏家。

具體怎麼做？

簡而言之，逆向思維，不走尋常路。比如說，大眾都是開了帳戶就擼起袖子幹，我們先別急著擼袖子，可以先去網上查看一些交易騙局，看下被騙的人是怎麼被騙的，他們走過的路我們就別走了。我們可以通過平時的一些資訊和社交平臺的交流，看下大家是怎麼虧損的，反其道而行之。

人要突破自我就要先認清自我，但是認清自我很難，所以就需要我們去瞭解大眾交易者。認清了大眾交易者，我們就認清了自我，因為我們就是其中的一員。然後，我們要殺死過去的自我，獲得重生。

好像還是很虛，說下筆者的學習經歷吧。

筆者的裸 K 之旅

我上高二的時候，有一次和好兄弟「瘋狗」去理髮，旁邊一起去理髮的一個老爺爺說筆者很迂腐，筆者當時很不明白，時隔 20 年，好像有點懂了。

筆者的交易思路相當迂腐，大家在看我的文章的時候隱隱約約會發現，我的交易思路在很多時候，都是先繞一個圈子。比如我明明是自己想賺錢，但是我不關注自己，而去關注對手單，利用對手單的獲利情況來反推自己的交易風險。

2015 年，在我做視頻贈送活動的時候，有位上過我幾次公開課的

第三章　交易邏輯：現貨投資如何實現盈利？

兄弟 E 君，把我近十萬字的文檔教程用毛筆抄寫了一遍，實現頓悟，開始盈利。於是，E 君把我的視頻教程推薦給他一位朋友 F 君，結果 F 君看了不到十分鐘，就得出了結論：「這視頻是我看過的最爛的視頻，都沒有講技術指標。」E 君氣得不行，我知道後，也生氣了 3 分鐘，就釋然了。

但是，沒辦法啊，我不懂技術指標，我走了一條非常迂腐的路，研究裸 K 交易。2013 年入行不到半年，我 6 位數的本金就虧完了。我也曾經迷戀過倚天屠龍、均線、MACD、KDJ、布林帶，但是都虧，所以索性不用指標了。後來我發現，不是這些指標不好，只是我的學習深度不夠。我想學習，但是我發現市面上所有基於農產品現貨的教材都是千篇一律，要麼是教人如何開戶如何買多買空，要麼是把很多曾經的股市或者期貨市場的前輩所寫的內容進行改編。

當時，我就在想，大家看的東西都是一樣的，那麼在操作上可能也會趨於一致。既然是趨於一致，那就不合邏輯啊，因為現貨是二八定律，這樣豈不是大部分人都賺錢了？

現在看來這個想法是很幼稚的。

2013 年 10 月份之後，我開始獨立交易，研究裸 K。從「三進四出」到「二進五出」，那段時間我沒日沒夜做測試，到 2014 年上半年的時候，研究出了現在所使用的裸 K 平切交易的雛形。

下文是我當時發的說說的內容，做的是天新茶葉，當時剛確定「三進四出」的標準，但是在天新茶葉的福鼎白茶上出現了不適應，於是又測試「二進五出」。

夜深人靜思維最清晰，經過長達 16 天的測算，終於完成「二進五出」法的全部流程。今天首戰告捷，繼續進行二輪佈局測試，各位晚安！

下文是 2014 年 3 月份我研究如何利用 K 線判定趨勢的時候發的說說。

今天雖然賺的不多，卻是我最開心的一次。這一波單子最初被套 30 個點，如果出場虧損達 11,400 元。若考慮本月的盈利，整體還是盈

利，但是我不想虧的不明不白，便花了3個小時的時間分析趨勢。我連續3天沒有胃口，連最愛吃的木桶飯都不吃了。在關鍵時刻，我相信趨勢、堅持原則，用了兩天的時間補救，一分沒虧，從虧11,400元到盈利3,800元。我終於克服了心理魔障，同時把心裡倉位提高了20%。還是那句話，現貨理財的對手是內心的恐懼和貪婪，並非主力。

應該說，技術方法的研究從2013年10月份到2014年年初就完成了。但是接下來的這幾年，對方法衍生的交易系統的打磨卻異常艱難。只有解決了賺錢的問題，系統方能持久盈利。

當時我是閉門造車，後面又花了幾年的時間做了一些事情。從2014年到2017年，我舉行過超過20次的公益交流，曾經跟超過5,000人聊天，寫過十幾萬字的原創文檔，錄制過超過200集的視頻，為什麼？因為我需要跟很多很多的人交流，需要接觸到很多很多的人，接受大眾的打擊、惡意中傷，當然，也收穫了很多的鼓勵和友誼。

現貨交易的盈利模式

前面聊了現貨交易的盈利原理，這一部分繼續聊一下現貨交易的盈利模式。

簡述盈利模式

既然現貨跟做生意一樣，是賺取差價的雙向交易，那麼其盈利從理論上來說，就分為兩種：第一種，高頻次小點差，比如常見的刷單、波段；第二種，低頻次大點差，比如中長線交易。至於什麼是波段、什麼是刷單、什麼是中長線交易，在後文中會詳細聊。這幾種模式其實都是賺取差價，彼此的區別猶如做生意中薄利多銷和走中高端路線一樣。

深圳的東門非常繁華。東門那邊有一家包子鋪，一個包子售價1.5元。假設1個包子的利潤是1元，賣上2,000個，利潤就是2,000元。包子鋪對面太陽百貨的CK店裡，一個包包賣3,000元，利潤可能是2,000元，賣上1個，利潤也是2,000元。

這是從理論層面來說，那麼實際情況又是怎麼樣的呢？

第三章　交易邏輯：現貨投資如何實現盈利？

看起來現貨交易的盈利模式很多，實際上每種模式賺錢也都很容易，但是盈利都很難。

存在的就是合理的，針對幾種模式的爭論在行業裡從來就沒有停止過，以前我很喜歡和人爭論這個問題，我個人比較傾向於中長線交易。我認為交易頻次越高，犯錯的概率越大，投資者資金的損耗概率就越大，但是也有人痴迷於高頻次交易。慢慢地，我對這個問題也不過於執著了。當有人聊起這個問題的時候，我只如實告訴他現在存在的幾種模式，至於對方會如何選擇，我無權干預，也干預不了。

我的好朋友小明跟我分享過這麼一段話：「所謂對他人的尊重，最基本的一點莫過於，不要以愛的名義去阻撓他。因為，你無法代替他去後悔。」

有朋友問：「是長線好，還是短線好？」阿杜回答：「有人說長線是金，也有人說短線是鑽。但有一點是肯定的，在都能夠賺錢的前提下，誰願意累成狗呢？」

對待交易，我從迷戀中長線變成了逢長則長、逢短則短。對待日常的交流，我的態度慢慢地從勸誡轉變為客觀告知。因為一旦過於主觀，我擔心自己承受不了交易帶來的心理壓力，讓自己的身心健康斷送在信任危機中。

記得在2017年春節前，有個北方的哥們兒在網上找到我，說是要學刷單，有一百多萬元資金。我建議不要將這一百多萬元用於刷單，讓他對資金進行分配，把部分資金用於一些固定收益的銀行理財產品、部分資金用於高風險的交易，先對交易有個宏觀瞭解和系統性學習之後再開始。考慮到他所面對的風險和誘惑可能較大，我給了他我的第三套視頻，讓他先看。若他覺得有幫助、有價值，再付學費。但是從那以後，我就再也沒他的消息了，至於這一百多萬是賺是虧我也不清楚，希望他一切安好。

大家看到這裡會發現，我的文章中會即興加入很多個人的感悟隨筆。嚴格意義來說，本書不是一套講農產品現貨投資的入門書，而是我個人對這幾年的經驗教訓的一個梳理。

現貨市場利益主體：為什麼散戶賺錢難？

菜好不好吃，不能問廚師！

這個部分不好寫，因為很敏感，我只能拋磚引玉。從普通投資者的角度來說，我們需要明白現貨領域的三大利益主體。

1. 交易所

交易所搭建交易平臺，提供交易需要的硬件及軟件環境。從交易所的角度來說，它們當然希望去它那裡交易的人越多越好。交易所除了其直屬的市場工作人員之外，會招募很多代理商協助其進行市場推廣的工作。交易所一般不涉及開戶業務，開戶主要交由其下屬代理商完成。

2. 代理商

代理商也稱為現貨服務機構或者說會員單位。其主要職能一是幫助市場進行推廣，二是為通過其開戶的散戶投資者提供基本的技術服務。

3. 散戶投資者

散戶投資者也就是我們普通的自然人投資者。他們通過某代理商開通某市場帳戶之後，參與交易。

在介紹了現貨領域的三大利益主體後，我們再來講講各利益主體是如何賺錢的。

1. 交易所的收入來源

我本人炒現貨、炒期貨、炒股，也關注新三板。我只炒現貨農產品，對於其他類型的現貨一律不碰。所以我這裡說的交易所特指農產品交易所，不包括現貨貴金屬、現貨原油、現貨瀝青、現貨天然氣以及微交易等。

在交易所交易的人越多，資金量越大，交易所賺錢的可能性就越大。注意我的措辭是「可能性」。

交易所的利潤來源有四種：

（1）手續費收入。所有參與交易的投資者在交易的時候都需要支付手續費。這部分收入比較穩定。

（2）盤面交易收入。盤面交易收入是指交易者直接通過交易獲利，

但是這一塊的利潤並不穩定。

（3）流通收入。所謂流通收入是指市場通過實物交收環節，帶動某個地區某種農作物的銷售，在這個過程中產生的部分收入。這類市場目前很少，但是我知道有市場在為這個事情努力。我個人比較看好這類市場的發展前景，線上虛擬交易若能對線下實物流通產生帶動作用，意味著其生命力會比較持久。

（4）資本運作。這就屬於另一個維度的玩法了，簡單點說就是通過對交易市場的營運，使其具備IPO資格，掛牌上市。目前也有部分市場在探索這條路。

2. 代理商或會員單位的收入來源

上面說完了交易所，再來說下代理商，也稱為會員單位，他們的主要收入來源為手續費。咱們散戶投資者都是通過代理商開通交易帳戶。我們在交易中會產生手續費，那麼市場會將部分手續費返還給為我們開戶的代理商，這也是代理商為交易所推廣所獲得的報酬。

3. 散戶投資者的收入來源

散戶投資者當然就是擼起袖子干，通過實際的交易來賺錢，只不過這個錢更難賺。

通過對各利益主體的簡單分析，大家應該能得出一個簡單結論：不論是交易所還是代理商，他們的收入其實主要還是依託散戶投資者。

明明我們很多散戶投資者已經對自己狠狠地下死手了，但還是難賺錢。可這是為什麼呢？

1. 零和博弈與二八定律的行業屬性

之所以難賺錢，是因為零和博弈與二八定律。在投機領域，二八定律與零和博弈被詮釋得淋漓盡致。

打個不恰當的比方，市場是賭場，代理負責拉客，咱們散戶進去賭博，大部分人會輸錢。當然，不管我們輸錢還是贏錢，賭場都會獲利的。這些錢是參與投資的人提供的。不會憑空掉下來一堆錢，讓大家搶。

2. 信息泛濫的行業現狀

信息泛濫和投資者甄別能力差，是我們很多投資者長期虧損的另一個重要原因。由於散戶是市場和代理的利潤貢獻者，所以在各種信息傳

播平臺上，到處充斥著對現貨交易的美化，為什麼？如果不讓人懷揣著美好，誰願意來玩呢？我不會美化現貨交易，也不會抨擊現貨交易，我力爭做到客觀闡述我對交易的理解。

2014 年 7 月，我在今日頭條上寫過一篇文章——《對於重倉的錯誤理解》。有人在評論中問我：不重倉，不狠狠地買，如何賺錢？還有人說我心理陰暗，出於嫉妒，怕別人賺錢。

什麼樣的人會說這樣的話呢？絕對不是吃過虧的投資者，要知道，這個行業，活躍的人不僅僅只有散戶投資者。誰最擔心我們不交易呢？我們只要動手交易，誰會獲利呢？

在這個信息發達的時代，投資者在尋找投資知識的時候，面臨的最大的問題不是信息太少，而是信息太多、過濾太難。因為我們投資者看到的很多信息，均是部分利益主體希望我們看到的內容。

在前文「如何用正確的姿勢學習交易」中談到過，交易的行為過程，本質是一個知識輸入輸出的過程。當輸入的信息有問題，輸出的結果自然也會有問題，這還怎麼賺錢呢？

如果您和我一樣，是需要真槍實彈上戰場進行交易的散戶投資者，如何衡量信息的價值？我這裡講兩個辦法。第一，讓您看了之後覺得很不爽的文章，往往就是有價值的信息；反之，價值不大。第二，實踐是檢驗真理的唯一標準，任何信息，不管有多好，若您實踐之後不是那麼回事情，就應該果斷捨棄。如果您看到這裡覺得看了沒用，我就建議您別看了。

3.「大爺」心態作祟

天作孽猶可存，自作孽不可活。

我自始至終認為做交易只能靠自己獨立交易、獨立決策，不能依賴帶盤高手。

交易者需要不斷充電，提升自己對交易的認知能力和甄別能力，因為我們接觸到的很多信息本身就是誘導我們虧損的原因之一。

但是，「大爺」太多了。當然，對於我們這些願意自力更生的人而言，我們應該慶幸「大爺」很多。如果說行業屬性和行業現狀，是散戶難賺錢的重要影響因素，那麼「大爺」心態作祟，就是導致我們虧損的決定性因素了。

第三章　交易邏輯：現貨投資如何實現盈利？

只要散戶投資者入市，就會有一堆業務員圍上來，用各種軟件合成的盈利截圖吸引你、誘惑你。他們一個比一個熱情，都誇自己服務好。久而久之，散戶投資者習慣了這種眾星捧月當「大爺」的感覺。但是一旦我們被引誘了，我們成就的僅僅是他們的事業，這才是他們如此熱情的真正原因。也有人遇見像我這麼「冷漠」的人，先是聊上幾句，然後就沒然後了。在 QQ 上交流，聊上幾句之後，我發現對方是「小白」的話，往往就會說：「這玩意兒不好搞，不懂的話別急著開戶，先把我寫的教程看看。」因為我的教程不光有文字，還有我錄制的一些交易案例視頻。我通過個人真金白銀的實際交易過程，來詮釋做盤紀律、資金管理和風險管控的重要性。

然而，在大部分情況下，我直接被人拉黑了，因為大部分人都是「大爺」。

圖 3-1 至圖 3-3 是一推手抄稿，這些手抄稿給了我很多鼓勵。兩年前，我的個人交易實現盈利之後，我為了實現盈利的規模化和交易行為的標準化，決定梳理自己的交易思路，便一口氣寫了十萬字的教程，並同步錄制了一套視頻，部分視頻是收費的。

圖 3-1　手抄稿（一）

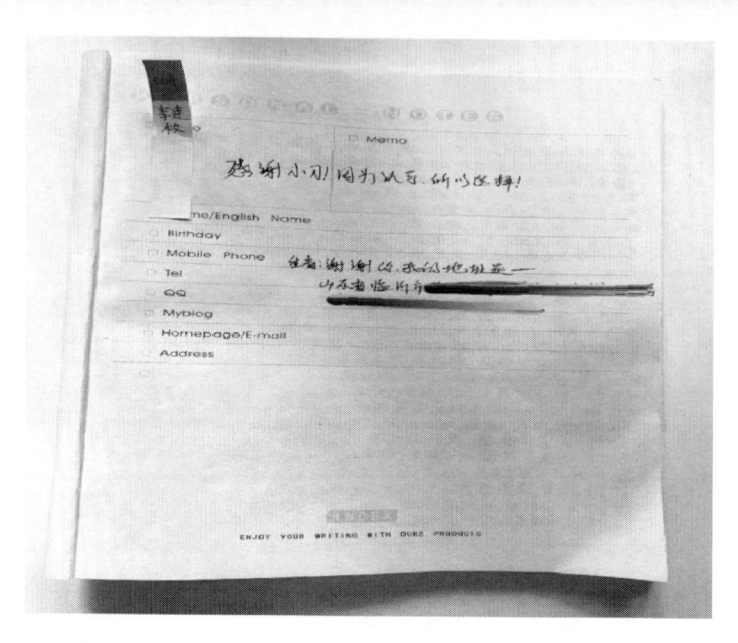

圖 3-2　手抄稿（二）

圖 3-3　手抄稿（三）

第三章　交易邏輯：現貨投資如何實現盈利？

但是，如果我的老客戶願意把我寫的十萬字教程手抄一遍，我就會把收費的視頻免費贈送給他，而且提供持續性的技術答疑，直至其交易水準超過我，實現穩定盈利為止。

有人以為我在開玩笑，說我逗人，說這根本完成不了，我沒搭理，一個字都沒解釋，因為我不敢告訴這些「大爺」我的心裡話。當時，我的心裡話：「我能花幾個月時間，一個字一個字地寫，你為什麼就不能抄？你若看不起我，我更不會把我的心血跟你分享了，反正你虧錢跟我也沒一毛錢關係！」

當時，也有人抄了，這些人做了這件令很多人覺得很傻的事情。兩年過去了，這批當初被人當傻瓜一樣看待的人，不花一分錢，實現了自主交易和個人交易的盈利，他們的交易做得比很多人都要牛。

但是那些嘲笑別人的人，有些人已經虧完本金離開了，剩下的人還跟兩年前一樣，到處找人要行情、要點位。

我是一個努力不做代理商的代理商，我更是一個民間草根交易員。四年前，我經歷過重大虧損，當時我的感覺是：如果誰給我一個機會，只要能把這些虧損還給我，讓我干啥我都會答應。

當時，我整夜睡不著，還不敢告訴家裡人，怕他們為我操心。很慶幸，我慢慢挺過來了。

在我經歷從虧損到盈利的煎熬之後，我奉勸很多啥都不懂的人不要急著做交易，要先學習，結果被人罵。有人罵：「沒見過像你這麼心理陰暗的人，你勸我們不做，錢讓你一個人賺嗎？這玩意還需要學嗎？我忙得要死，哪有工夫學習，扯淡！」

我當時聽了差點氣個半死，然後我就笑了，並且選擇了閉嘴，改用文字表達自己的觀點。至於閱讀的人如何看待這些內容，我已經看淡了。

我希望我的分享能有很多受眾，因為我有虛榮心，畢竟大家在微信發個朋友圈都會關注有沒有人點贊，不是嗎？

有人因為我的分享受益，我會覺得很開心，但是我其實並不在意每位閱讀者的態度。就跟我一直強調的，文章的價值不在於文章本身，而

在於閱讀的人。遇見頻道一致的人，無須多聊自然彼此一見鐘情；不在一個頻道的人，話不投機半句多。我真正唯一在意的就是我的交易，只要它好，我就好。

三年前我從虧損實現盈利，開始做交易分享的時候，我就很清楚，我分享的這些東西，一定有人需要。對我而言，要面對最真實的內心世界，回爐梳理是最好的交易提升方式，也是一種用時間換資金的廉價且高效的方式。在「大爺」遍地的交易領域，總會有人以「孫子」的謙卑心態，一步步通過實盤歷練，成為真正的「大爺」。

上文談到的利益主體，其實都算是正規、透明的。現貨行業充斥著太多不乾淨的東西，很多騙局。我也期待這個行業越來越規範。

不深聊了，對於很多被騙的投資者而言，我要用一句話概括：雞蛋破了，自然也就容易吸引蒼蠅！

第三節　輕倉、順勢、止損

大道至簡，如果說交易有什麼制勝法寶，那就是六個字：輕倉、順勢、止損。

交易的死敵之一：重倉

這一部分的術語實際上屬於資金管理的範疇，涉及的專業術語有：盤容量、心理倉位、重倉、輕倉。

1. 盤容量

盤容量是什麼意思？我們可以把它簡單理解為一個盤面的資金容量。如果我們是在八大國營交易所參與投機，自然無須考慮這個問題。咱們幾萬乃至幾百萬元的資金跟盤面的整體盤容量相比，猶如九牛一毛。這裡需要特別提醒的是，國內原油期貨的資金門檻為 50 萬元，如

果有投資者對原油期貨感興趣,建議先觀望一段時間或者先輕倉介入,等待盤面沉澱一段時間再大資金介入。

但是如果大家參與的是現貨交易,就要先清楚一點,現貨交易殺大放小,如果我們本身的入場訂單量(資金量)較大,入場後我們就成了風向標,直接被追著打。

所以不論是重倉還是輕倉,咱們的開倉量都要考慮盤容量因素,不要當炮灰。一般來說,在現貨市場,幾萬元或者十幾萬元本金,無須考慮這個因素,資金量超過6位數甚至7位數的時候,就要考慮分散合約甚至是分散帳戶了。每個市場的盤容量不一樣,不同的市場也有開倉量的限制,在準備進入一個市場交易之前,可以先打探一下。

2. 心理倉位

心理倉位屬於動態的數據,沒有恒定值,跟我們每位投資者有關。我們每位投資者都有一個心理倉位,一旦買入量超越了心理倉位,會造成較大的心理波動,影響咱們策略的正常執行。

心理倉位的評估比較簡單。如果訂單入場之後,我們出現患得患失、晚上睡不著覺的情況,就意味著我們的倉位過重,超越了心理倉位。

3. 重倉和輕倉

(1)資金層面的重倉和輕倉。

資金層面的重倉和輕倉是相對帳戶的資金而言,重和輕屬於相對標準,沒絕對標準。一般來說,50%以下稱為輕倉,超越50%就稱為重倉。比如,甲乙二人帳戶資金都是10萬元,均可以買進A合約1,000手。當開盤的時候,甲買進了400手,乙買進了600手,那麼我們可以說甲輕倉持單,乙重倉持單。

資金層面的重倉和輕倉很好理解,所購買的合約占用帳戶資金比例越高,意味著倉位越重,反之,倉位越輕。

(2)心理層面的重倉和輕倉。

比如,甲乙二人帳戶資金都是10萬元,均可以買進A合約1,000手。但是甲平時的正常購買手數為100手,超過100手就睡不踏實;乙

平時正常購買的手數為 800 手，乙買進 800 手的時候，收盤就忘記訂單，一覺睡到天亮。在開盤的時候，甲買進了 200 手，乙買進了 600 手。從資金層面來說，此時甲的購買量屬於輕倉介入，乙的倉位略重。但是由於二者的心理倉位不一樣，所以從心理層面來說：雖然甲買的少，但屬於重倉；雖然乙買的多，但屬於輕倉。

任何時候，咱們的交易都不要超越心理倉位。一旦超越心理倉位，人會跟喝酒喝醉一樣，入場的瞬間就會直接傻眼，雖然內心清楚，但是手腳都不聽使喚，全身發汗。這感覺，很酸爽。

4. 養成輕倉的習慣

交易是一個長期的事情，最好養成輕倉的習慣，讓倉位恒定，不要一激動就重倉。重倉介入往往會導致很大的虧損，甚至影響交易者的心態。尤其是新手投資者，千萬不要想著這次來個猛的，干上一波，這樣很容易翻船。交易是長期的修行過程，輕倉狀態，意味著即便咱們錯了，也有回旋的餘地，不要孤注一擲。

咱們把邏輯理一下：

（1）就上面幾個術語的重要性而言，盤容量>心理倉位>資金層面的重倉。

（2）任何時候都不要重倉介入，尤其是不要超越心理倉位，更要關注盤容量。

如何定趨勢？多頭，空頭，還是震盪？

首先，我要說明：本文所有觀點全部基於裸 K 平切交易。

1. 多頭、空頭和震盪

（1）多頭：一個合約整體方向向上，我們稱其為多頭合約。多頭合約建議看多不做空。

（2）空頭：一個合約整體方向向下，我們稱其為空頭合約。空頭合約建議看空不做多。

（3）震盪：一個合約階段性無大點差，在一個相對狹窄的區間內

第三章　交易邏輯：現貨投資如何實現盈利？

來回上下掃，稱為震盪。震盪期間的方向判斷遵循震盪前的方向即可。

基於震盪的結論，可能會有很大的爭議，有人認為方向有多、空、震盪三種，也有人認為方向有多、空兩種。我個人看來，無關對錯，不同的交易體系，不同的交易週期，對方向的定義是不一樣的。在裸K交易體系中，我認為方向只有多和空。

2. 裸K交易如何定趨勢

準備系統化來學習裸K平切的朋友們，可以先記住下面三句話，然後再基於個人的交易實踐，用一段時間來理解，我希望這個時間不要超過一年。

第一句話：先上後下看多，做多不做空，關鍵點位反手。

第二句話：先下後上看空，做空不做多，關鍵點位反手。

第三句話：點差越大，趨勢力量越強。

還有最後一句最重要的話：趨勢判斷錯了沒關係，不要執迷於預測方向，因為無須預測；做交易不要怕犯錯，不怕犯錯，就無錯，反之，會一直犯錯。

溫馨提醒：對於這部分內容，一部分人會認為我寫錯了，還有一部分人會覺得有點蒙。認為我寫錯了的朋友們，忘掉這些內容；感覺有點蒙的道友們，可以直接找我提問。

這部分內容我寫得很謹慎，背後包含的東西其實非常多。這些背後的東西是咱們所有投資者必須悟透的內容。悟透對交易帶來的直接影響是：盈利會在現有基礎上翻一倍，虧損者會少虧一半，就連手續費也會在現有基礎上減少一半。

第一次聊止損

在整個裸K交易員系列教程中，關於止損的話題可能會多次被聊起。

止損反人性，80%的投資者因為過不去止損關，而慘淡離場。剩下20%的人，部分人是用以虧止虧的較大代價解決了止損這個問題，少部

分幸運者在交易和頓悟的循環中用較小的代價過了止損關。

1. 止損

所謂止損，就是把帳戶的訂單主動虧錢平倉。

咱是衝著賺錢的目的來的，結果不僅錢沒賺到，還要虧錢，還要自己主動動手，這不合邏輯啊。看似不合邏輯，但這就是交易中必須遵循的最簡單邏輯。這就是我所說的止損反人性。

2. 認知止損

對止損的認知至少包括以下四個階段：

第一，知道做交易需要止損。

第二，從盤面原理理解為什麼需要止損，把止損上升到做盤紀律的高度並被動執行止損。

第三，從理論驅動到本能驅動，通過交易策略的關聯，將止損變為整體交易策略執行中的一個環節，並下意識主動執行，但是頻繁止損會導致心理波動。

第四，盈虧同源，心中無止損。止損也好止盈也罷，僅僅是很平常的一次平倉行為。

3. 做交易需要止損

裸 K 交易遵循循序漸進的原則。對很多理論的理解和認知需要投資者結合實際交易。本部分無法將止損徹底聊清楚，所以我僅對止損認知的第一個階段來簡單聊一下。

大部分新手朋友是衝著賺錢的目標來的，壓根沒有止損這個意識。面對交易時，我們也許不願意相信我們的交易經常會犯錯，但是事實上交易犯錯是常態。不用正確的態度和方式對待止損，就是最大的錯誤。

基於止損的特殊意義，我在這裡談三點建議，若能對您的交易有幫助，實乃我的榮幸。

第一，止損是標配。

猶如汽車需要配有煞車一樣，止損便是交易的標配。一筆交易進場，表面上看起來賺錢和虧錢的概率各占 50%，實際上虧損的概率遠遠大過賺錢的概率。止損不代表我們進場錯了。進場只分是否有必要，沒

第三章 交易邏輯：現貨投資如何實現盈利？

有對錯之分，止損僅僅是為了避免更大的虧損。

第二，嘗試調整進場思維邏輯。

大眾思維是先進場，進場之後發現情形不對，再找止損點位，在尋找止損點位的過程中，由於僥幸心理作祟，往往使小虧變成大虧。

現貨交易二八定律甚至是一九定律，就是贏家通吃、輸家買單。咱們要想成為小眾人群，可以嘗試著換種思路，進場之前基於自己的進場方向和批量，先確定止損點位，然後基於止損點位和批量，再確定進場點位。

做交易，永遠不要相信美好的事情不會發生，比如D12[①]；也永遠不要相信不好的事情不會發生，比如止損。具備逆向思維，提前做好止損的心理預期，可以減少咱們止損的難度。

第三，止損有標準。

交易行為包括開倉、平倉。止損屬於平倉，需要有標準。我們可以按照點位止損，也可以按照資金量止損。這兩種方式都可行，但前提是，這個標準必須固定下來。換言之，止損跟進場一樣，不能憑藉感覺亂來。

如果投資者現在還沒有明確的止損標準，那我就建議先停下來，從學習如何止損開始。因為不管學還是不學，終歸是要學的。

這次就聊到這裡，下次聊止損是在做盤紀律部分。

割肉，好疼！

所謂割肉就是指在帳戶訂單面臨較大虧損時，交易者的平倉（斬倉）行為。割肉行為往往會給投資者的帳戶資金和心態造成較大的傷害。

一筆訂單進場之後，賺錢收工固然是好事情，但如果需要止損呢？

[①] D12為盤思動歷時三年匠心打造的攻堅團，旨在通過長時間（以一年為一個週期，即12個月）的持續盈利，在固化帳戶利潤的同時，更固化交易者的交易習慣，科學合理利用人性為交易所用，也唯有如此，方能實現從偶爾賺錢變為持續盈利。

有人選擇止損收工，有人選擇等待，也就是通常說的扛單。有些時候扛著扛著就扛回來了，有些時候扛著扛著越虧越多，然後就是割肉了。

1. 割肉和止損的區別

止損和割肉本質上都是虧損出場，它們的區別有三點。

（1）虧損的幅度不一樣。止損是小虧，割肉是大虧。如果說止損是被蚊子咬一口，割肉就是流血甚至是缺胳膊斷腿，兩者的破壞程度差異較大。

（2）性質不一樣。止損屬於正常且正確的交易行為，而割肉是非常大的錯誤交易行為，割肉一般由不止損（扛單）演變而來。

在前文第一次聊止損談到過：部分人是用以虧止虧的較大代價解決了止損這個問題。這裡所說的較大代價就是指的割肉。很多人之所以能做到止損，是因為割肉太多次了，簡單點說是虧怕了。這是大部分人的常態化軌跡，也是咱們交的學費。很多投資者也認為本該如此，可在我看來，未必。

（3）止損有標準，割肉看心情。止損有明確的標準，有心理預期；而割肉是看心情，是在毫無辦法情況下的不得已而為之。

2. 割肉的成因和危害

（1）為什麼那麼多人的交易面臨割肉？

偶然性事件帶來的必然性結果，是咱們很多投資者面臨割肉的原因。為什麼很多投資者交易幾年，依舊在穩定虧損，究其根源是沒有分清楚偶然性事件和必然性事件，缺乏對市場的深層次認知。最常見的表現有以下兩種：

第一種：偶然扛單成功帶來的惡果。

在某次交易中，帳戶訂單進場之後觸碰止損標準，咱們選擇了繼續等待，結果還真給等回來了，帳戶由虧變盈，在收穫盈利的同時也收穫了快感。當下次交易觸碰止損標準時，咱們會下意識地認為，上次我等回來了，這次也等等。一定要記住，即便你已經扛單成功多次，終歸會栽在下一次扛單中。

交易是一個100-1=0的事情，即便咱們扛單成功99次，若第100

第三章　交易邏輯：現貨投資如何實現盈利？

次失敗，咱們就會在第 100 次選擇割肉。而這次割肉的代價，往往侵蝕了咱們前面 99 次扛單成功的成果，甚至倒貼本金。常在江湖飄，哪能不挨刀？

第二種：偶然止損之後行情回頭引發扛單。

某次咱們進場後，觸碰止損線，咱們選擇了止損，可是剛止損行情就回頭。咱們會下意識認為，如果再等一下，就沒必要止損了，還可以賺一把。下次進場，觸碰止損點位之後，咱們想起上次的止損，下意識選擇了等一下，結果這次沒等回來，變成了割肉。

比如一位微信好友問我：請教一下，其實我也是看裸 K，但為什麼經常會遇到止損之後行情奔向止盈點呢？

我的回答：①此裸 K 非彼裸 K，我知道兩個人用的裸 K 不一樣，但是您或許沒有意識到這個問題，沒有誰好誰壞之分，僅僅是不一樣而已。②從裸 K 平切交易系統的技術分析層面來說，要想解決這種情況，一是復盤確定極限點位，二是定量止損合併套單點，三是用萬能模型解決。所謂萬能模型，其實就是從單點進場或者雙點雙向進場改為雙點單向進場，採用假設性進場和突破進場的組合，規避猜和搶及「錯誤」止損對交易本身的干擾。③從交易邏輯來說，止損可能會讓人頭痛，不止損可能會頭破血流，兩害相權取其輕，交易沒有舒服的選擇，因為交易本身就不舒服。④想從根源解決這個問題，就應該構建交易系統，因為交易系統可以幫助投資者實現穩定盈利。

無論是偶然扛單成功，使我們將扛單變為常態化的交易行為，還是偶然止損「錯誤」，使我們將等待（扛單）變為常態化的交易行為，都是導致我們割肉的表象原因。讓我們不斷割肉的根源則是我們缺乏對市場的理性認知。市場唯一確定的是行情永遠充滿不確定性。

（2）割肉的危害。

割肉對帳戶本金的損耗和對咱們投資者的心理的傷害都非常大。每次割肉，虧損的越多，內心的傷害越大；傷害越大，需要恢復的時間週期就越長。

咱們很多投資者看起來炒現貨很輕鬆，不知道的人以為咱們分分鐘

上下幾十萬元，實際上很多時候只有咱們自己知道自己的情況。別人以為咱們在賺錢，實際上咱們還在填割肉的坑。割肉會使得帳戶盈利的概率變得更小。道理很簡單，交易需要錢，錢都快弄沒了，何談交易。

相對於資金的損耗，更大的傷害是心理層面的，一次或者多次割肉之後，投資者會對市場充滿恐懼，對自己的交易充滿悲觀情緒，甚至不敢進場、不敢下單。

放棄吧，不甘心；繼續吧，不敢。可最大的痛苦是沒人會在意這種痛苦，甚至都不敢和人說，尤其是不敢和家裡人講，心理負擔超級重。

3. 如何告別割肉

交易盈利的過程是小虧大賺的過程。咱們想實現小虧大賺，必須理解、記住、做到下面三句話。

第一句話：若發現當前這筆交易觸碰止損標準，咱們應立馬止損。至於止損之後怎麼辦，那是下一筆交易的事情，咱們可以接受標準錯誤，但是絕不可以自己違背自己所定的標準。

第二句話：記住上面第一句話。

第三句話：記住上面第一句話和第二句話。

做到上面三句話，咱們可以最大化地跟割肉說拜拜。但是這遠遠不夠，因為咱們的目標是實現盈利且穩定盈利。

4. 簡單引申

構建交易系統是咱們通往穩定盈利道路的必經之路。意識到需要構建交易系統是咱們交易之旅的第一次覺醒。

我們經常說認知市場，市場是什麼？市場是一群人組成的合集，咱們每一個人都是市場的全息投影。所謂的認知市場，其實是認知自己。

人性固有的弱點和幾千年來流淌在血液裡的有些東西是咱們交易的死敵，扛單導致割肉僅僅是這個死敵多個大招中的某一招而已。只有交易系統能幫助我們戰勝死敵。當我們面對交易，自己無法駕馭自己的時候，交易系統可以幫助我們約束自我。

割肉，好疼，希望大家少疼幾次，早日開始覺醒。

第三章　交易邏輯：現貨投資如何實現盈利？

比止損更難的是止盈

前面聊了止損，現在咱們聊下止盈，止盈比止損更難。止損決定咱們虧多少，止盈決定咱們賺多少。

止盈是指帳戶訂單盈利之後，交易者對部分訂單或者說全部訂單進行平倉所收穫的當前這筆訂單部分或者全部利潤的交易行為。

止盈的難度表現

1. 拿不住訂單

在帳戶訂單盈利之後，交易者內心開始發慌，便快速平倉出場，出場之後發現，後市的利潤更大。此時，咱們交易者往往會出現以下兩種錯誤：

（1）追單。

比如，咱們在 300 價位買進了 200 手多單，進場之後，盤面價格快速運行至 305，咱們在 305 平倉手裡的訂單。隨即咱們發現，行情繼續上漲，一路衝破 310、313、315，咱們內心非常懊惱。在經過多次內心的掙扎之後，咱們直接在 317 繼續買入多單。大部分投資者缺乏系統的資金管理知識，此時進場，購入的批量往往會超越之前的批量，很容易把 200 手改為 400 手，甚至滿倉。

但是，沒進場流失的是利潤，進場流失的是本金。咱們剛進場，發財夢還沒熱乎，行情直接從 317 走到 315。在片刻的猶豫中，行情繼續下跌走至 310，此時此刻，咱們蒙了，怎麼辦？

此時，咱們才想起有個詞語叫止損。此刻，結局往往是：咱們如果不止損，繼續跌；咱們如果止損，繼續漲。不論是哪種結局，唯一可以肯定的是，咱們上一筆交易的盈利雞飛蛋打了。幾分鐘前，咱們賺了一頓火鍋錢；幾分鐘後，咱們搭進去兩頓火鍋錢。

很多投資者面對這種交易窘狀時，會謾罵、憤怒，但遺憾的是，咱們連敵人是誰都不知道。

（2）貪多。

上面說的是交易者拿不住訂單而引發的第一種錯誤——追單。

現在，咱們再來說下第二種錯誤——貪多。

還是這個例子：咱們在 300 價位買進了 200 手多單。進場之後，盤面價格快速運行至 305，咱們在 305 平倉手裡的訂單。隨即咱們發現行情繼續上漲，一路衝破 310、313、315，咱們內心非常懊惱。在懊惱中，咱們收盤了。時隔不久，咱們又逮住了一波盈利的訂單。跟往常一樣，剛盈利，咱們又開始心慌，隨即準備平倉，猛然間想起了上一次的交易經歷，於是，咱們又想著：不行，上次剛賺幾個點就跑了，這次得等等，等著等著，結果洗回來了，盈利單子變成止損甚至割肉。

在面對止盈這個問題時，如果咱們投資者不具備持單的能力，最終的結果往往不會太好。真的是止損揪心、止盈鬧心。

2. 折中換來的折騰

人在遇見問題的時候，出於本能，會去尋找答案。咱們找啊找啊，終於看見某個平臺某篇文章聊到過盈利之後賣一部分的玩法。咱們一聽，喲嘿，有道理。於是，咱們學會了折中的處理辦法：在帳戶盈利後，便賣一部分。

可是，新的問題又出現了，咱們在盈利之後賣了一部分，但對於剩餘的部分訂單，咱們又犯難了。當接下來的訂單獲得更多盈利的時候，咱們開始懊悔：要是之前那部分我不賣就好了。當接下來的訂單盈利變為零甚至負數的時候，咱們懊悔：要是手裡的這部分我之前都賣了就好了。哎，怎麼做都不合適。

自以為完美的折中辦法，結果依舊是折騰。

其實，交易只有對錯之分，無完美與否之分。某個階段的整體交易結果由多筆交易構成。只要每一筆交易是正確的，整體結果就是完美的；反之，如果咱們一葉障目，追求其中某一筆交易的完美，整體結果一定是不完美的。因為就單筆交易而言，出場後，令咱們感覺不舒服，或者說令咱們覺得不完美的概率是 67%。剩下的 33% 是什麼情況呢？在咱們出場之後，盤面直接停盤或者持續震盪至停盤，我們才不會因後

市的走勢而認為曾經完成的交易不完美。這種出場後停盤或者說震盪至停盤的概率太低了，幾乎接近0。

換句話說，一筆訂單只要進場，咱們用不成熟的完美標準（吃到所有利潤）來看待每筆交易，每一筆交易完美的概率幾乎是0。

交易如人生。對於已經發生的交易，咱們總可以找到理由讓自己認為可以做得更好。追求這種原本就不存在的完美，結局必然是不完美的。

3. 一頓吃太飽撐大了胃

上面談到兩種易在止盈上犯的錯誤，或許咱們部分投資者經常遇見。現在說的這種情況可能比較少見，但是確實客觀存在。

不論基於什麼原因，咱們某一筆訂單獲得的利潤也許會非常大，大到超越自己的預期太多。這種感覺令我們久久無法忘懷，所以就在接下來的交易中，很容易看不上小錢。

記得在2014年元旦前後，盤思動公司的王雨晗和我一起做天新茶葉。當時，天新茶葉發展勢頭好，點差也大。當時在天新茶葉，一筆交易賺上幾十個點很容易。在銀針白毫盈利近百點出場之後，我們開始做福鼎白茶。王雨晗在福鼎白茶上吃過大虧，幾乎是腰斬。王雨晗的福鼎白茶進場之後，獲利了10個點。那年元旦，我去我女朋友（現在的愛人）家拜訪我岳父岳母，回來後，發現王雨晗的福鼎白茶被套了。我很奇怪，盈利的單子怎麼被套了。她的答案讓我很無語：「哎，賺了10個點本來按照策略要減倉的，但是感覺太少了，跟沒賺一樣，就等了等，結果就套進去了。」最終，她搭進去了之前所有的利潤，而且本金還損失了近50%。

盤思動技術總監彩虹在2016年上半年魂斷指南針辣椒干；盤思動進修班班長小晴子在2016年栽在了指南針的杜仲上；盤思動空靈2015年交易半夏撐大了胃，後面的交易節節敗退；內蒙古通遼的榮添在一個月之內，在鄭棉把帳戶資金從5萬元做到近8萬元，出金2萬多元之後，又努力了一把，一口氣把帳戶做到了3.7萬元……

這種例子，近幾年我見過很多。我發現他們都有一個共性：他們的

某筆交易經歷過較大的盈利，故在後期的交易中，只要出現盈利，就會以曾經盈利較大的訂單作為後期交易止盈的標準，忽略了盤面的客觀性。

殊不知，這些曾經的超預期盈利均屬於偶然性事件。用偶然性事件作為必然性的標準，怎麼可能不出問題呢？歸根究柢，一頓吃飽撐大了胃，後面反而一直餓肚子。

4. 老大挨打、老二填坑

上面說的是一筆較大盈利對交易者後面的交易產生的影響。我再說說某筆交易出現較大虧損之後對後期止盈的影響。

交易出現虧損太正常了，不管是何種原因，虧損隨時都有可能發生。那麼當一筆交易遭遇重大虧損之後，接下來的某筆交易盈利了，咱們的內心又會怎麼想呢？咱們會想：終於有機會填坑了。此時此刻，咱們很自然地賦予了當前這筆交易一個偉大的使命——把上一筆交易的坑填起來。於是，填坑成了唯一的止盈標準。

如果把前一筆遭遇重大虧損的交易稱為老大，當前這筆盈利的交易成為老二，這是典型的「老大挨打、老二填坑」。當咱們有這種想法的時候，就意味著咱們就偏離了交易策略，違背了交易最基本的屬性——客觀性。其結果就是，坑沒填平，又給自己挖了更大的坑。

拿不住訂單，折中換來的折騰，一頓吃太飽撐大了胃，老大挨打、老二填坑，均是我對這幾年交易的總結。不同投資者在不同階段表現不同，那麼，這些問題該如何解決呢？

如何解決止盈問題

首先，得先跨過止損這一關。跟女朋友相處的前提是先有個女朋友。

這一部分屬於整個裸K交易的基礎內容，暫時僅寫到專業術語部分，所以這裡只簡要提一下止盈的方法。詳細的內容咱們在後面會逐步聊到。

我從三個層面簡單提一下：

第三章 交易邏輯：現貨投資如何實現盈利？

1. 改零散學習為系統學習

止損是爹，止盈是媽。止盈屬於交易中一個非常重要的環節，要想從根源上解決這個問題，首先要進行系統化的學習。網絡上零星的知識很多，但是我們學習之後發現有時候並不是那麼有效。

交易本身是一個系統化的事情，每位投資者經過數年甚至十幾年的打磨，其交易體系都是由不同的零星知識構建而成的一個不可分割的整體。止盈僅僅屬於這個知識體系的一個分支。若我們不清楚其背後的資金管理、開平倉標準等，直接運用止盈環節的知識，難免會出現類似「法國的紅酒配上長沙的臭豆腐，外加一盤老干媽拌三文魚」的情形，容易消化不良、鬧肚子。

2. 固化標準

止損和止盈均需要標準，我們決策時遵循的應該是我們的標準，而並非我們的感覺和主觀臆斷。

這個標準的固化過程也是交易系統或者說交易體系的打磨過程。這個打磨的過程，未必會讓咱們成功；但是不經歷這個過程，咱們一定會失敗。因為交易本身就是未必會成功的事情。

3. 從主觀到客觀、從客觀到絕對

進場靠技術分析、止損靠標準、持單靠信念、止盈靠格局。

新手交易一切都靠主觀臆斷和猜測行情都需要成長時間。這個時間對於有些人來說是幾年，對於有些人來說是十幾年。在此之後，交易者開始學會遵循市場的客觀性，依託交易標準進行開倉、平倉。

這還不夠，一個交易者經過數年的市場沉澱之後會依據自己的交易體系（標準）進行交易。其本質是交易者在履行自己跟自己簽訂的契約。大部分時候，咱們會遵照契約形式，但是一旦誘惑過大，咱們會背叛自己。

咱們其實很多時候沒有自己想像中的那麼理智和堅強，當帳戶的訂單盈利達到某個超預期狀態，足以誘惑我們背叛自己，違背自己跟自己簽訂的契約，止盈難度成倍增加，怎麼辦？

這種交易一旦處理不好，會給我們當下或者說接下來的交易帶來毀

滅性的打擊。所有的技術指標、所有的標準在那一瞬間全部失效，咱們其實已經「走火入魔」，到了那一步，止盈靠格局。

所謂靠格局是指基於自身過往幾年的交易經歷和接下來幾年的交易目標，用較大的交易框架對自己每一筆交易進行約束，通過足以讓自己心動的宏觀目標來約束微觀交易，用絕對的資金量來約束每一筆交易的止損和止盈。這就是所謂的從主觀到客觀、從客觀到絕對。

咱們每位投資者處理交易的具體問題的時候，思路會不一樣，但無對錯之分。這部分內容實際上屬於我自己最近的一些感悟，不一定對。基於止盈的問題，我跟部分朋友在一起踐行 D12 交易模型。

第四章

裸 K 交易：
獨創交易制勝法則

文章的價值取決於閱讀者，不取決於寫文章的人。我在我的每日工作計劃中刻意寫明了一條，永遠不要跟評論的用戶發生爭執，原因如下：對於那些說假大空的人，他們對交易的認識存在誤區，沒看懂而已，沒關係，市場會教會他們如何正確看待交易；對於那些謾罵責罵的人，他們只是文章沒看完而已，不知者不罪；很多人看見我的文章中帶了「現貨」兩個字，就開始指責，其實把現貨換成期貨換成股票換成外匯，是一樣的。

我不用「交易」而用「現貨交易」，是因為我熟悉的只有現貨交易。對於期貨和股票，我僅僅是一個學徒。

第一節　交易心理：心態比技術更重要

實踐決定意識。本節聊下交易心態。

如果把我們每個人比喻成游戲中的英雄人物，那麼心態就如同操縱游戲的召喚師。心態分為宏觀層面的心態及微觀層面的心態。宏觀層面的心態指的是，咱們對待交易這個事情的心態。微觀層面的心態指的是，面對每一筆交易、每一刻行情以及每個階段的交易結果時我們的心態。宏觀心態和微觀心態之間會互相轉化、互相牽制、互相促進。

八大心態在交易中的表現

我們先聊下宏觀層面的心態，這裡就不得不提八大心態在交易中的表現了。

1. 成就心態

成就心態屬於交易行為中最具有普適性的心態。交易的成就包括對資金財富的訴求以及對精神財富的訴求。在某些特定的時候，咱們的交易整體是盈利的，但是心情並不好，我稱之為「虧心」。

為何有這種感覺？歸根究柢，我們可能錯過了一波我們自認為能抓住的大行情，覺得可以做得更好。此時的心裡負面情緒不僅跟錢有關係，更多關乎對精神財富的訴求。

成就心態是一把雙刃劍，如何化解，就關乎寬容心態了。

2. 寬容心態

寬容自己，寬容行情，寬容在交易中遇見的一些令自己不舒服的事情。

比如進場訂單逆向運行，需要止損，此時我們需要寬容自己的錯誤，果斷知錯、認錯、改錯。

比如錯過了一波行情，此時我們需要寬容自己的疏忽，錯過了就錯過了，留得青山在，不怕沒柴燒，不要急追猛打。

比如交易中因為走神，犯了低級錯誤，訂單買反了帶來虧損，或者買錯合約帶來了虧損，我們不要賭氣進行後續交易，應寬容自己的失誤。

比如長時間交易陷入瓶頸，我們不要給自己心理壓力，暫時遠離交易，放空大腦，多陪家人，寬容成長過慢。

3. 付出心態

付出是交易中最需要具備的心態。一個成功的交易員，需要付出的東西很多。

需要付出時間。咱們大多數人並非天才，有自己固有的知識短板。知識的累積過程需要時間，對任何一個知識點的理解和應用都需要時間的沉澱。

需要付出金錢。這裡所說的金錢不是指投入的本金，而是學習需要花費的學費。不論是我們自行在市場中摸爬滾打，需要付出踐行成本，還是我們向他人支付學費，借助他人的腦力和體力來幫助自己完善交易技能，都需要大量的金錢。尤其是自我踐行成本，因為沒有任何一個技能是可以拿過來直接使用的。

需要付出尊嚴。面對市場一次又一次的打擊，我們損失的不僅僅是金錢，還有自信和尊嚴。

交易成功，需要付出的東西很多，如果有了主動付出的心態，實際付出會比其他人要少。可如果不願意付出，市場會無情地打我們的臉，讓我們付出更多的東西。

真相很殘酷，也很公平。

4. 學習心態

學習心態是大部分投資者都缺乏，卻是最需要的一種心態。

交易中的學習既要有廣度又要有深度。咱們很多人不缺交易的廣度學習，但是缺乏深度學習，因為人性使然。這使得咱們在學習之路上耗費了大量的無效時間。

常見的學習誤區表現為，沒有耐心進行系統化學習，喜歡碎片化的學習，對交易的理解也是支離破碎的。實際結果是，我們會發現碎片化學習方式所耗費的時間遠遠超過了一次系統性的學習。碎片化的學習，使得咱們在很多時候，不斷地在不同的錯誤之間兜圈子。

很少有人天生喜歡學習，至少我是如此。我討厭學習，但是幾年的交易經歷讓我意識到，不主動學習，我們就會被學習找上門，而且找上門的代價非常大。

再次強調，學習心態，是交易者最需要具備的一種心態。

5. 平常心態

「不以漲喜，不以空悲」，即不追求交易的盈虧，只追求過程的對錯。這是交易中一句最有道理的空話，也是交易中空杯心態者信奉的真理。

真理也好，空話也罷，平常心是成功交易者的不二選擇。這個無法深聊，越聊越空，因為平常心的背後需要大量的交易實踐做基礎。

平常心很難保持，但時間長了也就不難了。

6. 樂觀心態

樂觀者在交易中未必會成功，但是長期悲觀的人注定失敗。即便交易不成功又何妨，生活中可以有交易，沒了交易的生活依舊是生活。

7. 自律心態

很多交易者追求自由，但是交易對咱們大部分投資者而言，會令我

們失去自由。大部分投資者不具備自律的品質，但是一旦養成自律的習慣，交易會令我們愉悅。

最簡單的自律即提煉做盤紀律，毫無理由地去執行。交易需要把紀律上升到信仰的高度。

8. 感恩心態

感恩市場，感恩自己的付出，感恩同行者，感恩我們進入交易領域接觸到的所有信息。因為有些人告訴我們什麼是對的，有些人告訴了我們什麼是錯的。

好心態靠技能來驅動

上一部分簡單聊了一下宏觀層面的心態，接著我們來聊下微觀層面的心態。

在開始聊微觀層面的心態之前，先聊聊交易的五個緯度。

交易的 5 個緯度

①技能：指的是我們所掌握的交易知識，包括理論知識以及實際操作方法，一般通過咱們主觀的學習結合實踐來一步步沉澱。

②行情：指的是客觀存在的行情。比如大家熟悉的震盪行情、區間行情、趨勢行情等。

③外圍：指的是看起來和交易無關，但是又對交易產生很大影響的一些因素。比如突然斷網了或者停電了等類似事件。

④心態：指的是我們對待交易的心態和交易時的心態。

⑤本能：我們自身在面對交易時的一種本能反應。比如下意識地扛單、下意識地調整倉位等。我們的交易過程，就是一種本能的輸出過程。這種感性的本能輸出有些時候不受我們理性意志的控制。

五個緯度彼此之間的關係

既然交易的結果取決於本能輸出，那麼哪個緯度的因素離本能最近呢？

行情是主觀驅動下的客觀存在，咱們投資者只能客觀應對。從本質

第四章　裸K交易：獨創交易制勝法則

上而言，行情和我們的交易盈虧無直接關係，因為所有人面對的行情都是一樣的。

我們只要意識到外圍因素，便可以慢慢地調整。現在看來就只剩下技能和心態，這二者和本能有什麼關係呢？

為方便大家理解，我們用交易方法來代替技能，雖然技能不只包括交易方法。

交易方法和心態二者之間關係很緊密。在日常的交易中，不同的交易方法帶來的交易結果不一樣，同一方法不同的投資者交易結果也不一樣，但是交易結果會影響咱們的心態，心態又反作用於交易過程。方法是結果和心態之間的連接。

好的心態會使交易結果越來越好，咱們基於本能的輸出結果也會越來越好，反之，會越做越糟糕。

其實，心態是連接行情、技能、外圍和本能輸出的紐帶，心態直接影響本能輸出結果，其他因素通過心態發揮直接或者間接的作用。

心態重要嗎？很重要，因為它會直接影響本能輸出結果。

心態重要嗎？不重要，因為解決心態問題不在心態本身。

如何保持好的心態？

要保持好的心態，就要對交易的認知進行升級。人的認知分為以下四個階段：

①不知道自己不知道，即以主觀認知水準來衡量整個世界的認知水準。

②知道自己不知道，即以謙卑心態開始潛心學習，逐步彌補短板。

③知道自己知道，即基於自己已知的內容做已知的行情，從「大而全」追求「小而精」。

④不知道自己知道，即永遠保持空杯心態，從不對沒經過深刻實踐的信息妄下結論。

人的認知升級是一個緩慢且痛苦的過程，因為認知升級的過程就是鳳凰涅槃、突破自我的過程，需要通過無數次的糾結和自我鬥爭才能實現。在達到這一步之前，我們如何逐步保持好的心態呢？

我們應從技能入手。我們交易的是未知，因為交易本身充滿著未知和不確定性，我們可以先把未知變為已知。

策略性交易和即興交易

在聊如何將未知變成已知之前，先要說一下策略性交易和即興交易。

①即興交易。

所謂的即興交易是指交易的時候，在訂單沒有進場時，對接下來這筆交易何時進場、何時出場並沒有明確的計劃，交易行為相對隨性。

舉例說明：

晚上7點開盤，張三7點準時坐在電腦前面，面對盤面，暫時也不知道該做哪個合約。於是，張三打開QQ群，剛好看見群裡有人發了一個消息：辣椒進多，破340止損。

張三立馬買進辣椒的多單，期待辣椒價格上漲。

第一種情況：當辣椒價格上漲之後，問題來了，何時賣出呢？張三在群裡問大神：辣椒哪個點位賣出啊？

第二種情況：如果辣椒價格不僅沒有上漲，還開始下跌，並且已經慢慢靠近340，張三在群裡問大神：辣椒要止損了嗎？

類似張三這種自己根本不清楚為什麼會進場出場，完全依託他人的意見進行交易的行為，是一種最常見的即興交易。

再比如：

張三直接在開盤前，打開一些行情分析網站，準備交易哈密瓜，於是就把所有關於哈密瓜的帖子都看一遍。張三發現大部分人說要買多，就買進了多單，但在買進之後才思考該何時賣出。

目前，咱們這個領域，90%以上的投資者所進行的交易屬於即興交易，整個交易過程基本上是靠一種感覺。

即興交易給交易者最直觀的感受是，交易極度缺乏安全感，賺錢了沒安全感，不知道下一次賺錢是什麼時候；虧錢了更沒安全感，不知道虧損啥時候是個頭。交易者的心態也會隨著帳戶的盈虧隨時發生變化：賺了，欣喜若狂；虧了，萬念俱灰。

第四章 裸K交易：獨創交易制勝法則

② 策略性交易。

假設某合約下方及上方套單點分別為 294 及 300，該合約最小波動單位為 1，單邊手續費為 1 元，雙邊收費。

如果咱們只做下方極限進場，預設止損點位為 1 個點，那麼最簡單的下方極限策略則為：291 進多，290 止損，上方壓力位 300 止盈。看似簡單的一句話，實則已經明確界定了咱們的進場點、止盈點、止損點。

以 100 手為例，雖然咱們這筆交易還沒進行，但是已可預知結果。其最終結果有以下三種：

①該合約自始至終都沒有運行到 291 點位，咱們不交易，這筆交易的盈虧均為 0。

②該合約運行到 291 點位，咱們進多單，多單進場之後，價格走到了 300，咱們止盈，扣除 2 個點的損耗，實際盈利 700 元。

③該合約運行到 291 點位，咱們進多單，多單進場之後，價格繼續下行到 290，咱們止損，扣除 2 個點的手續費損耗，實際虧損 300 多元。

咱們再回頭來看，會發現，面對未知的市場走勢，咱們雖然還沒進場，但是已經知道了接下來的結果。至於最終行情會走出哪種結果，這個就跟我們無關了。

上面說的是最簡單的裸K三點式做單。只要在進場前明確三點（進場、止盈、止損），在實際交易中，咱們就可以根據自己的實際交易水準和策略制訂計劃，把三點策略變成六點、九點都可以。但是不管是多少點的策略，對於任意一筆未發生的交易，我們對結果已經有了預估。

即興交易，實際上是交易人基於某種預期去交易。盤面一旦偏離預期，交易容易失控。交易失控，心態則失控，會反作用於交易。

策略性交易，實際上是交易人基於某種邏輯去交易。盤面永遠不可能偏離預期，無論盤面漲跌，交易人執行自己的策略即可。

上面聊到的策略性交易所基於的邏輯，遵循了由美國質量管理專家

戴明提出的 PDCA 質量管理思路。

因為對盤面無須有預期，故而裸 K 平切中的策略性交易也稱無態度交易。在策略性交易中，交易人不關注盤面走勢，只關注自己執行策略的力度。策略執行到位，交易不會失控，心態也不會失控。

咱們每位交易員的成長軌跡，到最後都會迴歸自我。策略性交易最大的好處在於，早日讓我們脫離追求技術、研究盤面的誤區，迴歸交易的本質，認知自我。執行策略的難度遠遠超越制定策略的難度。制定策略很容易學，1～3 個月就可以學會，但是執行策略則需要用一生去學習。

當咱們發現交易的問題不在於看不懂盤面，不在於找不準點位，而是在於控制不住自己的時候，也意味著咱們的交易開始入門了，開始了真正的自我修行。

計劃你的交易，交易你的計劃

策略性交易所蘊含的交易思維邏輯是：計劃你的交易，交易你的計劃。

咱們制定的策略，其實是咱們的計劃；咱們執行策略的過程，實際上就是落實計劃的過程。

本人能力有限，也只能結合自己解決這個問題的思路，做一點不成熟的分享，希望對大家有所幫助。

止損就回頭對心態的影響

止損一定得有標準。

接下來，咱們把日常交易中，容易造成消極心態的一些個例單獨拿來聊聊。

什麼叫止損就回頭？

比如咱們在 300 進多，預設止損位 298，咱們多單進場，合約運行至 298，隨即止損。止損後，合約馬上從 298 繼續上行，甚至形成徹底的多頭形態。可是，咱們的多單已經出場了，即便想繼續接上去，卻難

第四章　裸K交易：獨創交易制勝法則

以下手。這種情況下，咱們只能望而興嘆。

止損錯了嗎？沒有。

但是上述這種交易場景一旦發生，往往會對咱們的心態產生非常消極的影響。這種感覺，類似於自己買了一張彩票，沒撕開，丟了，旁邊的人撿起來，撕開後是一等獎。

止損就回頭的連鎖反應

哲學中有個觀點，叫因果關係。大家有興趣可以去瞭解一下。

交易中的因果關係表現特別明顯。如果對止損缺少深刻理解，我們會很自然地認為自己這次做錯了。當下次需要止損的時候，我們的第一反應是上次就錯了，這次等一下。結果會如何？可想而知。

在經過多次試錯之後，我們在某一天會意識到，還是得及時止損，於是可能無條件止損。但是這種止損行為是被動接受的，我們的內心其實是抗拒的。因而稍有疏忽，我們依舊奔著扛單去了。

要想徹底解決這個問題，我們除了需要大量的實踐、犯錯之外，更需要從認知層面來理解止損就回頭這一現象。

如何看待止損就回頭？

1. 止損行為無錯誤

如果每次止損都是正確的，那麼我們的交易就都是正確的，既然交易都是正確的，何談止損呢？

2. 止損標準有錯誤

所謂的止損標準有錯誤，是指很多投資者毫無根據地止損。如果進場是基於感覺，止損同樣也會基於感覺。其實，從技術層面來說，止損標準和進場標準是一樣的。

3. 如何看待裸K中的止損回頭

不同的方法體系，止損標準不一樣。這裡僅針對本人比較擅長的裸K平切交易中的止損就回頭，談談個人愚見。

①止損就回頭的原因。

止損就回頭的原因可能是交易者套單點看得過少、眼界太窄，也可能是交易者遭遇交叉洗單。當止損就回頭的現象發生後，千萬不要糾結

止損行為本身，一旦糾結止損行為本身，思維就會進入死胡同，就出不來了。我們一定要把問題前置，思考為什麼會發生這種現象。

②解決方法。

我們可通過復盤解決眼界和交叉洗單的問題以及一些前置問題。當然，我們也可以以量定損。

當止損回頭行為發生之後，我建議交易者把視線放在為什麼會這樣和如何應對上面，以減少這類事情的發生，並做好補救措施。即便類似情況再次發生，我們也有應對措施。錯誤止損對心態的消極影響自然也就菸消雲散了。

前幾天，一個朋友跟我講，世界上最浪費時間的事就是給年輕人講經驗，講一萬句不如你自己摔一跤，眼淚教你做人，後悔幫你成長，疼痛才是最好的老師。人生該走的彎路，其實一米都少不了。

上面已將止損就回頭的問題講清了。簡單點說，止損代表一筆交易的完結。如果我們長時間在止損問題上糾結，只能說明我們還需要摔跤，多摔打摔打，疼痛和眼淚會逼迫我們的大腦動起來。

交易知難行易。當我們的大腦動起來了，我們想明白了，問題也就解決了。

盈變虧對心態的影響

這一部分，我們來聊下盈變虧對心態的影響。上一部分聊的止損就回頭的問題一般發生在早期，而盈變虧則發生在中期。

何為盈變虧？

舉例說明：

訂單賺錢了，30個點了，哇，好棒哦，不過有點少。

50個點了，哇，再接再厲。

70個點了，哇。

回到50個點，70個點沒出，等到70個點再出吧。

回到30個點，什麼情況？50個點沒出，等回到50個點出吧。

第四章　裸K交易：獨創交易制勝法則

到進場點位了，氣死我了，算了，30個點就出吧。

被套10個點了，完全沒脾氣了，不賺錢了，等平出吧。

被套30個點了……

一筆盈利的訂單，因為我們不斷調整出場標準，最終遺憾收場。這種交易一旦發生，比進場扛單還難受，恨不得自己抽自己。

盈變虧對心態的影響

接下來的交易很有可能重倉。

我們告訴自己，這個坑終歸還得填平啊，上次搞了200批，30個點沒出，這次搞400批，賺15個點就出。

結果呢？往往是節節敗退，因為這種交易行為本身就違背了做盤紀律和資金管理，只是我們自己意識不到而已。

淺析裸K交易體系中的盈變虧

1. 盈變虧的原因分析

盈變虧這種交易的發生一般都有前因。前面一筆交易盈利點差大，以及前一筆交易虧損點差大，都會造成當前這筆交易的止盈失控。

如果前一筆交易盈利點差大，咱們想讓自己變得更好，追求更大的點差。如果前一筆交易虧損點差大，咱們會努力通過當前這一筆來填坑。無論哪種情況，其結果都是心態失控，進而交易失控。

2. 如何化解盈變虧對心態的影響

下策：後文做盤紀律中的均價平出是終極救命稻草，一旦錯過，就沒回旋餘地了。

中策：優化止盈方案，將被動止盈方案更改為逆向4點出場。這裡我們需要意識到，對盈利回撤的處理是屬於盈利止損。

上策：D12。D12是終極解決方案。我們可通過更大格局的以量定損來確保當前每一筆交易不出錯，用整體的高額回報來調整自己的心態。

簡言之，想化解盈變虧對心態的負面影響，最好的方法是不讓盈變虧這種情況發生。但是面對平倉訂單後期的利潤，咱們的內心會因為覺得自己賺少了而更加難受，故而需要通過D12的結果，通過實實在在的

利潤，讓咱們意識到錯過平倉後的利潤的好處。

總而言之，結果代表一切！

盤中障眼法對心態的影響

人的內心對陌生未知的事物都需要一個適應期，而交易中，留給我們的決策時間往往只有一秒。換句話說，在日常交易中，交易本身不會給我們適應期。

說個真實的經歷，2013年年底，我交易天新茶葉某合約。當時的策略如下：

我手裡持有的空單，如果突破400我就反手，反手訂單逆向4個點止損觀望，被動止盈。

當開盤後，合約直接高開，從401跳到404，我瞬間蒙了。

結果是這筆訂單大虧。

回想這筆交易，當時因為高開，我的心態發生了變化。我稱這種高開為盤中障眼法。這種類似的障眼法有幾種，我大致羅列了四種盤中障眼法。

常見的四種盤中障眼法

1. 高開、低開和跳高、跳空

高開、低開發生在開盤，跳高、跳空發生在盤中。

部分投資者會把高開、低開及跳高、跳空這一偶然現象，作為判斷行情走勢的依據。這種依據會使得咱們在交易時，瞬間偏離自己的策略，被一根K線牽引，出現錯誤的決策行為。

2. 補缺口

缺口是指當盤面高開或者低開之後形成的價格空缺。部分投資者認為一旦缺口形成，就得立馬補缺口。

比如，盤面頭天收盤在290，第二天高開到293。當行情運行到293的上方之後，咱們會認為行情一定會回到293的缺口位置，故而基於此，開始佈局手裡的訂單。

3. 漲停板、跌停板

特別是「一」字板，咱們很多投資者賦予了「一」字板特殊的含義，比如漲停、跌停之後會怎麼樣，會不會再次打開……

4. 盤中變勢

盤中變勢是指在咱們關注的 K 線週期內，比如 5 分鐘內，瞬間「陽變陰」或「陰變陽」。部分投資者會努力來探索這種走勢是不是代表行情要逆轉了。

如何規避障眼法對心態的干擾？

上面羅列的是幾種常見的盤中特殊走勢。它們的出現，會使得投資者的內心瞬間發生變化，偏離交易策略。

這種內心的變化就在一瞬間，其實解決起來很簡單：見怪不怪，其怪自敗。

咱們交易的目的是什麼？是盈利。決定盈利的直接因素是什麼？是出場。盤中這些七七八八的走勢，跟我們其實毫無關係。我們完全可以忽視，直擊目標，關注進場訂單的出場點位。出場點位一旦確定，結果也就確定了。

想明白這一點，我們自然也就不把特殊當特殊了。這些所謂的障眼法對心態的干擾也就微乎其微了。

簡單引申一下，在零和博弈的游戲哪裡，我們不把這些障眼法當回事，但是不代表其他投資者不會。當其他投資者把它們當回事，對於我們而言，就不是事兒了。

策略錯誤對心態的影響

這一部分要聊的內容屬於日常交易中最常見的問題之一。策略錯誤包括策略內容的錯誤及策略執行的錯誤。咱們分開來說。

策略內容的錯誤

策略內容的錯誤其實包括三個方面：策略框架不完整、策略內容有錯誤、認為策略內容有錯誤的錯誤。

1. 策略框架不完整

咱們做個簡單的假設，拋開所有的技術指標，不看 K 線，根據某合約前一天收盤的結算價做個策略。下面舉例說明：

某合約前日收盤價是 500，其第二天的漲停跌停區間是 535～465。咱們的策略為：拋硬幣，正面朝上開盤現價進多，反面朝上開盤現價進空，進場 100 批，浮虧金額 400 止損，浮盈金額 1,200 止盈。

這個不看行情，只有定量的策略有問題嗎？

沒有，這是一個完整的策略，因為其有了進場方向、批量、開倉、平倉標準。（有興趣的朋友可以去看下海龜交易法則。）

這是一個完整的策略框架，其背後的難度在於執行，有一層心理屏障。這種心理屏障猶如很多人不敢吃鹽蛹一樣。

但是，如果咱們的策略是下面這樣的：

開盤 303 附近進多。

有人會問，這是策略？對，這是策略，這也是很多投資者的策略。

這就屬於策略框架不完整，完整的策略框架包括四個要素：方向、批量、開倉點位（標準）、平倉點位（標準）。

策略框架不完整的錯誤很好解決。初期，我都是拿筆記本將有關要素記下來，做盤時就放在旁邊，對照著看。

2. 策略內容有錯誤

所謂的策略內容有錯誤，是指如下場景。

咱們在開盤前通過復盤制定了一個策略：某合約 333 進多 100 批，332 止損，被動止盈。但是開盤後，咱們突然發現，在復盤制定策略的時候忽視了均價。當意識到這一點的時候，咱們瞬間感覺自己的策略有問題，內容有錯誤，需要馬上優化。

3. 認為策略內容有錯誤的錯誤

這句話比較繞，我們做個簡單的拆分，應該是「認為策略內容有錯誤」的錯誤。

接著上面第二點繼續說，當咱們復盤制定好策略，正要動手或者已經動手，發現咱們的策略內容有問題，怎麼辦？執行即可。

第四章 裸 K 交易：獨創交易制勝法則

只要策略框架是完整的，那麼這個策略就沒有對錯之分，即便咱們意識到某個環節忽視了，也無須調整。一旦認為自己的策略內容有錯誤，隨即進行調整，這就是真錯了。

如果一個策略，在執行前，咱們就能知道策略的對錯，那麼巴菲特就不會成為股神了。既然無法知道對錯，策略就沒有對錯。

沒有完美的策略，只有完美的執行。

策略執行的錯誤

策略是咱們的交易軌道，咱們猶如行駛的列車，一旦偏離策略，猶如列車脫離軌道，輕則失控，重則「喪命」。

策略執行的錯誤一般是因為犯了「認為策略內容有錯誤」的錯誤。規避這個問題的方法有兩種：一是提升認知，看透這哪裡對人性思維局限的考驗；二是固化執行，通過結果導向來提升認知。除此之外，我們也就只能通過大量的虧損來實踐和印證了。這是咱們投資者最無奈的事情。

交易中的契約精神

接下來，我們來聊下交易中的契約精神。

我們在前面從交易技能的角度聊過，好心態需要技能驅動，但是對於咱們大部分投資者而言，在初期可能並沒有成熟的交易方法。礙於一些這樣或者那樣的原因，咱們很多投資者都需要走一段時間的彎路，才能進行系統化的學習。

那麼針對交易方法不成熟的投資者，咱們今天試著從另一個角度來聊下如何規避心態的問題。

何為交易中的契約精神？

古希臘時代，亞里士多德在其倫理學中，提到過交換正義的概念，並認為交換正義是人們進行交易的行為準則。這哪裡蘊含著豐富的契約思想。

現代契約精神其實歷經了多次演變，大家一旦提到契約精神，會默

認為多人之間需要遵守、需要秉承的一種處世原則。

實際上，契約精神是咱們投資者最需要具備的一種品質。只不過交易中的契約跟大家理解的契約可能不太一樣，交易中的契約雙方比較特殊，是自己和自己。嚴格意義來說，是進場前的自己和進場後的自己簽訂的一個契約。

舉例說明：

某日開盤前，兩個人聊天。

小陽：今天巴旦木準備怎麼做？

小陰：準備開盤進多，破345止損，反手。

收盤後。

小陽：哇，你賺錢了啊，今天巴旦木跌了很多。

小陰：我的巴旦木多單被套了。

小陽：啊，你不是反手了嗎？

小陰：……

我們來看小陰的交易過程。如果把交易前的小陰稱為張三，交易後的小陰稱為李四，事情就變成了如下情形。

張三：一會兒開盤進巴旦木多單，破345止損，反手。

李四：好。

收盤後。

李四：多單被套了。

張三：不是說好了嗎？為什麼你言而無信！

李四：……

但是由於這裡的張三和李四是同一個人，所以，下得去手嗎？

契約精神和心態的關係

違背契約精神，心態必然不佳，即便偶然賺錢，也代表不了整體交易結果。

我們應做一個有契約精神的投資者，即便在不懂方法的情況下，依舊會遇見最美好的自己。因為契約精神的遵守會幫助我們超越自我。一個能超越自我的人，心態往往都不會差到哪裡去。

各位朋友信嗎？不妨一試。

心態部分就到此為止。心態的問題簡單而又複雜，跟我們每個人的性格息息相關，這裡也只能說拋磚引玉。

第二節　交易紀律：
計劃你的交易，交易你的計劃

交易領域裡，唯一的絕對就是永無絕對。言下之意，對於我們所提煉的這些紀律，如果投資者對交易缺乏深度理解或交易經驗和認知不足，經常會認為這些紀律是錯的。

我對做盤紀律的簡單總結：破位止損不補倉、言出必行不認慫、永不重倉、盈利減倉、均價平出、寧缺勿趕、兩損停盤。

以上合計 7 條，為裸 K 平切交易體系的做盤紀律，也是對我多年來血淋淋的經驗教訓的總結。

做盤紀律第一條——破位止損

止損難，難於上青天。

從這一部分開始，進入做盤紀律的篇章，我們先來說說止損。

這是第二次聊止損，在前文第一次聊止損中，我們曾談到過一些關於止損的知識。在這一部分，我們繼續說止損。

人的內心世界如何看待止損？

拋開所有的技術和理論，咱們每個人在面對止損的時候，內心世界其實經歷了五個階段。

1. 抗拒

當進場訂單觸碰止損位時，我們的第一反應並非欣然接受，而是抗拒。

2. 憤怒

抗拒之後，我們會發現行情走勢並沒有如我們所願，浮虧越來越大，此時我們開始憤怒。我們內心開始出現波動，不淡定了。

3. 協商

當憤怒也無效時，我們內心的兩個小人兒開始溝通，一個小人兒對另一個小人兒說：「看來是錯了，要不等回調一下就出吧，至少可以少虧一點。」另一個小人兒說：「好吧，回調就出吧。」

有時候，我們並不會等來回調，或者回調之後繼續等更多的回調。但是結果往往是越套越深，浮虧越來越大。

4. 麻木

當協商無果，我們會麻木，感到無所謂了。

5. 接受

麻木之後總有清醒之日。當清醒的時候，我們意識到這事兒已回天無力，只能接受。

終於，咬緊牙關，割肉了。那一刻，心態變得輕鬆。我們告訴自己，下次破位一定堅決止損，絕對不能再猶豫了。

但實際情況往往是：下次復下次，下次何其多，止損待下次，割肉何其多。

之所以聊內心世界，因為關乎人性。

咱們交易者在面對止損時，內心都會潛意識地經歷上述五個階段。但是作為一個理性的交易者，要意識到，交易反人性。我們要想跨過止損關，必須在止損來臨的時候自動過濾掉無效的抗拒、卑微的憤怒、愚昧的協商、可憐的麻木以及無條件的接受。

看似無情，但是若想吃交易這碗飯，唯一不需要止損的交易邏輯就是遠離交易。除此之外，別無選擇。

止損的方法和標準

止損是一次平倉行為，交易難的並非是開倉，而是平倉。開倉需要標準，平倉更需要標準。不同的交易方法體系的止損標準是不一樣的。均線系統有均線系統的止損標準，量化有量化的標準，裸 K 平切有裸 K

平切的標準。

在裸 K 平切交易體系下，止損的常見方法或者說標準有以下兩種：

1. 點位止損

這是最常見的止損方法，也屬於入門級的止損方法，比如常用的「三進四出」，就是點位止損。當合約運行觸碰止損點位時，我們直接止損即可。

需要特別強調的是，點位止損以收盤價為準，也就是說，必須等 K 線收完再止損，尤其是 30 分鐘 K 線。

2. 以量定損

以量定損實際上是對點位止損的升級。在日常交易的時候，當套單點位較多時，我們可能踩錯了節奏，剛止損就回頭。雖然說止損無錯，但是若經歷多次的止損就回頭，人的內心還是會有波動，影響後續的交易。因此，為了提高頭倉的容錯率，我們可以採用以量定損的方式。

所謂以量定損，是指根據止損點位來調整批量，確保批量乘以止損點差的總額小於或者等於常態化止損金額。

除了上述常見的點位止損和以量定損，還有時間止損和合約差異化止損。

時間止損是指不考慮點差和金額，單純以時間週期作為止損標準，當訂單被套的時間週期觸碰心理閾值時直接止損。

合約差異化止損特指一些非主觀可控因素使得帳戶虧損較大時，可採用合約差異化止損化解當日的資金損耗，即用其他合約的盈利化解被套合約的損耗。

時間止損和合約差異化止損並不常見，部分私募基金和職業操盤手偶爾會用到，並不適合咱們大眾投資者。這裡僅僅是做信息告知。對於咱們大眾投資者而言，最好的方法還是點位止損和以量定損。

止損對交易者認知的誤導

這裡所說的認知誤導，主要體現在以下兩個層面：

1. 懼怕止損從而追求勝率

止損屬於交易的常態化事件，尤其對於咱們很多管不住手、帳戶有

錢就閒不住的投資者而言，止損更是大概率事件。因為僥倖心理，一念之間，止損往往變成了割肉。

當投資者面對帳戶多次割肉之後，久而久之，會本能地認為，我之所以經常割肉，是因為我選不好點位，如果所有進場的訂單，進多就漲，進空就跌，就好了。有些人開始追求勝算，希望有一種方法能讓自己的交易繞過止損。這是一條不歸路，一旦開始追求進場訂單永不止損，就意味著咱們對交易的認知已經嚴重偏離了交易的本質。

還有一些人經過努力，發現這個目標好像很難達成，剛好遇見一些「大神」，而這些「大神」可以準確地捕捉到精準點位。於是，這一部分人開始跟隨「大神」進行交易，往往是利潤沒拿到，還丟失了本金。相信他人能做到不止損，這是對交易認知的另一個誤區。

懼怕止損從而追求勝率，是對交易最大的認知誤區。交易無勝率，只有對錯。勝率是一個假命題。

2. 扛單超級給力

為什麼很多人在明知道交易需要止損之後還是做不到止損呢？其原因是多方面的，其中一個很重要的原因在於，扛單成功對止損本身的干擾。

有時候，咱們在訂單止損之後會下意識認為，「早知道等等就可以了」。有時候，扛單一段時間之後，真給扛回來了；有時候扛單一段時間，受不了了，割肉了，結果剛割肉，行情回頭了，就後悔了。

正是這些經歷，使得投資者對止損這個事情的認知變成了：止損不需要，多扛扛就可以了。一些投資者試圖通過扛單來繞過止損。這是對交易的認知誤區，這種誤區猶如開車拆掉煞車，相當不安全。

不確定性屬於交易最本質的屬性之一。扛單也屬於不確定性事件，扛單並非一定會失敗，但是問題在於，即便扛單的勝率高達99%，只要有一次扛單失敗，也會讓交易整體功敗垂成。明知是坑，何苦跳呢？

盈利性止損

截住虧損，堵住利潤回撤，方能持續盈利。

盈利性止損，是指帳戶還未平倉的盈利訂單。在利潤回撤的時候，

要及時堵住，我稱之為盈利性止損。這個問題比虧損砍倉更難處理。盈虧同源，這個問題的技術層面的解決方案其實和止損的解決思路一致，要標準化。

解決盈利性止損需要我們利用策略模型，反覆循環，通過利潤來固化交易模型，形成習慣。

破位不補倉

在實際交易中，我們面臨止損時，喜歡虧損補倉。

舉例說明：

比如，在 300 進多，行情下行至破位點位 298。此時，咱們用火眼金睛一看，下方 290 還有個支撐位，於是等行情運行至 290 繼續補多，結果繼續破位，再一瞄，285 還有一個支撐位，繼續補……不知不覺，我們一直補到帳戶無錢可補為止，甚至還入金補倉，因為不入金帳戶會面臨爆倉的危險。

本來只是被螞蟻咬了一口，最後弄成了血淋淋的傷口，還需要住院療養。

交易最怕的是趨眾。咱們補倉源自僥幸心理，總希望在下一個阻力位觸底，殊不知，這就是咱們虧損的常態化思維。在大眾都在虧損的行業哪裡，就要改掉這種思維慣性。

破位虧損補倉會增加沉沒成本和止損的難度，即虧損越大、離場越難。

很多人都是以幾批訂單進場，最後補到幾百批，讓幾十元的小虧最後變成幾萬元的大虧。補倉的行為使得沉沒成本不斷增加。伴隨補倉行為，我們的內心已經發生了變化，到最後會完全失控，巨虧離場。

有人會說，我有一次破位補倉成功了，這該怎麼說呢？

我依舊保留我的觀點，在交易上，「100-1＝0」，即 100 次補倉拉均價，即便 99 次成功了，只要 1 次失敗，也會前功盡棄。明知是坑，何苦跳呢？

人的視野有局限，我們只能看到 180 度的空間，但是我們的世界是 360 度的。視野的局限，帶來思維的局限。

本來可以補倉成功，結果我們沒有補倉，白白止損了一筆小錢，這是一種情況；補倉了，結果越套越深，巨虧出場，這是另一種情況。兩種情況選其一，該如何選？用偶然性事件來作為必然性事件的決策依據，是交易的大忌。

關於止損，其實可聊的內容比較多，因為止損是個大難題。但是這裡說再多也沒用，只有大家在交易實踐中經歷了，才能有更深刻的體會。

做盤紀律第二條——言出必行不認慫

本條紀律僅僅適用於特定場景。

何為特定場景？特定場景是指，當咱們制定了極限點位進場的策略，但行情逼近極限點位時，因行情走得太急，咱們會認慫，放棄進場。當然，突破進場時也有，只不過不明顯，最明顯的還是極限點位進場。

這時，我們的交易在中途可能會出現不敢進場的情況。

舉例說明：

合約當前價位是300，我們的策略為308極限點位進空，下行突破295進空。開盤後，合約一路上行，運行到308極限點位時，我們卻放棄了進空。

為什麼？因為我們覺得從300走到308走得太急，漲得太猛了，怎麼也不像要跌的樣子。結果行情從308一路狂跌，我們只能望而興嘆。

類似這種情況在很多投資者身上都發生過，他們均是受臨近K線走勢的干擾，而放棄了執行自己的策略。往淺了說，是違背了策略；往深了說，是缺乏契約精神；再往深了說，這屬於性格缺陷。

從我個人的交易經歷來看，幾年前我剛開始做交易，遇見這種臨近極限點位衝得很快的走勢，手心就冒汗、緊張、激動、亢奮，經常出錯。但這種時刻，往往意味著有一波大行情即將來臨。大眾恐懼的時候，我們得貪婪；大眾貪婪的時候，我們得恐懼。

但是，人的本能在那一刻的舉動，往往讓利潤和我們擦肩而過，這種認慫的錯誤一旦出現，會給後續的交易產生負面影響。我們在後面的交易中會變得激進，仿佛為了證明自己不是一個慫人。結果，在該保守的時候選擇了衝鋒，後果可想而知。

極限點位進場時認慫的解決辦法

哲學中有個觀點：實踐決定意識，意識反作用於實踐。我們每個人對交易的認識，取決於我們的交易實踐，而認識又會反作用於實踐。

當時，我遇到這種情況後，用的是笨辦法：開盤前，在策略上寫上一句話，給自己進行意識的強化。

第一次遇到這種情況是在 2013 年年底。當時批量小，沒出問題，後面陸續遇見過很多這種走到極限點位很急的行情，經常出錯。這個問題困擾了我一年多，最終解決是在 2015 年。

2015 年，在交易天津匯港的辣椒時，辣椒下方的極限點位是 675 進多，頭天收盤收在 680 附近，而且盤尾跌得很急。我當時在策略中寫的是：開盤到 675，不管三七二十一，大膽進，不認慫，大不了止損。

開盤後，辣椒低開，直接走到 676。坦白講，在那一刻，我沒想到會低開，有點發怵，但是想想策略，硬著頭皮掛了 675 的多單，掛完單之後，並沒有立刻成交，大概半分鐘之後，聽見了滴滴的聲音，系統提示成交了。

成交後，直接做好了止損的心理準備。當時，我想得特別簡單，覺得這個坎兒必須得過，根本沒想過這筆交易能盈利。哪想到，辣椒從 675 一路上行，經過多次震盪突破和交叉突破，最終到了新高。那波在我看來幾乎不可能獲得盈利的交易，居然獲得了很大的利潤。

從那以後，針對這種逼近進場點位，走勢很急的行情，我幾乎沒出錯過。這是我個人的例子，不具有代表性。其背後反應的問題是：咱們在交易的時候，要把賺錢和成為能賺錢的人分開。這是兩件不一樣的事情。如果只是為了賺錢，我們面對交易會趨利避害，其結果往往不好；如果是為了成為能賺錢的人，有時候需要跳出當下某筆交易的盈虧，以匠人精神來面對自己的交易，通過有理論指導的實踐來扭轉錯誤的認

知,進行交易的認知升級。

針對這種臨場認慫的交易情況,其實事後回想,咱們會發現,真心沒啥大不了的,歸根究柢,還是咱們因為眼前的交易蒙蔽了雙眼,沒有從更高的格局和思維層面來面對咱們自己的交易。

做盤紀律第三條——永不重倉

永遠不要盲目樂觀。

前文簡單聊過重倉的問題,這一部分從三個層面來聊下重倉。

重倉的危害

我們從心理層面的重倉、資金層面的重倉以及交易理念三個方面來說說重倉的危害。

1. 心理層面的重倉

倉位過重,會增加心理負荷。有人會說,別人買 50 批心慌,我買 500 批不心慌,憑什麼說倉位過重會增加心理負荷。這說明他沒理解什麼叫重倉,更說明其基礎相當薄弱,必虧。

交易的批量一旦超越心理倉位,交易人會因為心態不穩而交易出錯。其整個交易狀態極度缺乏安全感,原本想賺得更多,結果是雞飛蛋打。而這種虧損往往會形成惡性循環,容易使交易者在接下來的交易中急切想回本。這樣就麻煩了,那一刻,交易者會不把錢當錢,就跟玩游戲一樣,不認慫。

2. 資金層面的重倉

對於經驗老到的交易員而言,由於其做盤紀律執行到位,資金層面的重倉其實談不上錯誤,只要不超越心理倉位即可。但是對於咱們大部分經驗並不豐富(交易經歷三年以內)的交易者而言,一旦倉位過重,就會無形中增加咱們的止損難度。

重倉和不止損,就像一對孿生兄弟。因為倉位重,止損的時候損失就大,沉沒成本就高。沉沒成本的增加,會擊穿咱們的心理防線,使交易失控。

3. 重倉背後的交易理念

交易者最怕什麼？最怕虧損？

其實不是的，交易者最怕的是賺不到錢。每個交易者手裡都有一把無形的錘子，一旦帳戶有錢，就忍不住想砸下去。為什麼說會空倉的是祖師爺？這句話背後的含義是，擅長空倉的投資者，懂得克制，善於伺機。這是一種投資修養。

而經常重倉的交易者往往賭性過重或是急著賺錢。這些交易者主觀臆斷這一把下去必賺，對交易的風險熟視無睹，對接下來的行情走勢過於樂觀，完全以主觀臆斷在左右自己的交易行為。

部分交易人感覺機會來臨了，攢錢千日，用錢一時，一把砸進去，原本以為會砸出一堆金幣，結果砸下去石沉大海，手裡的本金被自己的慾望所吞噬。

咱們大眾投資者最怕賺不到錢，所以大眾易虧。咱們若想成為小眾群體，則要反其道而行之。不要想著，我這一把進去要是買少了，得少賺多少錢啊？而要思考，我這一把進去要是買多了，一旦虧損，得虧多少啊？

看似兩種不一樣的想法，實則是交易理念的差異。在裸 K 平切交易體系下，我們認為交易的重心應該放在風險規避上。

交易是利潤和風險共存的遊戲。做好風險管控，利潤自然而然就來了；反之，則只會淪為他人利潤的貢獻者。

重倉和頭倉容錯率的辯證關係

在做交易的時候，很多投資者總是過不了止損關，原因是多方面的，其中最重要的一點在於頭倉的容錯率低。從點位止損到以量定損，看似是從點位標準到資金標準的轉化，實則是思維的轉變和交易格局的升級。

頭倉容錯率低，會使咱們交易的時候受錯誤止損的干擾，以至於在後續交易自動選擇扛單。

訂單一旦出場，想再接上其實比較難，猶如坐車一樣。咱們出行坐車，在相同時間成本和資金成本的基礎上，如果能直達，一般就不願意

轉車。

此外，掛單不成交也會使得咱們內心產生急切的追單慾望，一旦控制不好，追單就成了常態化的交易行為，其結果必然是虧損。

不管是止損掉頭還是掛單不成交，其原因均為頭倉容錯率低。

面對密密麻麻的套單點，我們是極限點位進場，還是放大止損「一鍋燜」？其實很多時候很難給出一個明確的標準，因為根本無標準。若採用批量和點位結合的方式，這個問題就迎刃而解了。

但是，在重倉狀態下，頭倉的容錯率會變得非常低，頭倉能否成功，直接決定咱們這一個階段的交易結果。

這裡強調不重倉並非說重倉進場的訂單就一定要面臨止損，因為交易無百分之百，一筆交易完結，只有盈虧之分，未入場之前，一切可能皆有。我們不得不承認，輕倉狀態會使得咱們的頭倉容錯率相對較高，能減少止損回頭和掛單不成交的情況發生。

重倉的反面

重倉的反面是一直輕倉，那麼輕倉的損失是什麼呢？是賺的少了？賺的少了是損失嗎？

一直以來，只有人重倉被貪婪狙擊，從來沒有人因為輕倉盈利不佳而慘淡出場。

重倉的結果咱們往往無法接受，輕倉的壞處好像也不是那麼壞，既然如此，該如何選，答案在我們每個人心中。

做盤紀律第四條——盈利減倉

進攻的同時做好防守。

如果把進場看成進攻，出場看成防守，交易需要攻守兼備，方能制勝。盈利減倉則屬於一種防守措施。此處我們從六個層面來聊盈利減倉的問題。

盈利減倉的定義

當我們手中的訂單盈利時，由於未來行情具有不確定性，我們若全

部出場或許會錯失更多利潤，繼續持有或許會回撤歸零。因而，我們會採用一種折中的方式，將盈利訂單賣出一部分。這種交易決策行為稱為盈利減倉。

盈利減倉不僅是讓我們收穫部分利潤，同時在減倉的瞬間，也釋放了部分持單壓力。

裸 K 平切中的減倉時機

裸 K 平切交易中，所有的交易行為都基於套單點，減倉亦如此。在近幾年的交易中，我發現很多人喜歡靠近極限點位減倉。這種行為是不合邏輯的。

舉例說明：

咱們手中持有某合約多單，多單遇上方阻力位減倉。假設上方阻力位為 300，極限點位是 303。咱們如果減倉，不應等合約運行至 303 再減倉，應該是靠近 300，比如 298、299，就減倉。

之所以這麼做，因為咱們並不確定行情一定會運行至極限點位，就如同咱們在極限點位掛單經常無法成交一樣。當然，咱們如果是基於 300 佈局空單，則應該盡量靠近極限點位進場，因為止損難度小。

等待極限點位減倉是一種貪點行為，這樣做會由於貪小便宜而吃大虧。

盈利減倉對心理的干擾

減倉行為會對咱們投資者的心理波動造成一定的干擾。當咱們訂單減倉完成後，接下來的行情無論如何運行，咱們很多時候都會不開心，為什麼？賺錢了還不開心？

是的，就是如此。

當咱們手裡的訂單盈利減倉之後，如果接下來的行情回撤了，咱們第一反應是，早知道我就不減倉了，應該都出了，這樣剩餘的訂單就不會洗回來了。

當咱們手裡的訂單盈利減倉之後，如果接下來的行情繼續沿著進場方向運行，意味著剩餘訂單會獲得更大利潤。咱們第一反應是，早知道我就不減倉了，應該全部拿著，這樣之前出的訂單可以賺更多。

其實這是一種典型的馬後炮思維。千金難買早知道。如果咱們能準確判斷是否需要減倉，咱們就完全可以精準預測行情，那麼咱們只需要準備好大量的資金，只做這一筆交易，不出特殊情況的話，一般一年時間，就可以成為世界首富了。

這種減倉之後的心理波動看似正常，實則是由於對交易的認知不夠，而形成的認知困擾。要解決這種困擾的方法有兩種：一是多總結、多感悟，對認知進行升級，追求交易的成功，做個成功的交易員，不要追求虛無縹緲的完美，因為人無完人；二是完善交易模型，也就是本文下面談到的補倉和剩餘訂單的出場邏輯。

當然，咱們大多數人都是通過不斷的虧損來被動解決這個問題的。

盈利減倉和補倉的邏輯關係

交易最好的狀態是什麼？其實是空倉避過虧損，以及滿倉利潤奔跑。

減倉之後，剩餘訂單繼續獲得較大利潤，其對心態的干擾如何通過交易行為化解呢？很簡單，補倉。但是，補倉不是說補就補，補倉控制不好，會把剩餘的訂單從盈利補成虧損。補倉有兩個條件：一是需要測算補倉倉位，使臨近的阻力位在現價和新形成的均價之間；二是需要待盤面完成套單洗單之後再補倉，否則，剛補倉，就會回洗，很容易擊穿均價。

下面再來談下減倉之後回調的問題。

盈利減倉之後剩餘訂單回洗的處理邏輯

如果減倉之後剩餘訂單回撤怎麼辦？有三種解決方案：一是反向4個點出場，二是進場點位平出，三是堅守止損點出。

那麼問題來了，到底選哪種方案呢？這取決於我們策略的盈虧比。核心標準其實只有一個，即打死也不能盈變虧。

同進同出

有人看到這裡會問，這也太複雜了，繞暈了，能否簡單點？上面說的都是減倉之後的方法，能不減倉嗎？

可以，同進同出，被動止盈即可。不論遇上什麼情況，都不減倉。

更暈了，不會被動止盈怎麼辦？心慌，怎麼辦？

那還是量力而行，**兵無常勢，水無常形**。交易市場，每一刻都是新的。我們學的是過去，交易的是未來，原本就無絕對完美的方案來應對我們面臨的交易。

天下熙熙皆為利來，天下攘攘皆為利往。在交易市場上，贏家通吃，輸家買單。咱們普通投資者在不確定的行情中追求確定的交易行為。「不論盈虧、只分對錯」是咱們需要長期進行的修行。因為過程對了，結果就是成功的。

會買的是徒弟，會賣的是師傅，會空倉的是祖師爺。盈利減倉屬於賣出行為。盈利減倉原本就屬於交易最難的問題之一，大家如果覺得複雜實屬正常。寫得複雜的目的是讓咱們的交易變得簡單。

題外話：請大家盡量把部分內容吃透，這部分內容雖然文字不多，但是撰寫過程非常艱難，因為信息量太大了。

做盤紀律第五條——均價平出

做盤紀律第五條——均價平出。均價平出中的「均價」特指補倉之後形成的均價。

舉例說明：

小王在 300 點位買進某合約的多單，中途完成了減倉，後續在 325 附近繼續購買了該合約多單。此時，在小王帳戶中，假設該合約的均價為 317。

均價平出是指如果該合約回洗至 317 點位，小王需要將手裡的訂單平倉。

為什麼需要如此？我們從三個層面來簡單聊聊。

第一，回洗均價暴露的問題

在我們補倉之後，合約回洗至均價位置。其暴露的問題可能是咱們補倉時機不對。補倉本身是個技術活，咱們可能補倉過早或者過晚。如果能確定是由於補倉時機不對，看起來好像等等即可，真的可以等嗎？

不建議如此。因為，如果不是咱們補倉時機不對，而是趨勢逆轉了呢？

即便是方向正確、時機不對，在槓桿因素下，也許咱們等不到行情回頭，就早已爆倉。一旦觸碰均價，就意味著如果咱們不果斷處理，接下來很有可能盈變虧，咱們的心態也會隨著盈變虧的瞬間發生變化，極度容易失控。

第二，均價平出與否的結果

假設咱們手裡是多單，均價平出。接下來，行情可能會猛然回頭繼續上漲，意味著咱們錯失一波利潤；行情也可能繼續下行，意味著咱們規避了一次風險。

倘若咱們均價不平出呢？接下來，行情上漲，意味著咱們冒險抓住了一波利潤；行情也可能繼續下行，意味著咱們的帳戶即將盈變虧。99次成功，1次失敗，即為失敗。

出了，意味著最壞的結果是少賺一波；不出，最壞的結果是虧損。兩者選其一，各位該如何選擇呢？

第三，均價平出和盈利性止損的關係

止損難，止盈更難，平出難上加難。

從人的內心世界來說，一直未得到其實並非最痛苦的事情，最痛苦的是遺失的美好。

試想，咱們步入社會，回憶青春點點滴滴，何時會情不自禁淚流滿面？很少有人因為曾經表白失敗的姑娘和未曾拿到的獎學金而傷感，更多的時候，咱們會為那些經歷過，但是眼前已然不在的似水年華而潛然淚下。

交易一旦觸碰到均價，意味著帳戶在這個過程中經歷了盈變虧，咱們內心也伴隨帳戶的波動而波動。對於咱們大多數投資者而言，還需要一些歷練方能達到心如止水的境界。

坦然面對咱們的內心世界，心如止水是交易心態的終極目標。在達到這一步之前，我們不妨試著關注眼前的利益得失。均價平出，堵住回撤，保護資金的同時保護好心態。

均價平出屬於盈利性止損，它是盈和虧的分界線。這個分界線一旦

被突破，扛單則會成為大概率事件。真可謂一念之差，差之毫厘，失之千里。

均價平出很難，除了去執行鋼鐵般的紀律以外，貌似也別無他法。再說，如果連最難的都做到了，又何懼其他呢？

做盤紀律第六條——寧缺勿趕

寧可錯過，不可做錯。

所謂寧缺勿趕，是指咱們交易的時候，由於一些主觀或者客觀的原因，錯過了進場點位，此時我們不要急著追趕進場，直接放棄即可。

為什麼寧缺勿趕？交易寧可錯過，不可做錯。市場的錢是永遠賺不完的，但是咱們一旦犯錯，多少錢都可以虧完。

咱們在進場之前都會考慮好如何離場。由於時間管理不當，或者突發事件的干擾，當咱們準備進場時，發現已經錯過了進場點位，此時進場，如果進場訂單盈利直接獲利，當然是非常好的事情，獲利了結即可。但是如果進場點位並未直接獲利，如果需要止損，則止損點位可能會比預期止損點位要大，此時進場，會增加止損難度，從而導致虧損。

有人會說：我的進場點位變了，止損點位也跟著調整就可以了啊，不一定要用之前設置的止損點位啊。

想一想，已經明確的止損點位，咱們很多人都無法執行，一個即興的進場行為，能做到果斷止損嗎？

從理論上說沒有問題，但是實際行動呢？只有自己心裡清楚了。量力而行即可。因為交易本質上就是在可控的風險範圍內進行的冒險行為，移動止損大部分人都會，只不過往往是把止損點位越放越大而已。

若真能做到進場必帶止損，則只能說市場就是您的提款機，恭喜。

除了上述止損難度增加的原因之外，追趕會使得容錯率降低，往往會增加無效交易。

舉例說明：

咱們的策略點位是 300 進多，320 止盈。

但是咱們準備交易的時候，發現行情已經運行至 310 了。咱們在 310 追進去，行情直接下行至 305。追單行為本身會使得交易者進場時缺乏安全感。在咱們進場時，行情直接反洗，咱們很有可能由於心態不穩，在 305 就虧損出局。

出局之後，我們發現行情並沒有繼續下行，從 305 一路震盪上行至 320。遺憾的是，咱們只能觀望了。

如果咱們訂單進場是在 300，咱們或許並不會因為盤中 310 到 305 的走勢而無根據地出局。因為咱們止損是 299，不怕。

這種中途進場被嚇出來，有點類似做賊心虛的心態。顯然，310 追進去的多單，比 300 進場的多單，容錯率要低很多。

追單成功的潛在危害

上面聊的都是追單帶來的虧損。那麼如果盈利了呢？會更麻煩。

咱們每個人對交易的認知來自我們所經歷的每一筆實實在在的交易。錯誤的交易邏輯帶來正確的盈利，是最恐怖的事情。

追單成功，會使得咱們認為這是對的，並不會強化時間管理等因素，不會有意識規避誘導錯過點位的原因再次發生。由於這次獲得成功，我們下次依舊會追，但只要失敗一次，就會功敗垂成。

更有甚者，會把交易的學習重心放在「如何保證追單成功」上，這樣的結局也只能是離成功的交易員漸行漸遠了。

綜上所述，一旦錯過進場點位直接跟進，要麼是當前虧損，要麼是當前追單盈利，為未來更大的虧損埋下坑。既然追單終歸是虧，何苦要追呢？

如何規避錯過進場點位？

交易的時候，一旦錯過進場點位，短期的解決方案是直接放棄，寧可少賺這一波，也不要以身涉險。從長遠來說，解決方案有以下兩種思路：

1. 提升時間管理意識

交易者應提升時間管理意識，做好時間規劃，盡可能保證交易時間的完整性，確保能專注每一筆交易。

2. 利用萬能模型進行技術優化

除了時間管理之外，另一種解決方案則是進行交易模型升級，利用萬能模型進行技術優化。

所謂萬能模型，是指以現價為中軸，上下各找一個進場點位，即便錯過其中一個，還有另一個。需要特別說明的是，萬能模型兩個進場點位的進場方向是一致的，一個是極限進場，另一個是突破進場。萬能模型不是上面做空，下面做多。

交易無絕對，這裡把寧缺勿趕定義為做盤紀律，主要是基於「可進場可不進場的時候，寧可不進場」這一最基本的理念提煉的，因為對於咱們大部分交易員而言，做得越多，錯得越多。

交易追求的是成功，並非交易行為本身。 學會進場只需要 3 分鐘，學會不進場，則是交易生涯最難的修行。

遺憾的是，很多人一生都學不會。當然，一旦學會了不進場，也便離成功不遠了。

一家之言，無關對錯，僅作分享，跟各位同行共勉。

做盤紀律第七條——兩損停盤

情況不對時，先緩緩！

交易對於大部分人而言，連勝的機會少，連敗的情況倒是經常發生。連敗情況下，我們該怎麼辦？

答案是停盤。

何為兩損停盤？

若當天的交易連續兩次止損出局，我們暫停當天的交易；當交易某個合約，連續兩次策略虧損出局，咱們暫停該合約的交易。

上述兩種情況稱為兩損停盤。

為什麼建議兩損停盤？

從交易邏輯上看，人都有自身認知的局限，很多時候並不知道自己不知道。當咱們連續兩次失利的時候，雖然咱們不願意承認，但事實告

訴我們，咱們的策略或者執行出了問題。

或許是咱們的分析邏輯錯了，或許是對方向和套單點的判斷錯了，或許是資金管理或者其他方面出了問題。在進場之前，咱們並沒有意識到自己錯了，但是連續失利的現狀擺在面前，意味著肯定是某個方面出問題了。

此時，最好是暫停、遠離盤面，重新佈局，否則，很容易一錯再錯，小錯變大錯。

從心理波動上來看，大部分交易者都有爭強好勝的一面。連續兩次失利，我們很容易出現情緒失控，做出事後讓自己後悔的舉動。

比如滿倉砸、追著打，多單出了進空，空單出了進多，再比如扛單。此時的交易大都缺乏策略計劃，屬於隨性交易。許多交易人將紀律等都忘到腦後，一味不認慫、滿倉殺，相當危險。這種帶有賭氣性質的交易，很容易對帳戶本金乃至人的內心造成更大的傷害。

上述其實是從對客觀行情認知不足以及可能誘導的主觀情緒失控兩個層面進行的分析。客觀是因，主觀是果，故而，我建議連續兩次失利的時候，應暫停交易。

停盤和觀盤的差異

在前文中聊過停盤和觀盤的區別，這裡重申一下。

兩損停盤，是指停止手裡的交易，同時遠離盤面。不管是人的身體，還是人的思維，都要暫時遠離，去做點其他的事情，比如陪家裡人出去轉轉、給很久不聯繫的好朋友打電話聊聊天……

我們應從暫時因失利帶來的負面情緒中走出來。如果我們繼續關注盤面，雖然沒交易，但是還是會不斷地想，接下來的交易很容易受失利交易的影響，繼續犯錯。

電腦長時間開機運行緩慢，程序報錯，怎麼辦？最簡單的辦法就是重啟。人腦也一樣。

再說一下持續交易盈利的潛在危害。

若在連續虧損時繼續交易，而且是賭氣交易，即便盈利了，也不是什麼好事。這種情況下，人的固有認知模式和慣性思維會認為：就得這

麼干！這次虧了兩把，第三把滿倉賺回來了，但下次呢？下下次呢？

在交易領域裡，最缺的是「壽星」，不是「明星」。要想成名「壽星」，咱們就必須保證自己的交易行為以及交易模式是可以長期重複的。

這種賭氣情況下的交易，即便盈利了，咱們捫心自問，能重複嗎？

對做盤紀律的簡單總結：破位止損不補倉、言出必行不認慫、永不重倉、盈利減倉、均價平出、寧缺勿趕、兩損停盤。這七條裸K平切交易體系的做盤紀律是對我多年來的經驗教訓的總結。

交易領域裡，唯一的絕對就是永無絕對。言下之意，如果咱們投資者對交易缺乏深度理解，且交易經驗和認知不足，就經常會認為這些紀律是錯的。

比如，你說破位止損不補倉，我補倉扛單賺錢了，你怎麼說？

比如，你說言出必行不認慫，我認慫過一次，但減少了一次止損，你怎麼說？

比如，你說永不重倉，有次我重倉砸，雖然心慌，但是最後賺大錢了，你怎麼說？

比如，你說盈利減倉，有次我沒減倉，還入金補倉，但最後賺大錢了，你怎麼說？

比如，你說均價平出，有次我到均價沒出，扛了一下，但是最後賺大錢了，你怎麼說？

比如，你說寧缺勿趕，有次我追單了，成功了，賺了一大波，你怎麼說？

比如，你說兩損停盤，有次我連續虧損三次，第四次我滿倉砸進去了，最後賺大錢了，你怎麼說？

我能怎麼說？這些我都經歷過，沒啥好說的，只談以下三點：

（1）交通規則。

「紅燈停、綠燈行、過馬路要走斑馬線」是最基本的交通規則。但是，違背交通規則的未必不能生還，遵守交通規則的人也有可能喪生。請問，這是否說明，交通規則不應該遵守了？

（2）執行軍令。

執行軍令是為了戰爭的勝利，但並不是每次執行軍令都換來了戰役的勝利。請問，這是否說明作為一個兵，就要違背軍令呢？

（3）偶然性和必然性。

違背做盤紀律，換來正確的結果，屬於偶然性事件。

執行做盤紀律，換來不好的結果，屬於偶然性事件。

違背做盤紀律，換來不好的結果，屬於必然性事件。

執行做盤紀律，換來正確的結果，屬於必然性事件。

做盤紀律和下一節的資金管理知識非常重要。從我個人的交易經歷，以及我接觸到的投資者而言，80%的虧損並非投資者缺乏技術，而是缺乏做盤紀律和資金管理的意識。

作為想長時間在交易領域生存的同行者而言，我不介意大家將上述七條做盤紀律當垃圾一樣看待。受本人交易水準、閱歷及能力限制，裸K平切七條紀律，對於您而言，不一定對，但是必須有紀律約束交易者。建議大家基於自己的交易目標和方法體系，提煉屬於自己的做盤紀律。

我非但不介意您把我提煉的紀律當垃圾一樣扔掉，若您方便將您的做盤紀律規則跟我分享，那更是我求之不得的福分。當然，若裸K平切七條紀律能對您的交易有所幫助，我倍感榮幸。

交易的旅程很長，一筆交易的成敗得失，僅僅是曇花一現，提煉紀律的目的是，在漫長的交易生涯中，讓我們能嚴格執行紀律，能幫助我們規避很多由於人性以及不可控因素帶來的交易風險。

紀律是交易生涯的護身符，其目的在於保護我們的本金和心態，讓我們具備持續戰鬥的先決條件。做盤紀律並不能直接和盈利畫等號。

至此，做盤紀律寫完了，下一節開始我們談資金管理，我稱之為交易的安全帶。

第三節　資金管理：長期穩定盈利的保障

資金管理和前文聊的做盤紀律都非常重要。對做盤紀律和資金管理的理解深度及執行水準直接決定咱們能在這個行業待多久。

資金管理有五個小模塊，分別是：交易生涯的資金管理、交易前的資金管理、交易中的資金管理、交易後的資金管理、如何提升心理倉位。

交易生涯的資金管理

不要把雞蛋裝在一個籃子裡。

先聊聊交易生涯的資金管理，我們從以下兩個層面來說：

1. 將交易上升到家庭理財的高度

每位投資者都是具有多重屬性的人。這就需要咱們在交易的時候思考一下，一旦虧損，是否會影響其他人，比如咱們的家人。

聊到這裡，忍不住想囉唆幾句。

我一直談止損，談風險管控，並不是因為我一直在虧損。恰恰相反，我在三年前已經脫離了虧損的漩渦。這三年來，盤思動也引導100多人逐步脫離了虧損，邁入了成功交易者的行列。即便如此，我很清楚幾年前自己孤注一擲的交易行為給自己和家裡人帶來的沉重傷害。那種傷痛，無以言表。

醫生談健康不代表醫生是病人，只因為醫生見過太多的病人，有時候聊一些觀點其實是忠告。你認同與否，其實對於分享者而言並不重要。

那些對交易理解不深，還停留在認知的初級階段（不知道自己不知道）的人，總認為自己是不一樣的煙火，樂觀自大，忽視風險管控，自

以為言語上逞強就是英雄，殊不知這種掩耳盜鈴的行為只是在給自己貼上失敗者的標籤。

因為裸K交易是零和博弈的游戲，所以有人會失敗。沒有一部分人的失敗，何來其他人的成功？

五年交易經歷，已經把我徹底打磨成了一個悶葫蘆。對於我在網上的分享，有人因收穫頗豐表示感謝，有人因斷章取義、理解錯誤而謾罵。感謝的人，我感謝您的鼓勵；謾罵的人，我感謝您的參與。

裸K交易的核心理念是無態度交易。行情變化迅速，容易讓人時憂時喜。這種喜憂交替的心理波動，對想成功的交易者而言，是最昂貴的毒藥，需要捨棄。

交易難嗎？一點都不難！只要執行一套裸K平切模型即可！

交易難嗎？非常難！因為人的思維轉變和認知升級很難，且交易是知難行易的事情。

言歸正傳，將個人的交易上升到家庭理財的高度，其實很簡單。我們只需將可用於家庭支配的資金進行分配，將超過50%的資金用於購置風險系數小的固定資產，進行資產的保障型增值，比如購置房產、家庭保險、銀行理財產品等。

有人會說未來房子的價格會變成白菜價，有人會說銀行也可以破產，有人會說保險都是騙子。若如此，那就沒有無風險的投資了，因為這年頭，有人喝涼水都會塞牙，對不？

有人會說，我一個月收入就3,000元，也沒有媳婦兒，若買房子，就沒多餘的錢用於交易了。對這個問題，讓人聽起來舒服的回答是：將錢存起來，存款會增加。讓人聽了比較難受但很現實的回答是：嫌3,000元少，但是如果全部用於交易，最後會連3,000元都沒有。

言歸正傳，對於剩餘50%的資金，一部分用於自己熟悉並擅長的投資領域，比如券商的一些理財產品，另一部分可用於高風險、高回報的投機產品，比如期貨、股票、現貨等。

也就是說，大家用於投機的錢，不能是家庭的全部資產。不然的話，勝了就光宗耀祖，敗了可就傾家蕩產了。至於為什麼需要這麼分

配，道理就不深說了，有這個意識即可。懂的人要麼是嘗過甜頭，要麼已經吃過虧；不懂的人，多說更無益處。

這裡特別強調一點：咱們每個人用於投機的錢的來源和用途，會直接影響咱們交易時的心態，進而影響咱們的交易結果。

2. 忘掉一夜暴富，做好長期戰爭的準備

不要試圖一夜暴富，交易是個長期的修行過程。

咱們很多人很容易因為一夜暴富的心態，在什麼都不懂的情況下，自己跟自己說：我就做這一波，賺一波就走人。

交易是容易上癮的事情，一旦涉身交易，不論這一波是賺了還是虧了，大部分人很難做到就此收手，還是會持續交易。持續交易的結果：大夏天裡開始下雪，還把雪球越滾越大了，這個過程是漫長且艱難的。

基於我個人的經歷以及接觸的投資者的一些經驗教訓，我分享一個「三個三」。

所謂「三個三」，是指將準備用於投機的錢先分成三份，初期交易不要同時超過三個合約，每個合約不要超過三分倉。

這哪裡其實牽扯到交易者的續航能力、接受能力及心理倉位的問題。

（1）續航能力。

所謂交易者的續航能力也稱交易者的生存週期。

我們雖然不願意承認，但是這個行業每天都有人因為本錢虧完而慘淡離場。保留部分資金，是為了即便首戰慘淡，我們依舊可以從頭再來，保持續航能力。這就猶如手機電用完了，還有個充電寶。

如果不是天才，如果沒有遇到人品及經驗俱優的前輩指點，我們每個進入這個行業的人，前期都要走一段時間的彎路，而彎路就代表資金無休止的縮水，及心態不斷失衡。

這個週期對於大部分人而言，很漫長，通常是1~5年。離場的大部分人無法走完前面1~5年的彎路。1年走完的是天才，3~5年走完的屬於幸運者，邁不過去的屬於常態。

所有成功的交易員都走過彎路，只是時間長短而已。換言之，所有

人都虧過，只分虧多長時間。

（2）接受能力。

為什麼不能超過三個合約？因為合約過多，交易者會精力跟不上，很多時候的進場出場行為，都是急急忙忙、慌裡慌張的。我們都需要一個適應期，從做一個合約到慢慢適應同時做多個合約。

再者，由於初期交易過多，我們根本沒時間來細心分析每個合約，更無精力來對每一筆交易進行總結。咱們新手通過分析慢慢熟悉市場的脈絡，通過總結來不斷發現問題、解決問題。這兩件事情比交易行為本身更重要。

初期交易合約太多，其實很多時候都是由於人的慾望。部分交易員在做一些無效的交易，看起來希望滿滿，實際上是進場滿懷希望，出場垂頭喪氣。

（3）心理倉位。

初期之所以每個合約不超過三分倉，其實是出於對心理倉位的考慮。初期交易，太多了不好，太少了其實也不好。

如果做 1~3 個合約，或者只做 1 個合約，我們賺的也比較可觀，心裡也慢慢接受了這個倉位，後期即便倉位慢慢放大，也不會心態不穩。即便虧了，損失也不會太大，我們也不至於一下被打殘。

做交易，太激進或者太保守其實都不好。舉例說明：

預計 5 萬元用於交易。

保留 3.5 萬元，拿 1.5 萬元，按照合約平均價格 500 元測算，考慮槓桿因素，則每個合約進場批次為 50 批。

按照這個分配原則進行初期學習，該吃的虧還是要吃的，因為前期都需要交學費，無人可以例外。唯一的好處是，從交易生涯對個人的投資進行宏觀上的資金分配，做好打長期戰的準備，即便微觀交易行為出了問題，咱們也不至於無力接受。

當然，如果不出問題，手裡多留點錢，也不是啥壞事。

第四章　裸K交易：獨創交易制勝法則

交易前的資金管理：倉位平衡

倉位平衡，心態不失衡。

說下交易前的資金管理，從三個層面來聊。

1. 交易前的資金管理

當我們準備進場進行某筆交易的時候，除了需要關注開倉方向、開倉點位、開倉時機之外，還需要關注買多少的問題。這就屬於交易前的資金管理。

2. 倉位平分

在日常交易中，不知道咱們投資者是否遇見以下兩種尷尬場景：

場景一：

張三同時買了多個合約，但是進場的時候，並沒有做資金管理。基於自己對當前這筆交易的把握來決定倉位，張三覺得把握大的就多買一點兒，把握小的就少買一點兒。

結果，把握大的被套，把握小的反而盈利了。由於把握大的買的多，把握小的買的少，故而帳戶整體依舊是虧損。

上述場景一的問題，其實屬於倉位失衡的問題。這種基於自身感覺隨意調整倉位的開倉行為，本質上犯了主觀臆斷的錯誤，不利於交易進行。

場景二：

張三計劃買三個合約，買了A合約、B合約，都走得不溫不火。張三繼續持單，既沒有止盈，也沒有止損。當C合約呈上升時，張三準備購買，但發現沒錢了。

結果，A和B都止損了，C合約走得很好，可惜張三沒買。

上述場景二，也屬於資金管理缺失的問題。

故而我建議，咱們若同時購買多個合約，應倉位平分。

倉位平分並非資金平分，因為合約的價格往往不一樣，具體測算方法如下：

比如A合約價格為300元，B合約價格為400元，C合約價格為

500 元，咱們帳戶資金 5 萬元，計劃整體倉位控制在 50%，那麼該如何計算倉位呢？

第一步：測算資金。

50,000×50% = 25,000。這意味著咱們用於購買的資金額為 25,000 元。

第二步：計算每個合約的批量。

假設為 5 倍槓桿，則整體批量則為 25,000÷(300+400+500)×5≈101。當咱們同時交易上述三個合約的時候，不管進場順序先後，每次都購買 101 批。當所有合約都購買完，帳戶整體倉位在 50%，就化解了上述兩種尷尬的場景。

當然，我們在實際交易中也不用那麼麻煩地去算，做個 Excel 表格，套好公式，1 分鐘搞定。

3. 倉位恆定

上面說的是同時購買多個合約，這裡說下不同時間段的交易批量。

在交易中，很忌諱虧損之後，後續交易批量被壓縮。如以前有錢的時候，一些人買了幾百批，結果資金縮水大半，從幾百批減少到一百多批。即便這些人盈利了，由於之前的損耗過大，他們會止盈貪點，想著把坑填平，便失去止盈標準。

妄圖用 100 批的盈利磨平 300 批的虧損，就意味著，100 批的盈利點差必須要用 300 批的虧損點差乘以 3。這種止盈標準過於主觀，不管其是盈利還是回撤到虧損，都不利於咱們的後續交易。

交易前的資金管理就聊這麼多。其實核心就兩個字——平衡。倉位平衡了，心態也就穩了。

交易中的資金管理：保護均價

交易中的資金管理，我們分四個層面來聊。

1. 交易中的資金管理

若帳戶已經完成開倉，還未出場時的加減倉行為需要進行資金管

理。此種狀態下的資金管理，稱為交易中的資金管理。

2. 加減倉標準

若交易中無加減倉行為，則交易人無須關注交易中的資金管理。若有加減倉行為，則交易人需要關注加減倉標準。

裸K交易體系中，最簡單的加減倉標準為：首次減倉減50%倉位，一般補倉補50%倉位。若帳戶有多次減倉補倉行為，一般按照「減多少、補多少」的原則進行加減倉即可。

3. 保護均價

如果盤中有補倉行為，須保護均價。

當我們準備進行盤中補倉時，我們需要關注三個數據的關係：一是現價，二是補倉之後帳戶訂單新形成的均價，三是臨近的阻力位。

我們在盤中補倉的時候，要控制均價，使臨近的阻力位在現價和新形成的均價之間。我們將此稱為防護牆原則。

當臨近阻力位在現價和新形成的均價之間時，意味著，即便行情回洗，我們在現價擊穿臨近阻力位時出場，我們的帳戶一般是盈利狀態。

舉例說明：

當我們交易多單，當前價格為300元，臨近阻力位為290元，那麼我們補倉之後的多單均價要在290元的下方。當我們交易空單，當前價格為300元，臨近壓力位為310元，那麼我們補倉之後的空單均價要在310元的上方。

4. 意識遠勝標準細則

其實，盤中資金管理的意識，遠遠超過某個固化的細則標準，甚至可以說無標準。我們該怎麼理解這句話？

我們需要意識到，腳要穿鞋，但是要穿什麼鞋子，穿多少碼的鞋子，有標準嗎？

比如，若對裸K的執行已經上升到策略模型的階段，則加減倉標準按照策略模型來即可。每個人都可以有每個人的標準，以量定損，按量止盈。

比如，不同方法體系下，加減倉的標準其實都不一樣，而且股票、

現貨、期貨，由於其交易規則不同，加減倉標準也不一樣。尤其是在期貨交易中，由於浮盈可以補倉，所以也有人採用金字塔式的建倉標準，分多次建倉，然後依據一定的比例進行減倉、補倉。

比如，在補倉點位離底倉點差較小時，如果我們按照上面聊的「減多少、補多少」的原則進行補倉，新形成的均價跟防護牆原則相違背。此時，我們遵循防護牆原則，減少補倉的批量。

比如，在補倉點位離底倉點差較大時，如果我們按照上面聊的「減多少、補多少」的原則進行補倉，新形成的均價和阻力位距離較遠。此時，我們可借助防護牆原則，增加補倉的批量。

這哪裡最核心的一點在於：不管基於什麼方法，不管是什麼投資品種，對於交易中的加減倉必須得有標準。這個標準可以幫助我們在追逐利潤最大化（進攻）的同時，做好風險規避（防守）。

盤中的資金管理難度非常大，願各位朋友根據自己的交易實際情況，早日提煉出自己的盤中資金管理標準，因為有了它，交易會事半功倍。

交易後的資金管理

這一部分內容其實跟前文交易生涯的資金管理相呼應，聊的大部分是宏觀層面的一些問題，不同之處在於這部分主要聊的是交易一段時間之後的資金管理，我們分兩個層面來說。

1. 出入金問題

先說出入金問題，當一段時間的交易結束後，帳戶的資金一般都會發生變化。

不建議在虧損時盲目入金。交易的盈虧其實跟錢多錢少沒關係。當首期資金消耗殆盡，無法持續交易時，我們可以使用備用資金。

當盈利時，出金也要有計劃地出。衡量標準為，不要因為出金使得交易批量出現大幅度的變動。

D12 的出金規則很簡單。每期 D12 完成後，超越階段性目標的資金

全部出金作為備用金。

出入金沒有固定的規則,核心就一點:按計劃來,至少不能弄得自己都不清楚自己的實際盈虧情況。

2. 盈利後的品種佈局

當 D12 運行到一定的階段,帳戶資金量會相對龐大。此時,需要對資金分籃子來裝。

思路如下:

分合約:將手裡資金佈局多個合約。

分帳戶:將手裡資金分散在多個帳戶。

分市場:將手裡資金分散到多個市場,可以橫跨現貨、期貨、股票。

沒有固定的規則,交易人員根據自己的實際交易水準來分散資金即可。

本部分很簡單,核心就兩句話:

一是按計劃出入金,至少要做到能清晰知道自己帳戶的盈虧情況。二是考慮策略資金容量,盡量將眼光放長遠一點。在盈利能力及資金量允許的情況下,為後續的交易做一些鋪墊工作。

如何提升心理倉位

心慌了,手就慌了!

1. 心理倉位的含義

先聊個真實的故事。

一天,我給某位盤遊記成員李某做交易計劃,其中有個環節是,根據其以往半年到一年的交易實際盈虧情況,來確定後續每個月的盈虧比例及倉位標準。

李某用整理好的數據表格闡述交易過程的時候,反覆提及一句話:「當時批量也比較大,沒敢亂來。」這句話反反覆復被提及了不下 5 次,我沒打斷,當所有的交易計劃制訂完成之後。我問他:「你帳戶正常資

金在 1 萬元左右，你反覆提到批量大，到底是多少批呢？」他回答：「50 批左右，100 批我覺得是我的極限。」

注意，故事講完了，這哪裡他提及的 100 批是極限，就意味著他目前的心理倉位就是 100 批以內。

所謂的心理倉位就是指我們日常交易時，內心能接受的倉位。通俗點說，就是進場心不慌，晚上不會因為進場的訂單睡不著。這個倉位就稱為心理倉位。

心理倉位沒有固定的標準。它看不見，抓不著，卻真實存在。每個人心理倉位的大小取決於多種因素。

2. 心裡倉位的影響因素

（1）交易水準及交易經驗。

一般來說，交易水準越高、交易經驗越豐富的投資者，其心理倉位越高。注意，是交易經驗，而不是交易教訓。咱們部分交易者交易多年，經歷豐富，但是這些經歷大部分是教訓，故而心理倉位越來越低。

（2）交易者本身的經濟水準。

咱們每位交易者的日常收入水準，會對心理倉位大小產生直接影響。一般來說，收入越豐厚的人，心理倉位越大。

（3）性格。

每位交易者的性格對心理倉位影響非常大。一般來說，生性多疑、優柔寡斷、內心敏感的人，其心理倉位很難提升。

3. 心理倉位如何提升

為提升心理倉位，交易者需逐步累積經驗，努力提高收入，慢慢磨煉性格。從心理倉位的決定因素來看，心理倉位的提升其實是非常難的事情，但是即便如此，也並非毫無辦法。下面來說說提升心理倉位的兩種方法。

（1）按照盈虧比調整倉位。

我們在不違背前面所聊的資金管理知識的前提下，應以月為單位，根據帳戶的盈虧比來增減倉位。

舉例說明：

第四章　裸 K 交易：獨創交易制勝法則

當月結束，整月虧損 5%，那麼從下個月開始，就把建倉的批量減少 5%。反之，當月結束，整月盈利 5%，那麼從下個月開始，就把建倉的批量增加 5%，特別要提醒的是，上限是 30%。

所謂的上限是指如果某個月某人盈利超過 30%，比如盈利了 80%，並不意味著下月建倉標準要提高至 80%，30% 即可。

之所以要設置上限，是因為這種超高的回報，對於我們大部分新手投資者而言，屬於偶然性事件，不可將偶然性事件來作為必然性事件。

有人會說：「我是老手，因為我經常每月有 80% 的投資回報。」如果真是這樣，那這位大神就無須浪費時間看小弟的拙作了。因為，一個能持續盈利 80% 的人，屬於投機中的王者，是用來膜拜的。

如此設置建倉標準，當交易不佳時，我們可通過減少批量來減少虧損，當交易成績不錯時，我們能越做越順，而且能等比例地調整倉位。久而久之，我們的內心就接受了這個倉位標準，當帳戶資金越來越大的時候，心理倉位也慢慢隨之提高了。

（2）找人帶。

我們可以尋找心理倉位比自己大、交易方法和自己一致、交易經驗比自己豐富、能互相信任的人，帶著自己來提升心理倉位。

我們還是自己做策略，但對方要理解我們的策略。執行策略的時候，我們直接按照策略要求開倉。此時的倉位是超越平常倉位的，對方也不參與任何決策，只負責監督我們完整執行策略。在這個過程中，對方適當做下心理輔導即可。

一般而言，帶一個月，心理倉位很自然地就提升起來了。

這種人很難找，這種忙也很難幫。如果周圍有這種朋友，就可以採用這種辦法。這種辦法比上面第一種辦法要快，效果和第一種是一樣的。

4. 增減批量對交易心態的影響

有人會說：「我的心理倉位大，我按照正常倉位的 20% 來玩，應該會輕鬆。」但事實並非如此。

心理倉位和交易者的關係，猶如衣服和人的關係一樣，太大太小都會讓人不舒服。

至此，做盤紀律和資金管理已聊完。雖然內容不多，但是撰寫時間較長，花費了 33 天。我一直稱它們為交易者的安全帶和護身符，對二者的理解深度及執行力度，直接決定我們能否在此領域生存下去。

這兩部分的內容撰寫得很簡單，如果按照我的理解，完全將心中所想闡述出來，至少需要 20 萬字。我把 20 萬字壓縮到 2 萬字的原因有二：一是因為寫得越多，會越讓人難以理解，後續條件允許的話，我會通過視頻或者語音的形式展開來說；二是對於意識到紀律和資金管理重要性的人而言，別說 2 萬字，200 個字就可以了，因為他們會自行去實踐文中的觀點，去一些高品質的平臺和圈子參與交流，逐步形成自己的做盤紀律和資金管理標準。

從我個人的交易經歷來說，我於 2013 年年底研究裸 K，開始提煉裸 K 技術指標，2014 年年底停止對技術的研究，這幾年更多的是基於做盤紀律和資金管理逐步形成了現在的裸 K 平切交易系統。

整個裸 K 平切交易系統共有基礎知識、分析邏輯、執行邏輯、紀律、資金管理、心態情緒管理、優化邏輯七大塊。其中最重要、最核心的是基礎知識、紀律和資金管理，最難的是心態情緒管理。

交易的決勝因素不在於方法，而在於我們對方法的原理和開平倉標準進行深入研究之後，迴歸人對自我（市場）的認知，並將認知來作為自己交易決策的標準。

交易很簡單，人很複雜，從來沒有感同身受，只有冷暖自知。不同階段的投資者，對紀律和資金管理的理解深度不一樣，重視也好，輕視也罷，認同也好，打擊也罷，均屬正常。

從我接觸到的投資者來看，很多長時間虧損的交易者，把重心始終放在學習一套方法上，企圖用一套方法看得準行情、抓得住利潤，結果是指標找了一大堆，方法學了一籮筐，效果並不那麼理想。

其實他們已經偏離方向了，大部分人虧損的原因其實都可歸結為很簡單的兩點：一是違背了做盤紀律，二是缺乏資金管理意識。但是人固有的認知水準局限和思維局限，使得很多人長時間捅不破這層窗戶紙。

依舊是那句話，我毫不介意他人將我撰寫的裸 K 平切交易紀律和

資金管理當成垃圾。我再次誠摯建議，所有想在此領域長期生存的投資者，要早日形成自己的做盤紀律和資金管理標準。

第四節　思維制勝：裸K交易系統

在一個由大量投資者參與的投資品種的運行過程中，由於投資者的知識結構和思維模式不一樣，每位投資者的具體交易行為也不一樣。因而在合約運行過程中，一定會有一些投資者的訂單在進場後被套。這些存在被套訂單的點位就稱為套單點。我們依託這些套單點，下與這些被套訂單反方向的訂單。若被套訂單有了獲利空間，我們止損出局；若被套訂單沒有獲利空間，我們繼續持有自己手中的訂單，收穫利潤。

這種以盤面為依據的交易方法，就稱為裸K平切交易。

交易理念和交易系統

交易人只有按交易系統執行，才能保障交易。

本部分對交易者而言，非常重要，我為此付出的代價是慘痛的。如果看完本部分，您覺得有所幫助，我備感榮幸，建議您全文背誦默寫，您會受益良多。

為什麼在撰寫伊始，就開始聊交易理念和交易系統？我先給大家講個故事。

2014年，我和媳婦兒去深圳的歡樂谷玩，由於項目太多，不知道玩哪個，我就跟媳婦講，我們去人多的地方，人越多說明越好玩。媳婦同意之後我們就跟著一個很長的隊伍排了起來，連續排了一個多小時的隊，結果發現那是公共廁所。

故事結束了，現在敲黑板劃重點：我們選擇的方向直接決定我們所能到達的目標，在現貨交易中，我們的交易理念直接影響甚至決定我們

的交易結局。

所以，我先來分享交易理念。接下來，我所描述的交易理念是我幾年交易經歷的宏觀指導思想，而由此衍生的交易系統則是我在實際交易過程中的微觀決策標準。

1. 交易理念

我的交易理念包括以下幾點：

（1）交易是一個風險和利潤並存的游戲，我們只需做好風險管控即可。

過於關注利潤，忽略的往往是風險，交易的結果往往是讓風險侵蝕我們的本金。反之，若我們不以賺錢為目的，以固定的進出場標準和嚴格執行資金管理、心態管理並做好風險規避措施等為目的進行交易，利潤自然也就隨之而來了。

（2）市場才是老師，交易只能靠自己。

很多人喜歡走捷徑，到處找「老師」，跟隨「老師」交易，這是不可取的。交易者要想在這個領域長久生存，必須逐步從跟隨「老師」交易轉變為跟隨自己的交易系統交易。

構建自己的交易系統不是一個簡單的事情，但是對於一個想在這個領域安身立命的投資者而言，其面對的實際情況是：跟隨他人交易實現穩定獲利遠比通過構建和遵循交易系統來實現穩定獲利更難！

沒有任何一個優秀的交易員是靠跟隨交易實現財富增值的。並非他們傻，不知道找老師，而是他們知道，市場才是老師，交易只能靠自己。

（3）技術為輔，習慣為主。

決定交易成敗的因素很多，技術所占的比重很小。交易很簡單，只要做好8個字：固定標準、執行標準。

很多人在交易中不能獲利，總歸因於方法和技術。其實這是錯誤的。方法的學習很簡單，但是真正掌握方法並從內心接受方法，實現知行合一，形成自身獨有的交易系統卻是一個長時間的過程。這個過程的長短取決於交易者的性格和學習習慣。

（4）不要迷戀主力，主力在心中。

第四章　裸 K 交易：獨創交易制勝法則

　　市場由大眾交易者和主力一起參與，所有參與者的買賣行為決定了行情走勢。不要去研究所謂的主力思路，研究好跟我們處於同一水準線的散戶即可。我們根據散戶的交易習慣反其道行之，就能獲利。因為大部分散戶一直在虧損，若能看懂散戶的交易習慣，便能把握獲利要義。我們需要研究的是如何賺錢、如何獲利，而不是研究主力。

　　（5）資金管理、做盤紀律、心態管理非常重要。

　　很多人的虧損源自資金管理和做盤紀律的缺失。帳戶盈虧結果表現不好，導致心態不好，形成惡性循環。我們需要通過交易策略的設計來維持好心態。

　　（6）無須預測行情，做好應對機制。

　　不要把重心放在去尋找那些「進多必漲、進空必跌」的點位上，而是要把重心放在應對機制上。

　　交易的成敗關鍵不在買點，而在賣點。只要理由充分，任何點位均可成為開倉點，但是一筆交易最終能否賺錢取決於賣點。

　　在進場前，我們應考慮好以下問題：行情走勢有利於我們的進場方向，我們該如何讓利潤最大？行情走勢不利於我們的進場方向，我們該如何讓損失最小？這就是通常所說的大賺小虧。如此，我們才能長時間持續獲利。

　　（7）交易需要實踐，一切以遵循交易系統為前提。

　　交易的過程是學習的過程，需要我們邊實踐邊領悟，但是不可根據感覺頻繁交易。我們每次進場出場必須要有一個能說服自己的理由，這個理由絕對不可以是「我感覺要漲了」「我感覺要跌了」，而是遵循自己的交易系統進行。

　　交易系統的打造是重中之重。只要是遵循系統進行的交易，錯了也是對的；違背系統的交易，對了也是錯的。

　　對交易的感悟和總結的重要性超過交易行為的本身。有人鼓吹交易次數越多，賺錢機會越大，我個人的觀點是交易次數越多，虧損概率越大，所以我們要有的放矢，盡量從每一筆交易中提煉有價值的信息，讓上一筆交易有助於下一筆交易。

以上是我個人的交易理念，不論對錯，絕對真實。認同者歡迎繼續閱讀指正，不認同者其實就無須看後面的內容了，因為接下來所有的內容均是基於上述交易理念衍生出來的。

2. 交易系統

我們拋開盤面和技術方法，單純地把交易者的交易方式分為以下兩種：

（1）跟隨性交易。

這類投資者往往是跟隨他人的建議和意見進行交易，比如說依據網絡上的一些行情分析和建議進行交易，或者跟隨一些「老師」進行交易。在跟隨性交易中，投資者把網絡上的行情和建議或者「老師」的指令進行甄選過濾，並將其結合自己的想法進行交易。這種跟隨性交易並不可取。

（2）根據交易系統自主交易。

根據交易系統自主交易是指投資者依據自己經過長時間的實踐總結所提煉出來的交易系統進行的交易。

伴隨著國內投資市場的發展和投資者對交易認知的提升，會有越來越多的投資者逐步從盲目跟隨性交易轉變為根據交易系統自主交易。

構建交易系統是個痛苦的過程，但是這個過程是必須的。那麼什麼是交易系統呢？一個完整的交易系統包括哪些要素？下面我以個人使用的裸K為例，給大家分享一下個人對交易系統的理解，起一個拋磚引玉的作用。

一個完整的交易系統包括的要素如圖4-1所示。

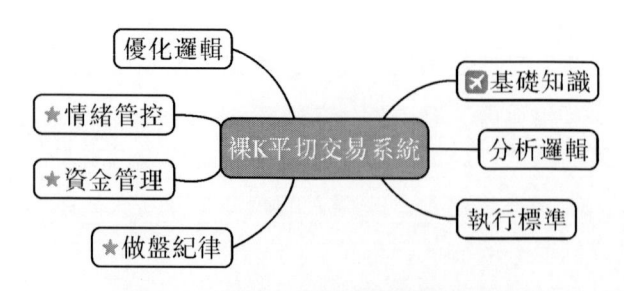

圖4-1　完整的交易系統包含的要素

一個完整的交易系統至少包括基礎知識、分析邏輯、執行標準、做盤紀律、資金管理、情緒管控、優化邏輯七個部分。

（1）做盤紀律和資金管理。

做盤紀律和資金管理是很多投資者容易忽略但是對交易至關重要的部分。很多投資者的交易都是隨性的，進場倉位多少也是由毫無依據的感覺來決定的。當一個投資者缺乏做盤紀律和資金管理的時候，也就意味交易結局已經注定。

缺乏規則約束的交易是危險的。伴隨交易經驗的增加，投資者對規則的認知會從順應規則抵禦風險逐步變為應用規則獲取利潤。

（2）情緒管控。

很多人交易一段時間會明顯感覺到心態對交易的影響。情緒管控的意識及能力對交易而言顯得尤為重要了。

情緒及心態管理重在前置。最好的疾病預防措施是在身體良好的時候健身，使自己擁有健康的體魄，增加抵抗疾病的能力。

我們需要借助交易規則（也可以理解為交易系統）來保護心態，情緒管控和心態管理的重心不要放在交易嚴重失利之後如何修復上。交易中唯一的絕對就是無絕對。投資者對心態和情緒管控進行長時間前置處理，即便偶爾出現失控，也可以快速迴歸。

（3）基礎知識。

我從2014年開始製作視頻及文檔素材，發現一個很奇怪的現象：很多投資者往往對基礎知識非常輕視，但是這些朋友們在交易的時候，往往卻是栽在了基礎知識上，缺少對行業的基本認知，缺少最基本的交易邏輯。

對於這些情況，我覺得很悲哀，但是又無可奈何。

交易是100-1=0的事兒，任何1個維度1個細節知識點的短板均會影響整個交易的成敗。因此，我呼籲所有看到這裡的朋友，重視基礎知識。大家只需花點時間進行學習，就可以節省很多探索的時間和不必要的資金損耗。

（4）分析邏輯和執行標準。

這兩塊內容其實就是大家非常關注的如何分析盤面找點位、何時進

場、何時出場、何時減倉、何時補倉、何時該持有、何時該平倉……其核心就是 8 個字：固定標準、執行標準。

對裸 K 的分析，要按照 PDCA 法則，遵循「無復盤，不策略，無策略、不交易，交易必果」。

交易者可利用 7 種尋找點位的方法——長陽夾陰、30 分鐘收短均價、新高新低、前頂前底、反向洗單、交叉洗單，來完成進場、持單、減倉、補倉、平倉的交易決策。

很多朋友一直把這一塊當成交易盈利的全部，到處挖掘方法，不停換方法，其實已經偏離交易盈利的需求了。方法其實有很多，我們只需隨意尋找一個方法，提煉出各個環節的交易標準即可。

（5）優化邏輯。

交易者學習交易，構建交易系統，會經歷以下幾個階段：

①無知階段。

在這個階段，交易者不知道需要交易系統，在毫無理論依據的情況下靠感性交易，之後被結果所傷，不再交易並離開這個行業。

②主動依附交易系統。

部分朋友在經歷第一階段之後，意識到了需要一個交易系統，於是轉換思路，不論是跟隨前輩學習，還是自己琢磨，都會有一個模糊的交易系統模型，然後依據這個模型，逐步實踐測試。這個階段依舊會有部分人離開。

③系統自適應。

當一部分人經歷第二個階段之後，會有一個明確的交易系統。但是伴隨著市場的發展和自己交易修養的提升，他們會發現系統需要不斷的優化。每個投資者的性格不一樣，這個時候，大家都會根據自己的實際情況不斷對系統進行打磨優化，使系統能不斷適應自己。就猶如人的穿衣打扮，基本的元素如衣服、褲子、鞋子等都是需要的，但是人的個性決定了每個人需要一些個性化的搭配讓自己的著裝更美。不同的年齡階段、不同的場合，我們會結合自身情況和市場主流時尚元素的變化，做一些個性化的調整和優化。但是，無論如何追求個性化，我們絕對不可

以一直不穿衣服到處亂跑，對不？

④無招勝有招。

這個階段應該說是交易的最高境界。這個時候，交易跟交易者的思維已經融為一體，交易者完全憑藉一種本能進行交易，但是這種本能是經過長時間的實踐磨煉而來的。這個階段也就是通常所說的七分理性、三分隨性階段。

在構建交易系統的四個階段中，第三個階段就是對交易系統的優化，但這個優化不是隨意的優化，需要一定的邏輯。

交易理念和交易系統是交易的基石和行為準則。整個裸K交易的全部內容，實則是基於本文所述的交易理念，將知識點進行拆分，逐步闡述裸K平切交易系統的理論基礎和實戰要素。

常見交易方法介紹

這一部分開始進入方法介紹篇，我們先來簡單聊下常見的交易方法。

從交易模式進行分類

1. 刷單

先說下刷單，我稱其為高頻交易的變種。下面我用一個具體的例子來解釋一下什麼叫刷單。

比如手續費是1個點，雙邊收取。

我們在300買進多單，301賣出，盈利1個點，扣除兩個點的手續費，實際虧損1個點。

但是對於刷單者而言，是可以賺錢的。

因為代理商會給散戶返佣金，比如返70%的佣金，那麼我們再把帳算一下，以1手為例，其實際收入是：

轉讓費用＝1個點的金額−2個點手續費的金額＋2個點手續費的金額×70%＝0.4元。

賺4角錢，如果300手就是賺120元，這就是刷單。

我個人對待刷單的態度是：如果某一天我的個人交易必須靠刷單才能生存，我寧可一生不碰交易，我討厭刷單，更討厭我的學員刷單。

2. 波段或者日短

波段和日短從盈利點差來說有點類似。交易者一般是基於一波行情，比如說 10 個點差或者 30 個點差，做某一波的利潤。

日短是說不留隔夜單，當日不管盈虧，無條件平倉。所以日短一般是波段，但是波段未必是日短，波段持單時間經常超過 1 天。

3. 中長線交易

中長線交易的盈利點差就很大，幾十乃至幾百個點差的都有。中長線交易的時間週期也較長。

從交易標準進行分類

上面我們從盈利點差及持單時間對交易模式進行了分類。接下來，咱們說下交易標準，通俗點兒說就是交易方法。

1. 靠感覺

所謂靠感覺是指投資者完全依靠自己的感覺進行下單。這種投資者大部分也是持續穩定的虧損者。靠感覺通常是咱們部分投資者初期階段的交易方法。

學習方式：無師自通。

2. 靠消息賭趨勢

現貨領域所謂的靠消息，也稱為靠基本面。比如某合約價格低於市價，代理商就跟客戶講，趕緊砸鍋賣鐵，買多，因為現在價格太低了，必漲。

學習方式：無師自通。

3. 用技術指標

用技術指標是指投資者依託來源於股市和期貨市場的技術指標，比如均線、MACD、KDJ、布林帶等進行下單。

學習方式：投資者通過購買相關書籍、視頻資料，或者尋找成熟的技術團隊進行學習。

4. 程序化交易

程序化交易是指，投資者運用一定的邏輯，編寫程序，利用程序進

行行情決策。在股市和期貨市場，程序化交易早已經實現了自動追蹤、自動下單。但是在目前的農產品現貨領域，程序化交易發展相對不太成熟，大部分程序只能實現行情追蹤，需要手動下單。

學習方式：有興趣的朋友可以尋找程序化交易的相關資料或者技術團隊進行學習。

5. 裸 K 平切交易

裸 K 平切交易是基於套單這一客觀事實、投資者虧損的原因和盤面盈利的原理提煉而出的一套交易標準，由盤思動歷時 4 年研發。

學習方式：參與盤遊記。

常見交易方法介紹就聊到這裡，如果細分還可以按照交易理念和交易理論進行分類。基於交易理論，很多書都有介紹。大家可以自行查閱。

什麼是最好的交易方法？

本能遠勝一切！

2017 年國慶前夕，突聞期貨大佬跳樓身亡，一時間百感交集。很多入市 5 年以內的新手針對此事件評頭論足，其實我等新人均無資格。

因為作為在市場沉浸 20 多年的期貨大佬，如果對大家所聊的方法、紀律、資金管理等有所怠慢，根本不可能在市場鏖戰 20 年。

那麼，問題出在哪裡？人的本能戰勝了理智，僅此而已。在這個 100－1＝0 的游戲中，我們的本能時時刻刻在想辦法侵蝕我們的理智。要想理智不被侵蝕，除了潛移默化地改變交易習慣，別無他法。

繼續我們的話題，什麼是最好的交易方法？在前文常見交易方法介紹一文中，我們從進場標準及交易模式兩個緯度進行了簡單的梳理。

我在日常和很多投資者打交道的過程中，以及自己前幾年的交易過程中，最關心的問題一般有兩個：什麼進場參考標準好？長線好還是短線好？本節就重點從這兩個層面來說。

什麼進場參考標準好？

到底交易的時候是用技術指標好還是用裸 K 平切好？對於技術指

標，我並不懂，但是對於裸 K 平切我相對比較熟悉。接下來，我們簡單聊下裸 K 平切吧。

裸 K 平切太簡單了，簡單到很多人學了以為沒學，簡單到很多人不敢相信。

從 2014 年到 2017 年，接觸到裸 K 平切的人有 20 多萬人，但是理解了核心且用到了實踐中的人只有 200 多人。

單純就裸 K 平切和技術指標來對比，關於技術指標的資料非常多，現有市面上的大部分相關書籍，都會針對一些技術指標進行講解，但是關於裸 K 平切的書籍一本都沒有，因此本書可能是第一本不聊技術指標只聊裸 K 平切的書籍。

單純從學習者的角度來說，技術指標學習素材多，但其缺點是因為素材太多了，故而真假難辨，很多時候我們分不清素材的好壞，使得學習成本高，將大量的時間都用在了試錯上面。裸 K 平切的缺點在於素材少，優點在於所有素材都是一手資料。

從交易方法本身來對比，裸 K 平切和技術指標毫無可比性，因為方法本身並無好壞，關鍵在於駕馭方法的人。同樣的均線，有人從 5 萬元做到 1,000 萬元，有人從 1,000 萬元做到 5 萬元。

普通的投資者在對一套方法缺乏深度的理解和應用之前，就評價方法優劣，這種行為本身就不理智。

咱們應該從學習方法的便捷性、方法對交易的有效性，以及帶給咱們的實際幫助等層面來評價方法。方法無優劣，能幫助自己賺錢的就是好方法。如果還在追求好方法，意味著咱們的交易真心還沒入門。

長線好還是短線好？

這裡其實是對刷單、波段（日短）、中長線做一個對比。

我先給大家講個故事：

9 年前，也就是我大學剛畢業的時候，曾經在互聯網公司待過一段時間，經常寫一些新手做網站的教程。

當時，SNS 挺火。所謂的 SNS，就是類似國外的 Facebook 及國內的人人網那樣的平臺。康盛（後被騰訊收購）當時開發了一套叫

第四章　裸 K 交易：獨創交易制勝法則

UCHOME 的系統。我們利用這個系統可以快速搭建一個 SNS 平臺。

於是，很多個人站長都來做 SNS 平臺。我覺得這個玩意兒很虛，根本不適合個人站長，便寫過一篇文章《SNS 帶給個人站長的不會是 Money 而是概念》。

現在回頭來看，9 年前的觀點陸續得到了印證，截至目前，國內的 SNS 平臺除了人人網再無分店。

當時我在文中談到過一種認知觀點：今天做的事情盡量要對明天有一定的幫助。做交易尤其如此。

我不反對刷單，存在即合理，但是我一直在努力勸解周圍的朋友不要刷單。

這就要談到我們每個人的交易生涯了。如果我們僅僅是想玩個三五個月，其實刷單也好、波段也罷、中長線也好，都無所謂的。但是如果我們想在這個領域長期鏖戰，就要考慮我們當下的交易習慣是否會對後續的交易產生不好的影響。

我們的交易本能是通過每一筆的交易，逐漸形成從量變到質變的過程。這個過程的沉澱期非常漫長，一旦形成，就難以改變。

單純從虧損概率來說，刷單、波段、中長線其實是一樣的。對於缺乏交易系統的投資者而言，初期做啥虧啥，跟交易模式無關。

單純從交易頻次來說，刷單頻次最高，波段次之，中長線最少。

我在五年前曾一天交易 4 個小時，只要開盤手就沒停，那會兒恨不得 24 小時開盤；後來一天交易 3~5 次；再後來一週交易 1~5 次。有人和我聊過這個問題，他認為這是我在刻意控制慾望。我說跟慾望無關，跟本能意識有關。針對這個問題，他和我爭論了很久，後面我就假裝迎合了他的觀點。

這哪裡其實牽扯很多細節問題，比如所參考的 K 線週期、被動止盈標準、以量定損的標準等。歸根究柢，其實是一個本能的問題。打個很簡單的比方：

大街上走來 100 個單身女孩子。如果我們是追求女孩子，我們的目標有 100 個。如果我們追求體重 108 斤以下的女孩子，可能目標就只有

50 個了。如果我們追求體重 108 斤以下、身高 165 厘米以上的女孩子，可能目標就只有 30 個了。如果我們追求體重 108 斤以下、身高 165 厘米以上、顏值高的女孩子，可能就只有 3 個了。

我們的目標有多少，取決於我們的追求，而我們的追求取決於自身的條件和認知。追女孩子如此，交易亦是如此。

人在交易時，最怕自己賺不到錢，所以內心的這種原始衝動會促使自己不斷交易，且往往要通過大額的虧損才能清醒。

如果我們意識到這一點，下意識地去構建交易系統和交易模型，來逐步追求單筆交易的品質，淡化交易的頻次，那麼當實際的盈利結果越來越好的時候，我們的本能意識會逐步被我們的交易結果改變。慢慢地，你會發現，別人是交易次數少了就難受，而你則變成了交易多了難受。這其實是一種本能的蛻變。

聊到這裡，答案其實已經出來了，如果能賺錢，刷單、波段、中長線都可以，只要能賺錢，就不用考慮那麼多。如果交易結果不佳，個人建議逐步降低交易頻次，提高單筆交易的持單能力。說直接點，盡量別刷單，至於波段和長線，逢長則長，逢短則短。尤其是後期準備從事期貨或者股票交易的朋友們，更不要刷單。

至於各位讀者認同與否，我只能說希望大家能理性抉擇，對自己負責。

裸 K 平切交易系統介紹

裸 K 平切交易法屬於裸 K 平切交易系統的核心內容之一，它是一種運用逆向思維、結果呈現逆推的交易方法。它由盤思動創立，適用於所有 K 線呈現的投資產品。由於其主要決策標準為盤面 K 線，故也稱為裸 K 交易。

裸 K 平切交易法的定義

一個由大量投資者參與的投資品種，在運行過程中，由於投資者的知識結構和思維模式不一樣，每位投資者的具體交易行為也不一樣，故

在合約運行過程中，一定會有一些投資者的訂單在進場後被套。這些存在被套訂單的點位就稱為套單點。我們依託這些套單點，平行切入，下與這些被套訂單相反方向的訂單。若被套訂單有了獲利空間，我們止損出局；若被套訂單沒有獲利空間，我們繼續持有自己手中的訂單，收穫利潤。

這種以盤面客觀存在為依據的交易方法，就稱為裸K平切交易。

裸K平切交易系統的理論支撐

1. 投資行業的零和博弈屬性

任何一款有生命週期的投資產品，其參與者均可分為兩個類別：一是大戶主力，二是散戶投資者。

從本質而言，無論是主力還是散戶投資者，均屬投資者，但是由於雙方的投資修養、資金實力及交易環境不一樣，故有了主力和散戶之分。

投資行業的零和博弈屬性，決定了一個投資產品要持續運行，必須以一部分的虧損為代價，不然游戲無法繼續，而帶來虧損的常見交易行為則是割肉或者爆倉。套單是割肉或者爆倉的第一步。成熟運行的合約必然有大量已經存在的套單點位和即將形成的套單點位。此外，套單是大部分散戶交易者的常態化交易狀態。虧損是大部分投資者的交易常態，獲利的永遠是少數投資者。

2. 散戶投資者的屬性

主力團隊的投資修養、佈局技巧及對人性的洞察能力超越常人，故常常成為這個行業的獲利者。

對於我們很多散戶交易者而言，我們虧損的資金往往進了主力的口袋，但是我們所賺的錢往往並不是來自主力的腰包，而是來自跟我們處於同樣位置的其他散戶投資者。所以，瞭解散戶投資者的屬性，是理解裸K平切交易的一個很重要的環節。

散戶投資者一般具有以下幾種屬性：

（1）主觀。

不得不承認，受我們每位投資者的經驗、經歷及性格差異化的影

響，使得我們對待交易本身及我們面對同樣的盤面行情時，每位投資者的看法和理解不一樣，這種不一樣的看法和理解帶來的是不一樣的交易行為，很多時候，我們都認為自己可能是對的。

（2）預測性。

在交易這件事情上，很多散戶交易者往往把大部分時間用於預測行情的走勢、行情的方向，並依據這些來決定自己的交易行為，對行情偏離缺乏糾錯機制。

（3）貪婪。

很多散戶投資者面對交易的時候，不願意接受止損這件事情。很多時候，投資者的止損行為都是在無法承受時候的被動行為，並非主動行為。

（4）恐懼。

很多散戶在帳戶略有盈利的時候，往往出於對到手利潤可能流失的恐懼而過早平倉。

（5）好勝心強、克制力差。

追求勝利和成功是源自人內心深處一種自我認可的精神需求。但是在面對交易的時候，由於投資者意識不到自身交易修養的缺失，太過於求勝，故而許多投資者在很多時候的交易過於急躁和頻繁。在帳戶盈利的時候，我們乘勝追擊；在帳戶虧損的時候，我們賭氣交易。這種缺乏克制的交易行為往往帶來的是套單。

參與者的投資修養水準

在歐美國家，普通散戶交易者更願意將自己的資金交給專業的投行人員打理。很多時候，普通的散戶投資者是處於相對專業的交流氛圍中。

在目前國內的投資市場，散戶參與者所占比重較大，而占據市場絕大比例的散戶交易者缺乏專業性、系統性的培訓，抑或是意識不到需要專業的培訓交流。故而很多散戶交易者的交易決策行為均為非專業的感性交易，很多散戶交易者對交易的理解還停留在「這是一個可以賺錢的行業，我沒賺是因為運氣不好」這個初級階段。

上述對投資行業屬性、散戶交易者屬性以及參與者的投資修養水準的分析結果，是裸 K 平切交易的理論支撐。

裸 K 平切交易系統的組成部分

1. 交易基礎知識

交易基礎知識為裸 K 平切交易系統的基石，所有關於行業、政策、市場、盤面的基礎知識為裸 K 平切交易系統的重要組成部分。其中有部分原創性質的名詞術語，如「同向點差」「異向點差」「三進四出」更是交易者必須深度理解的。

2. 做盤紀律

做盤紀律是裸 K 平切交易系統的安全帶，它包括永不重倉、破位止損不補倉、盈利減倉、均價平出、兩損停盤、寧缺勿趕、行必果不認慫共七條。

3. 資金管理

資金管理是裸 K 平切交易系統的護身符，包括交易生涯的資金管理、交易前的資金管理、交易中的資金管理、交易後的資金管理、心理倉位的錘煉。

4. 進出場標準

①長陽夾陰，長陰夾陽；

②30 分鐘收短；

③前頂、前底；

④均價；

⑤新高、新低；

⑥反向洗單；

⑦交叉洗單；

⑧回馬槍。

截至 2017 年 9 月 27 日，目前提煉出來的進出場標準有上述 8 種。所有進出場標準均以套單點為基準，不同盤面的具體數值不一樣，主要受同向點差、盤面最小波動單位、手續費點差影響。

假設套單點點位為 a，同向點差為 b，盤面最小波動為 c，進出場手

續費點差為 d，進場點位為 x，止損點位為 y，則依據套多點位進空時：

$x=a+b+d$，$y=a+b+c+d$

依據套空點位做多時：

$x=a-(b+d)$，$y=a-(b+c+d)$

5. 策略分析及執行

投資者應以 PDCA 質量管理體系為指導，通過復盤找出手法及點位，制定策略框架，執行並優化。

6. 情緒管理

投資者應通過合理的交易佈局來保護心態，使心態處於一種健康的狀態，反過來促進交易。

7. 思維拓展及優化邏輯

投資者應多點聯動。投資者應從關注單一的套單點提升為關注四個套單點，通過套單（吸籌）洗單（震倉）的邏輯來指導交易，進而結合自己的交易思路和性格屬性確立自己獨有的交易套路，也就是每個人獨有的裸 K 平切交易模型。

裸 K 平切交易系統的發展歷程

1. 萌芽（2013 年 5 月）

當時，作為盤思動創始人員之一，我開始進行人生第一次現貨交易，師從趙發先生，交易新疆海川，瞭解到盤面運行過程中的套單屬性，但當時對套單的理解很抽象，不夠細化、不夠具象，便想將抽象的套單行為變為細化可執行的交易標準。

2. 雛形（2013 年年底）

經過半年的虧損，我先後從新疆海川轉戰河北農交會及天新茶葉，在天新茶葉市場提煉出三點式做單及鄰近三點法。此為裸 K 平切交易系統的雛形。

3. 完善做盤紀律（2014 年 3 月）

當時，因為一次招聘分析師的經歷，我從應聘人員口中第一次聽說操盤紀律，於是加以提煉，形成最初版本的做盤紀律。

4. 長陽夾陰及 30 分鐘收短標準提煉完成（2014 年 6 月）

我曾轉戰天津匯港，經過多次實踐及總結，提煉出長陽夾陰及 30

分鐘收短。

5. 均價、前頂前低、新高新低、反向洗單提煉完成（2014年年底）

6. 交叉洗單（2015年11月）

我在2015年的讀盤交流過程中，提煉出交叉洗單。

7. 應用於美股、壽光果菜交易市場及貴州遵義指南針大宗商品交易市場（2015年12月）

此交易套路被我的朋友小酷應用於美股市場，同時被讀盤者應用於壽光果菜及貴州遵義指南針交易市場。

8. 應用於股票市場（2016年3月）

此交易套路被濟南的懶羊羊應用於股票市場。

9. 應用於外盤黃金交易（2016年5月）

此交易套路被網友淡淡應用於外盤黃金交易。

10. 回馬槍提煉完成（2016年10月）

我於2016年10月在指南針市場提煉出回馬槍指標。

裸K平切交易系統是一套動態、發展、不斷優化完善的交易套路。每個人都可以基於盤面套單（吸籌）洗單（震倉）的邏輯提煉自己的裸K平切交易系統。

裸K平切交易系統的五大約定

1. 對趨勢的約定

一個合約整體走勢為先上後下，則我們賦予該合約多頭趨勢，做多不做空，尋找關鍵點位反手。

一個合約整體走勢為先下後上，則我們賦予該合約空頭趨勢，做空不做多，尋找關鍵點位反手。

一個合約整體點差越大，趨勢力量越強。我們可通過回馬槍來解決趨勢逆轉判定失誤的問題。

2. 對策略的約定

無復盤不策略，無策略勿交易；策略為王，執行為皇。

3. 對進場標準的約定

市場最重要最客觀的屬性為不確定性。我們不需要去主觀預測行情

走勢，而是需要通過細緻的復盤，制定精密的策略，針對各種即將可能發生的情況預設應對措施，在交易的時候，通過執行策略來應對盤面各種走勢情況。

4. 對長短線交易的約定

對任何未發生的交易，我們不去預測其盈利空間，而是逢長則長、逢短則短、主動止損、被動止盈，控制好風險。市場給多少利潤，我們就拿多少利潤。

5. 對獨立決策、獨立執行的約定

散戶交易者必須自主掌握資金的主動權，脫離聽消息、脫離跟盤，必須逐步養成自己獨立決策、獨立執行的交易習慣。交易的過程就是學習的過程，交易者應通過不斷復盤、制定策略、執行策略、總結交易過程，一步步提升自己規避風險捕捉利潤的能力。

裸 K 平切交易系統的學習難點

1. 思維的轉變

裸 K 平切交易系統是依託「盤面永遠會有套單行為發生」這一客觀存在，從散戶虧損的根源和盤面盈利的充要條件套單（吸籌）洗單（震倉）入手，輔以做盤紀律和資金管理，遵循 PDCA 的質量管理思路的交易系統。

對於每位依舊在虧損的投資者而言，要想用好裸 K 平切交易系統，就必須從交易習慣入手，一步步實現從感性到理性的轉變。

2. 手錶定律

在使用裸 K 平切交易系統時，我們只需關注盤面 K 線和偶爾關注盤面結算價，無須關注任何其他技術指標。但是很多有一定經驗的投資者對現有技術指標依賴程度較強，故在使用裸 K 平切交易系統的時候，依舊擺脫不了對現有技術指標如布林帶、均線、KDJ、MACD 等的依賴，從而導致交易違背了手錶定律，使得交易過程更繁瑣，交易結果更不理想。

最重要的盤面語言之一：K 線

K 線源自 18 世紀的日本，它是最重要的盤面語言之一，由 K 線組成的走勢圖叫 K 線圖，也稱為蠟燭圖。

常見的 K 線

常見的 K 線主要分為陽線和陰線。在盤面中，紅色表示陽線，也稱為陽 K 線；藍綠色表示陰線，也稱為陰線。

我之所以說藍綠色，跟我個人有關。我是藍綠色盲，換句話說，在我的世界裡，天空和樹葉是一個顏色的。所有基於藍綠色的色系，我都分不清楚。有人告訴我陰線是綠色的，有人告訴我陰線是藍色的，所以我認為陰線是藍綠色的。

常見的 K 線如圖 4-2 所示。在圖 4-2 中，左邊為陽線示例圖，右邊為陰線示例圖。

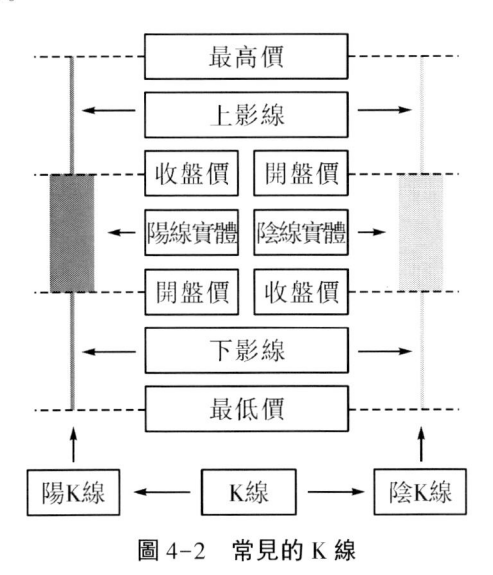

圖 4-2 常見的 K 線

一根單一的 K 線由以下幾部分組成：

（1）影線。影線又稱為引線。影線位於 K 線上下兩端，很細，像蝌蚪尾巴的部分。K 線上下兩端的影線分別稱為上影線和下影線。上下

影線所觸碰到的點位，分別表示最高價和最低價。

（2）K 線實體和開盤價、收盤價。

上影線和下影線中間夾雜的實體區塊稱為 K 線實體。

陽線實體區塊上水準面對應的價位為收盤價，實體區塊下水準面對應的價位為開盤價。

陰線實體區塊上水準面對應的價位為開盤價，實體區塊下水準面對應的價位為收盤價。

陽線和陰線對應的開盤價及收盤價的上下位置是相反的。收盤價也表示合約當前的最新價。

簡單記憶，上陽下陰為收盤價，表示當前價格。

老手不會犯錯，新手可能會有點兒蒙。為幫助大家理解，我還是舉例說明吧。

在圖 4-3 中，白色矩形框裡的兩根 K 線，左邊為陰線，右邊為陽線，實體部分右側對應的數值為 413 和 412，看起來成交價格似乎是一樣的，但其實是不一樣的。

白色矩形框內的左側陰線表示，當時盤面實際成交價格為 412 元，這就是對「下陰」的理解。右側陽線表示，當時盤面實際成交價格為 413 元，這就是對「上陽」的理解。

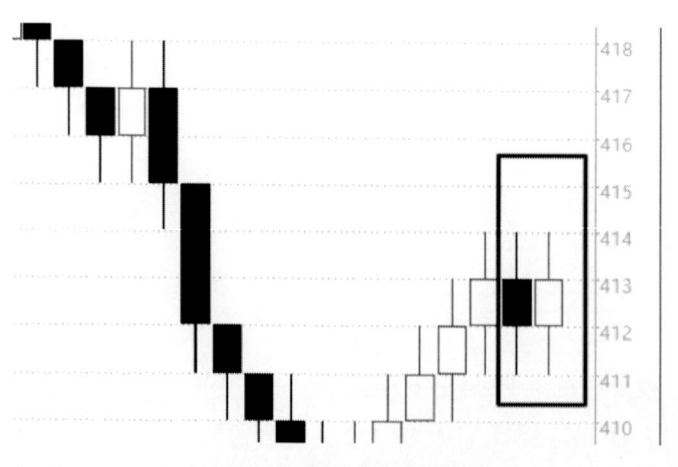

圖 4-3 並排出現的 K 線

第四章　裸K交易：獨創交易制勝法則

K線含義的簡單理解

注意我的措辭：「簡單」理解。K線博大精深，大家如果想把K線研究得透澈，建議好好啃一下《日本蠟燭圖技術》這本書。

1. 陽線的含義

陽線表示當前的成交價格，且該價格相對同一週期上一時刻的成交價格是上漲的。

2. 陰線的含義

陰線表示當前的成交價格，且該價格相對同一週期上一時刻的成交價格是下跌的。

3. 對K線的錯誤理解

在我接觸到的投資者中，90%的人對K線的基本理解都是錯的。這些人包括以下人群：在2014年至2017年，我通過微信和QQ私聊過的6,000多名投資者；我曾經組建的QQ群裡的2,000多名投資者；我認識的大概100多名做股票的投資者；我所加入的期貨大賽交流群裡的部分投資者。

我發現大家都認為：盤面收陽線的時候，意味盤面要走多，便盲目跟多；盤面收陰線的時候，意味盤面要走空，便盲目跟空。這是錯誤的理解。

在日常生活中，看見披肩長髮的人就認為是美女，看見留短髮的就認為是帥哥，會顯得很荒唐。但是在交易中，很多人就是這麼做的，還覺得這樣是正常的。

K線是投資者日常交易中頻繁接觸到的圖形，但是咱們很多投資者對這個最基本的知識點都不理解，就敢把十幾萬、幾十萬的資金往哪裡砸！

忍不住又嘮叨一下，交易這碗飯沒有那麼好吃，想賺錢還是腳踏實地好好打基礎吧。

K線的顏色僅僅表示兩個相同週期內的價格的相對高低。

比如：我們看5分鐘K線的時候，8點過5分，盤面成交價格為300元；8點10分的時候，收盤價如果為301元，則當前的K線為陽

線；8點10分的時候，收盤價如果為299元，則當前的K線為陰線。

K線是一種記錄每個時間段價格變化過程的方式。它的顏色僅僅表示相同週期內，兩個時間段實際成交價格的相對高低，跟接下來行情的漲跌無任何必然聯繫。

K線記錄的僅僅是過去。請深度理解這句話。

特殊的K線：十字星

在盤面中，除了常見的陽線和陰線，還有一種特殊的K線，它的實體部分的上下位置是重合的，意味著開盤價和收盤價重合。

圖4-4顯示了十字星。從形狀來看，這種K線很像漢字「十」，故而稱為十字星，在盤面中一般呈現灰色。

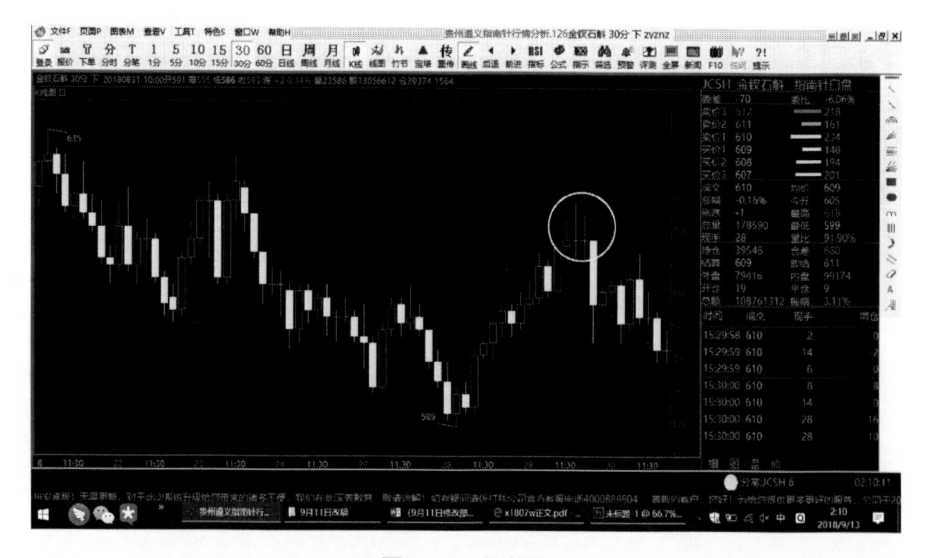

圖4-4　十字星

十字星表示在相同週期內，當前成交價格（收盤價）跟上一週期成交價格（收盤價）持平。

基於裸K補充的幾個細節K線知識

1. 套單點＝實際吃單點

一般情況下，上下影線對應的最高點或者最低點，卡掉1個最小波動單位。特殊情況下，即在影線刻度為0的時候，影線觸碰的位置即為

套單點。

2. 十字星的處理

十字星一般是套單點，陽中當陰用，陰中當陽用。

我做農產品現貨交易 5 年多，只看 K 線。我做交易的一切標準，如開平倉標準、補倉標準、移動止盈標準、支撐壓力位標準等，全部基於 K 線。

裸 K 的核心在「裸」，均線、布林帶、KDJ、MACD、成交量、盤口等均要捨棄。

本節是首次談 K 線。部分讀者看到前面的一些零星章節，也許會評價裸 K 是無安全帶的交易。對此，我不做任何評論。因為，此裸 K 非彼裸 K。

有意想深度學習裸 K 的朋友，最好把這一節背誦下來，尤其是基於裸 K 補充的幾個細節 K 線知識。讀者朋友可先背誦、記住，再理解。因為這幾句話是裸 K 交易尋找精確進場點位的核心理論支撐。裸 K 交易屬於策略性交易，有「X 進 Y 出」，比如「三進四出」，X 和 Y 的標準就是套單點。

什麼叫底倉？什麼叫頂倉？

在前文的「多個價位訂單如何按照價格指定轉讓」中，我假設了一個場景：手中持有 516 的多單、510 的多單、492 的多單。這個場景其實是真實的。那麼為什麼在出單的時候優先出 516 和 510 的訂單呢？這裡就牽扯到底倉和頂倉的問題。

什麼叫底倉和頂倉？這是一個相對概念。簡單說，當咱們在交易的時候，持有某合約多個價位的訂單，其中盈利較少的叫頂倉，盈利較多的叫底倉。

我在創立裸 K 平切交易體系的時候，不僅提煉了很多新詞語，並給這些新詞語賦予瞭解釋，也採納了一些老詞語，但是這些詞語的意思可能跟大家之前理解的意思不太一樣。如果想系統學習裸 K 平切，就

不要混淆這些術語，以免出現溝通的不暢的情況。針對底倉和頂倉的解釋就是上面描述的這樣。

有人會問：如果我手裡有多個價位的訂單，都是虧的，這該怎麼算？這個叫違背紀律，破位不止損，還補倉拉均價。

頂倉、底倉的概念，在裸 K 體系中僅適用於盈利狀態。

頂倉、底倉如何出單？

「保底出頂」的意思是，如果是分批次出單，先出頂倉，後出底倉。

為什麼？因為交易充滿著未知。保留底倉，當後市有利於我們的持單時，可以讓我們的底倉獲得更大的利潤，當後市不利我們的持單時，可以降低我們的預期風險。

裸 K 交易準則很多，其中一條準則就是無態度交易，即不要對盤面走勢、方向有任何的預期和態度，不要證明自己是對的。在交易的時候，一旦主觀認為自己是對的，其實已經錯了。

交易感悟和體會沒啥可爭論的，無關對錯，只關乎盈虧。

不要用錯均價的使用場景

在裸 K 交易體系中，均價的使用場景有以下三個地方，大家可別弄錯了。

（1）結算價、均價及昨結。

如圖 4-5 所示，在行情分析客戶端右側，即在「成交」536 右側有個「均價」，此均價為非加權的平均數。同時，在下面也有「結算」537，右邊是「昨結」551，昨結表示前一個交易日收盤時候的結算價。結算其實也是一個平均數，只不過這裡為加權平均數。

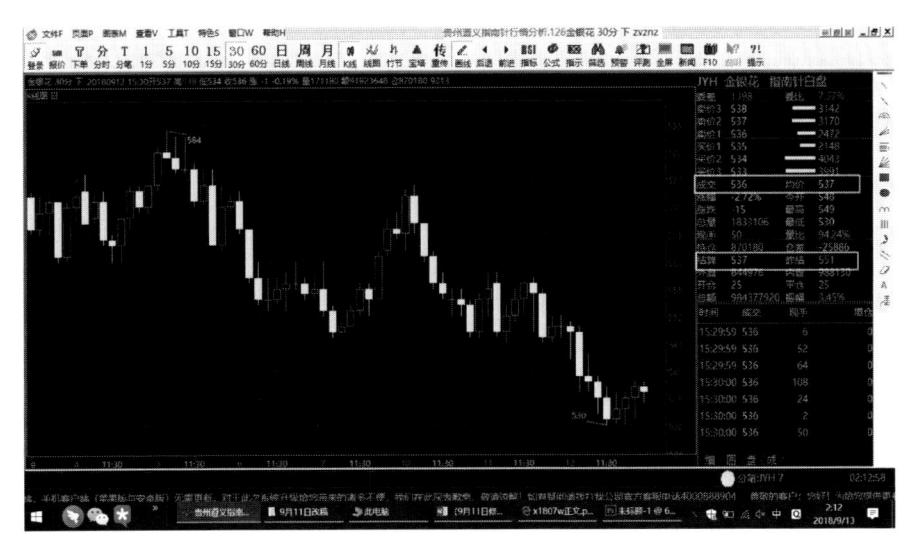

第四章　裸K交易：獨創交易制勝法則

圖 4-5　均價和結算價

　　一個合約次日的漲停板和跌停板計算，是以該合約當天收盤時結算價為基準，上下浮動一定比例。農產品現貨領域一般為7%，也有10%的市場，每個市場各不相同。

　　需注意兩點：①均價和結算雖都為平均數，但有時候是一致的，有時候是不一致的；②計算漲停板和跌停板應該以「結算」這裡的平均數為準。

　　（2）新高、新低指標中的均價。

　　裸K中有個專門用來做趨勢逆轉的指標。當一個合約突破新高或新低，持續收陽或收陰時候，投資者根據均價的變化佈局訂單。新高或新低中說的均價實則是結算價，也就是加權平均數，並非成交後面的均價。

　　（3）均價指標。

　　現有的裸K技術指標中，有個均價指標。這也是很多投資者容易忽視的一個指標。均價往往會跟反洗點位重合。均價指標中的均價，並非盤面中可以看到的一個參數，而是基於兩個臨近的套單點折算而來。它實際上是散戶被套不止損反而補倉拉均價所形成的一個數值。

　　這一部分最重要的一點：不要弄錯均價的使用場景。

裸K中的支撐位和壓力位

支撐位、壓力位,統稱阻力位。
什麼叫支撐位和壓力位?
若一個合約在上行的過程中,走到某點位,無法繼續順暢上行,出現停滯現象,那麼該點位就稱為壓力位。
若一個合約在下行的過程中,走到某點位,無法繼續順暢下行,出現停滯現象,那麼該點位就稱為支撐位。
在裸K體系中,阻力位的形成大部分是因為有套單。注意我的措辭,是大部分,不是全部。

裸K體系中的10大阻力位尋找方法
截至目前,在裸K平切交易體系中,共有10大阻力位。它們分別為:長陽夾陰、30分鐘收短、新高新低、反向洗單、交叉洗單、均價、前頂前底、漲停板跌停板、歷史最高價最低價、回馬槍。
回馬槍的標準還未完全形成。但是通過我個人一年多的實踐,我認為假以時日,我們是可以對回馬槍進行標準固化的。
比較難以駕馭的阻力位有哪些?
排除回馬槍,上述阻力位比較難以駕馭的是均價、新高新低以及交叉洗單。
均價和新高新低的難點在於它們是非可視化的。交叉洗單的難點在於必須淡化交和叉的位置,也就是說,一旦投資者關注交和叉的位置,這個阻力位就用不好,這也意味著他們沒理解刀叉的核心意義。

支撐位和壓力位的預判
裸K唯一的參考標準為K線。K線僅代表過去,除了新高新低之外,所有的裸K阻力位也僅代表過去,但是我們在實際交易的時候面對的是未來。故而我們需要透過過去看未來,也就是預判阻力位。在這個過程中,投資者需要把所有阻力位的判斷方法全部忘掉,因為投資者必須透過現象看到本質。裸K最難的地方在思維的轉變。
這讓我想起電影《中國合夥人》中,孟曉駿跟王陽的一段對白:

「口語的核心是什麼？不是表達，是思維。」

之所以說裸 K 學習的難點是忘掉所有阻力位的判斷方法，因為這意味著在咱們投資者腦海裡，僅留下了「套單」「洗單」四個字。這四個字才是核心所在。此時，投資者才深度明白了盤面運行的內在邏輯、散戶虧損的思維形態、盤面盈利的充要條件……

理解裸 K 的過程其實是一個「殺死過去的自己、鳳凰涅槃」的過程。這個過程很痛苦，因為思維的改變或者說提升很難。即便如此，對於正在經歷蛻變痛苦的人而言，始終是幸福的。因為還有很多人，把尋找阻力位、尋找進場點位看成裸 K 學習的全部。他們會更痛苦，因為他們始終無法觸碰蛻變之門，會長時間停留在虧損狀態。

賺錢不難，盈利不易，且行且珍惜。

破位和不破是什麼意思？

本部分所聊內容僅僅針對裸 K 平切交易。

破位和不破

破位和不破是針對上文裸 K 中的支撐位和壓力位中提到的 10 大阻力位而言的。當阻力位突破稱為破位，反之稱為不破。

在大部分農產品市場，當單邊手續費和最小波動單位為 1 個點的時候，破位標準為 4 個點。若後期市場交易規則發生變化，破位標準也需要調整。

30 分鐘破位

如果我們用 30 分鐘 K 線交易，就必須等 K 線收完再決定。現貨江湖上有人提了這麼一個問題：30 分鐘收短，止損時要等 30 分鐘 K 線收完，有時等 30 分鐘收完後的點位離止損點位差好幾個點，比如 30 分鐘收完後到止損點位是 10 個點，這時止損對心理有影響，這種情況該怎麼辦？

一位網友舞浪回答：應堅決按策略進行止損，使用這個標準就要接受執行它的結果，但可以在使用中不斷優化策略。

舞浪的回答正確，不僅是 30 分鐘收短，只要是用 30 分鐘交易，均需要按此標準執行。同理，若用 30 分鐘做突破進場，投資者也需要等

30 分鐘收完再決定。

有效突破和突破

我們平時經常聽到「有效突破」這個詞語。在裸 K 平切交易體系中，不存在有效突破和突破之分，只有不破和破位之分。

什麼叫極限點位、秒殺點位？

秒殺點位只有一個。

在裸 K 平切交易體系中，有兩種進場方式：一種是假設性進場，一種是突破進場。

假設性進場又稱為極限點位進場，簡稱極限進場。

在用 5 分鐘 K 線進行交易的時候，最佳理論進場點位是極限點位，或者說秒殺點位。極限點位和秒殺點位是一個意思。

什麼叫極限點位？所謂極限點位，是指某阻力位破位和不破之間的臨界點，是一個具體的數值。比如某合約套多點為 400，該合約手續費單邊 1 元，雙邊收取，最小波動單位為 1，那麼如果我們佈局空單，極限點位則為 403，403 是最佳進場點位。一旦該合約收盤價在 404 或者 404 上方，就意味著破位，投資者就需要止損。

極限點位的缺陷：所謂極限點位的缺陷，其實不是缺陷，而是指我們的儲備不足。其表現為，當我們踩著極限點位進場，要麼不吃單，要麼進場止損就掉頭。

不吃單的解決辦法有兩個：一是復盤。由於每個合約在極限點位的表現形式不一樣，我們可通過復盤解決。二是改變進場邏輯。我們可先確定止損點位，再確定進場點位，依據自己的承受能力，設置預期止損點，比如套單點 400、接受 2 個點的止損，進場就是 402 並接受 3 個點的止損，以此類推。

進場止損掉頭通常是由於投資者眼界太窄，看的套單點太少，其實只需要對臨近的套單點進行合併即可。

極限點位的踩點經常出問題。其主要原因還是投資者復盤太少，急於進場賺錢，缺少知識儲備，所以，我建議投資者還是多下功夫來復盤。

第五章

學員感悟：
學習裸K交易收穫了什麼？

第五章　學員感悟：學習裸 K 交易收穫了什麼？

　　本章內容是我的學員學習裸 K 交易的一些交易感悟。每個人都可以從他們身上找到共鳴，因為別人就是自己的一面鏡子，可以照出我們自己在交易中所犯的錯誤和所走的彎路。

　　對於正在閱讀本書的您而言，區別僅僅在於針對某個知識點的領悟，是通過 1 筆交易還是通過 10 筆交易來領悟；是用 1 萬元還是用 10 萬元來領悟；是用 1 個星期還是 1 個月來領悟。

交易是一個看待盤面、審視自己、定格人生的過程

◎月光

　　南懷瑾參禪悟道提道：「佛為心，道為骨，儒為表，大度看世界。技在手，能在身，思在腦，從容過生活。三千年讀史，不外功名利祿；九萬里悟道，終歸詩酒田園。」

　　我做現貨兩年多的感受是：「點為一，線為勢，客觀待盤面。術可學，道須悟，主觀毀人生。盤面漲跌兩一夢，不以重倉賭明天；冥河擺渡千萬劫，守住本心渡新生。」

　　我一直都對漲跌的數字感興趣。當然，我最先瞭解的還是大眾所熟知的股票，於 2014 年年底開戶進入股市。在牛市中，至 2015 年六七月份，我還虧了一部分。我感覺缺少一個方向，難道就沒有兩頭都可以去追求的盤面嗎？

　　在網絡上搜索「期貨」二字時，我在無意之間搜到了盤思動的入門視頻，看了之後感覺還可以，認為這個視頻教了自己很多知識，有一種填補了交易空白的感覺。

　　於是，我在 2015 年 7 月底正式開戶，開戶後拿了點錢試水。我的第一筆交易就賺了點，那時候看的是 5 分鐘 K 線，如果沒記錯的話，應該是買的鬆茸。第一次賺了幾十元，我興奮得很。然後，我便在漲漲跌跌中熬著。

　　2015 年國慶節，出現了我記憶最深刻的一次扛單經歷，那個國慶都沒有過好，我就為了幾百元在哪裡套著。國慶節後，我還是以幾百元

的割肉代價離場了。

在 2015 年感恩節，我獲得了盤思動給我的第二份禮物（如果入門視頻算第一份的話），以抄寫基礎知識五萬多字換取後面視頻的觀看權。記得在那之後的幾天，我大概花了一週的時間抄寫，有時候抄寫到晚上一兩點，有兩天早上五點多就起來抄寫了。那時候給我的感覺就是，只要拿到後面的視頻，我就可以盈利了，我必須全力以赴。

拿到視頻後，我在過年前看完了視頻，覺得技術好棒，感覺找到了制勝的法寶。在看了兩遍視頻後，我就想肯定沒問題了，結果還是持續虧損。

我主要的問題就是批量不恆定，喜歡扛單，認為資金量小，就隨便整，想把做盤變得有藝術感，想直接脫離技術的規則制度制約。一頭豬也能上天，那是因為它站在了風口，然而它沒有考慮過怎麼下來！我就是一直在做這樣的一頭豬，持續性主觀進場，間歇性重倉突襲。雖然我偶爾可以狙擊一兩次，但是正面戰場的防線根本守不住，節節敗退，潰不成軍。

心被打殘了，我就開始懷疑自己是否適合做交易，也開始懷疑人生，為什麼學了那麼多技術，還是沒法盈利？然後，我就間歇性地停盤，停過三四次，每次半個月或一兩個月不定。每次停盤後重新入市我都可以持續盈利一段時間，然後就是信心爆棚，接著繼續虧損。我有歸零重徵的霸氣，卻沒有直面自己的勇氣，注定毫無改觀。

後來，我持續參與盤思動的讀盤活動、盤遊記活動，不斷地走向技術之路，卻越來越遠離了藝術。交易就是一個看盤面、審視自己、定格人生的過程。盤面資金的不溫不火和自己內心的興奮產生了極大的矛盾。「快就是慢、慢就是快」的感覺開始交織打轉。

從 2017 年 2 月到 9 月，我一直處於停盤階段。最近回來操作，我的心態平和了許多，也更能看清自己了。比如有一次我賺了 30 個點，很興奮，但是不知道接下來該怎麼做，就在群裡和刀哥說賺了 30 個點了，都不知道為什麼？他說看著就好了。我當時完全是蒙的，根本不知道他所謂的「看著就好了」是什麼意思，現在才知道，那就是只要找

第五章　學員感悟：學習裸K交易收穫了什麼？

好自己最終的離場點位就好了，不用管它怎麼走。

我開戶炒股的時候，就開始學習圍棋，但是兩年來一直沒有任何進步，每次都想追著吃別人的子，認為吃得多就是贏。在進一步學習後，我才知道，圍棋主要是圍地，圍地越多，勝算越大。圍棋取勝的關鍵不在於技巧，而是你一子，對手一子，輪流下，關注對手，守住自己，這才是生存之道。你圍一方地，別人也要占一方土，不可能什麼都是你的。

回想這兩年多的交易，我發覺不就是同一回事嗎？以前，我總是在找尋「漲跌通吃」之法，但學不會放棄。這可能就是捨與得的真諦吧。

盤思動給我印象最深的一句話可能就是：有道無術，術可求也；有術無道，道不可求也。術是途徑，道是歸屬，有了走過的路，才能找到回家的道。

我虧錢是因為太想賺錢了

◎穩穩的幸福

我遇見現貨，就像情竇初開的少女遇見了心儀已久的夢中情人。被傷得體無完膚後，我依舊不願捨棄，只想能有守得雲開見月明的一天。

沒有盡早認識小刀大叔是我的遺憾。如果沒經歷過無數次挫折，也許就不會瞭解小刀大叔的每一篇文章有多用心。他肯把自己用真金白銀堆出來的經驗毫無保留地分享是多麼難得！我僅見過他一人敢把虧損的單子拿出來曬的。

能與盤思動相識，是我幾世修來的福緣。不僅僅是因為小刀大叔組織的讀盤，讓我明白為何會虧，讓我知道怎樣控制虧損，最重要的是，我在他身上見到了最可貴的人品。即使不做現貨，能認識盤思動的人，也不枉此生。

初識現貨，是在朋友的家裡。

看到他在電腦上操作，各種紅紅綠綠的線，據說，他只要輕點鼠標，就賺了錢。於是，我知道了這叫現貨，腦中自此就烙下了「現貨」

兩個字的印記。

2013年夏天，我因腿傷在家休養，很自然地想起了久違了的現貨。

現貨投資的辦卡、開戶很簡單。我去公司學操作，公司工作人員告訴我如何買進賣出。我在現場操作了一批，成交後便馬上掛單賣掉，只用幾秒鐘的時間就完成了一次交易。這賺錢也太簡單了！我便做起了財務自由的美夢，直接回家自己操作。在當時不懂任何K線知識的情況下做了幾個月，我竟然每月都有幾千元的收入。

那時，我做盤的原則是：賺錢就跑，即便虧了也不出。結局已經注定……引用小刀大叔的一句話：現貨交易，就是100-1＝0的事兒。

終於，這一天悄悄到來了。壽光的生姜在500多點時，我感覺價位已經夠高，開始做空。我在被套後繼續補倉，想拉均價，便一路加倍補著。我心想：保證金不夠了就再入金，不能讓它爆倉，我就不信它能一直漲！結果，生姜一路飆升到了800多點，我的內心開始動搖，便咬牙出掉了一部分。堅守了幾天後，生姜飆升到900多點，我猶豫後直接全部出場。後來，生姜好像漲到1,200點左右。看來還有比我能扛的！

是誰說的物極必反，久漲必跌？哪有這回事兒！我反省了一下，不怨任何人，只怪自己為何敢在啥都不懂的情況下去做現貨。

自此，我開始了現貨的學習。我從基礎學起，學一種，就試著去用它。一旦獲利，我就會很興奮，以為發現了必勝絕技。

但指標的學習運用並沒有帶來期盼的效果！我又經歷了一次次的指標運用失靈。就這樣又過了半年，算算又虧進去3萬多元，我還是沒意識到問題出在哪裡。

這段時間，我遇見了一位炒現貨的網友。他告訴我，可以教我一種指標，只需按指標提示買賣即可，收費1萬元。有那麼好的事兒？我覺得，真有這樣的方法，1萬元簡直太值了，便想把他請到家裡現場演示幾次操作。他說：「那行不通，進場要等機會，不是想進就能進。再說那指標就是一層窗戶紙，一捅就破，一看就懂了，你怎麼會再花錢學。」

最後，經過近一個月的聊天，我花5,000元請這位朋友來家裡現場演示。他拿我虧損過的生姜做驗證，用他找出的指標進場，和我上次的

第五章　學員感悟：學習裸 K 交易收穫了什麼？

批量相同，結果賺了個盆滿鉢滿。用他的話說：不要重倉，就把壽光當個提款機，隨時取點零花錢就可以了。可是據我所知，這哥們在換了幾個市場後，最後也不再做現貨投資了。想想老師自己都用不好，我還能怎樣。他之前推薦的指標最後依舊是虧的錢多、賺的錢少。

我始終徘徊在技術的學習層面，一直在市場中摸索，妄想找到規律竅門，卻沒有意識到現貨市場的本質：再牛的指標也抵不過扛單不止損的一次虧損。

2015 年，我認識了一位做海川的朋友，覺得他做得不錯，至少不怎麼虧，就在他朋友那裡開了個戶，跟著他學現貨，一直到 2016 年。值得一提的是，在他那裡這麼多年來，我第一次聽到了「復盤」兩個字，可是怎麼復，卻沒人告訴我。

雖然我一直虧，但從不認為現貨是騙人的，覺得現貨是很公平的交易，只是自己沒找到門路罷了。

直到有一天，我知道了小刀大叔，知道了盤思動，看到了有關止損的文章，我的心被觸動。

2016 年 5 月，我終於找到了一個盤思動的群，群名叫「一群不想被現貨搞的人」，便急忙加了進去。進群後，我就說想學現貨知識，但那時候小刀大叔正在錄製第三版視頻，盤思動工作人員也很忙，沒注意到我。

小刀大叔的學生（就稱他為小 A 吧）和我打了個招呼，我就跟他聊了起來。沒有任何的回報要求，小 A 就發了一套小刀大叔的第二版的視頻給我。當時，我的電腦打不開視頻，我只能看文字版，便一口氣把文字版看完了，有種完全刷新觀念的感覺！

讀後，我真心覺得自己簡直就是啥也不懂。對於現貨零和博弈的特性、主力盈利的需求和散戶虧損的原理等，我從來都沒有接觸過，玩了這麼多年的現貨，我一直認為做多的人多就會上漲，做空的人多就會下跌，原來完全反了！

為了回報小 A，我在他那裡開了個匯港的戶，知道了裸 K。那時，我覺得小刀大叔就是神一般的人物。沒多久，盤思動第三屆讀盤活動開

始了。我很想去參加，但由於貸款的壓力，我沒去成。

記得當時，我給小刀大叔在微信上發了個信息，說的就是想參加可是參加不了。他告訴我不要急。眼看著讀盤的優惠活動就要過期，考慮再三，我問小刀大叔能不能給他分期付款，他說永遠為我保留半價的優惠。就這樣，又過了幾個月。

這段時間，由於不是小刀大叔的客戶，更不是視頻購買者，我連一個小小的問題都不敢向小刀大叔提。小刀大叔在群裡開過幾次群視頻講裸K知識，我都不敢去聽，因為覺得那是在偷師學藝。

就這樣，我在群裡悄悄地關注著小刀大叔，瞭解著盤思動的一切。不知道怎麼形容小刀大叔，我就用一個字表達：正！

眼看著第三屆讀盤人員的飛速進步，我等來了第四屆的讀盤籌備的消息。我幸運地以半價拿到了第三版視頻，記得當時對小刀大叔說了一句話：我承諾一定會好好學的，要對得起您的付出，也要對得起自己。他回我：主要是要對得起自己！

讀盤尚未開始，我先進了大炮的踐策營。當我準時來到好視通聽大炮的復盤課時，我竟然完全聽不懂。當時，我無力地扶額，心裡堵得說不出的難受，那感覺無以言表⋯⋯

2016年11月底，第四屆讀盤開始了，我被分到了彩虹隊長的小隊，開始正規地學習裸K。彩虹隊長有難得的好脾氣，耐心地為我們點評每一筆訂單，讓我們知道哪裡對，哪裡不對。

這時，我最常聽見的就是「復盤」兩個字，總感覺復盤是很高深的事。由於初識裸K，基礎知識極其薄弱，我對復盤有一定的畏懼感，始終覺得要能看懂K線才可以去復盤。直到後來比我晚來的讀盤人員都開始復盤了，我再也忍不下去了，試著用自己能看懂的裸K指標去粗略地復了一個指南針的白茶。結果，我驚奇地發現，不多的幾次進場，竟然是獲利頗豐。

於是，我跑到群裡去嘚瑟，小刀大叔很高興地說：「你終於開悟了啊！」我說：「本來想能看懂K線才去復盤的。」他說：「是該表揚你謙虛謹慎呢？還是該批評你懶呢？那不是和等到瘦下來再去減肥的道理

第五章　學員感悟：學習裸K交易收穫了什麼？

一樣。」

　　認識了盤思動、小刀大叔，知道了裸K平切交易系統，我才知道以前的虧損都是白虧了！虧損不可怕，怕的是虧得毫無價值。

　　2016年12月初，彩虹隊長組織了一期復盤。

　　隨著復盤學習的深入，我對裸K平切交易系統的印象一點點加深，慢慢地終於能聽懂別人的復盤，並且也能完整地復盤下來，雖然有時我還會發蒙。

　　我按照老虎嶺的規定，制定策略，並執行策略，第一次感到原來止損可以如此簡單。那段時間，我最驕傲的是自己的執行力還不錯。

　　眨眼間，三個月過去了。這段時間，雖然我的實體生意極其不順，但現貨這裡似乎沒什麼重大事件發生。我的帳戶資金基本屬於持平狀態，再無重大虧損出現。

　　2017年2月底，因為各種客觀原因，我終止了我家店面的租賃合同。老公那邊新開幾個月的店沒多少盈利，我這邊暫無收入。我比誰都急著賺錢。

　　由於我的時間不規律，便申請了休假。沒有了約束，我在時間不允許的情況下急躁冒進，做了幾次單子。結果很糟：我錯過了止盈時間，錯過了止損點位；在止損增大時，我乾脆看下個阻力位，盈利減倉，回調急急補進，均價不捨得平出，又吃掉了所有的利潤，最後虧損。

　　那時，我看著手裡的單子，想的不是虧了多少錢，是怎麼面對彩虹隊長和小刀大叔。我有些失控，急於把不大的虧損補回來，結果只能是越來越糟。如此，惡性循環了約一個月。

　　我想起彩虹隊長的話：歸根究柢是你太想賺錢了，等得心焦總比虧得心碎要好。

　　2017年5月，小刀大叔開始撰寫《裸K交易員手把手教你：農產品現貨投資》，我也開始手抄。在抄寫過程中，我對有些東西加深了理解，有些東西還是似懂非懂。此時，我已經可以很輕鬆地做出二三十個點差單子的策略。

　　2017年8月，盤思動的線下交流開始籌備，我在第一時間報名參

加，不曾想臨行前，家裡有了急事。忙完家裡的，我一刻沒停一路直奔線下交流地。如果錯過這次交流，我覺得會遺憾終生。線下的朋友們為了等我調整了課程，在此致歉和致謝！

線下交流給我的感受是：我的水準還遠遠不配接受小刀大叔的指導。由於與其他學員差距太大，且交流的信息量太大，我不能將其融成自己的思維。

線下回來，我不知該如何突破自己。

在這期間，我抄完了《裸K交易員手把手教你：農產品現貨投資》的教程，感悟很深，為自己的無知汗顏，一直都是不知道自己不知道，一直都自以為是，覺得自己知道了。知難行難，知易行難，知難行易……

慢慢地，我終於不再把執行當作問題，終於不再羞於亮自己的虧損單子，終於沒有了做盤的慾望，終於學會了空倉，終於可以在開盤時不看盤不覺得難受了。

自進入現貨行業以來，我犯盡了該犯的、不該犯的錯，走盡了該走的、不該走的彎路。只願看到此文的朋友，哪怕因此能少走一點點彎路，也是在下之幸。

再說下我對小刀大叔的看法：有所為有所不為；俠肝義膽，救無數瀕臨絕境之人於危機之中。

能認識小刀大叔，三生有幸。

這是一個顛覆交易者三觀的地方

◎人海孤鴻

初識現貨，是在2013年。那時正是我人生的低谷：投資失敗、病痛折磨、沒有工作、家庭危機……好像所有的不幸都衝著我這個已過而立之年的中年大叔來了。在這危難關頭，在一次閒聊中，一位新朋友向我講述了他曾經做過現貨交易。我在這之前一直未聽說過這個行業，當時就覺得很神奇，好像發現了一座金礦。雖然我當時隱約覺得很難，畢

第五章　學員感悟：學習裸K交易收穫了什麼？

竟挖礦也是很辛苦的，但還是忍不住想試一試。在我的再三請求下，那位朋友終於答應教我。

經過朋友的指點，我很快學會了如何看K線、如何買進賣出、如何使用均線、布林帶，便開始獨立交易了。

「山重水復疑無路，柳暗花明又一村」，這是我當時的內心寫照。然而事與願違。有時，盤面看得還算準，但只要單子一進場，就像中了魔咒一樣反著走；止損出場吧，盤面立馬掉頭；不止損吧，一定被套割肉。我總感覺有一雙無形的眼睛盯著我的單子。

「新手嘛，技術不到家，賺不了錢正常的。要是那麼容易賺錢，天下就沒有窮人了！」我這樣安慰自己。

接下來的時間，我在網上瘋狂搜集教程，反覆學習，如移動平均線、布林帶、MACD、KDJ、BBI等，甚至還花錢買了某大神自創的紅綠多空指標。

經過兩三個月的自學，我自以為準備充分了，待到交易時，還是不行。於是，我就看一個指標進場，當虧了幾個點或賺了幾個點時，忽然看到另外一個指標變了，就開始猶豫，便再看一兩個指標做參考吧。想出場的時候，我就告訴自己KDJ顯示該出場了；不想出場時，我就告訴自己紅綠指標走勢良好。

就這樣周而復始，當時，我根本就意識不到自己的錯誤，更不知道這些錯誤的嚴重性，只知道自己不僅沒能賺錢，本金也在迅速縮水。教我的那位朋友也沒法教了，因為此時他懂的指標遠遠不及我了。慢慢地，我心裡對現貨的熱情逐漸消散，交易逐漸減少，並擱置了。

記得當時，我逐漸放棄的原因不是虧怕了，而是不能賺錢。在做現貨的這段時間，我並沒有虧多少錢，不是因為我強，而是因為我窮。

轉眼到了2015年，瘋狂的日子到來了，股市出現了久違的牛市。看到身邊的朋友們天天喊著賺錢了，我忍不住開了戶。股票與現貨，雖然投資品種不同，但原理是一樣的。那時的我在股市裡殺紅了眼，不斷地追漲殺跌，即使是牛市，一樣沒有賺錢。

後來，我加入了一些股票群，便跟著哪裡的大神操作，狀況才發生

了改變。然後，我真把大神當成了「神」，天天跟著買牛股、拉漲停。當時，我感覺賺錢如此簡單，找一個高手帶盤就可以了。

可是好景不長，在一次千人拉漲停活動中，我們全倉殺入某只股票，當天晚上該股宣布停牌……等到復牌時，股災 2.0 都過去了！之前夢想中的一字板果然出現了，不過是向下的，我十幾萬的本金腰斬出場。

我仍不甘心，再次想到了現貨，心想現貨雙向操作，沒有牛熊市之分，比股市強多了。不過，此時的我，比以前謹慎多了，意識到了自己還差很多，一心想學習，卻苦於沒有學習的門道。我曾看過很多書，如《期貨市場一年 100 倍》，覺得還是沒有學到實際的交易方法；找過很多代理商想要向其學習，但都被婉拒；還找過很多渠道學習，但沒有學到實際的東西，因為這些知識都是零散的，不成體系，無法使自己的交易盈利。

也許是我的誠意感動了上蒼，在某現貨群的一次潛水學習中，遇見了一位牛人，看了他對盤面的分析、策略制定、交易結果，當時驚呆了！這不是我夢寐以求的技術嗎？於是私聊向他請教，在他的指點下，我才進入了盤思動參與讀盤，認識了小刀大叔和一群志同道合的兄弟姐妹們。

盤思動，一個「顛覆三觀」的地方。在這裡，我才知道了之前所知道的和使用的哪些是對的、哪些是錯的，才知道了什麼是策略、復盤、資金管理、做盤紀律、交易系統等，懂得了很多現貨之外的人生哲理，讓我的現貨學習修行之路進入了正軌。

我和大多數散戶朋友一樣，經歷了幾個階段：瞎折騰、高手帶盤、系統學習、獨立交易。

現貨交易，不僅僅需要技術，更重要的是交易者的綜合素質。一個人的誠信、謙卑、狂妄、貪婪等會毫無保留地體現在交易中，甚至被無限放大。人性固有的缺陷，會為我們以後的交易道路上留下許多看不到的坑。我們除了需要不斷找出自己的弱點並克服它，還要不斷完善自己，否則在交易中和生活中，不一定是敗給了市場和敵人，而是敗給了

第五章　學員感悟：學習裸K交易收穫了什麼？

自己！

　　由於本人生性駑鈍，至今還未能實現穩定盈利，但這並不能成為我放棄的理由。如今我已深深地愛上了交易。交易之道，人生之理，且行且悟吧！

　　在交易的路上，幸有盤思動的陪伴，它雖然不能阻止我們一次次跌到，但能讓我們一次次地爬起來，並且給我們指明前進的方向！

交易的核心不是技術，而是交易者本身

◎黃河水

　　很早以前，我就知道《人生七年》——一部從1964年堅持拍到2012年的紀錄片。且不說片子有多好，單論這份堅持，就讓我敬佩不已，因為我缺少這份堅持。

　　從小到大，我並沒有多麼堅定的毅力和多麼崇高的理想，更不用提什麼系統的人生規劃。於是，我渾渾噩噩地度過了學生時代，糊裡糊塗地參加了工作，直到為人父後，突然覺得責任好重、壓力好大，一份工資根本不足以維繫家裡的開支。於是，我接觸了現貨，開始了另一種生活。

　　現實中的交易和我的初步印象並不一樣，在我對其一無所知的情況下，我勇敢無畏地跳進了交易的無邊海洋裡。然而，一個浪頭接一個浪頭，把我打擊得喘不過氣。

　　在茫然的失落中，我開始尋找交易江湖裡的大牛。一個偶然的機會，我認識了小刀大叔。這是一個和我年紀相仿，卻已開宗立派的「80後」。我一直認為，並不是小刀大叔的技術有多牛，而是他已然建立了自己的體系、思維邏輯、規劃佈局。在這之前，我從未想過交易還需要上升到生活的高度，每一筆、每一天的交易其實是一個整體，並不能孤立地去看待。

　　2015年聖誕節前的一天晚上，QQ上的一個群突然炸鍋了，我一看，原來是小刀大叔為一個僅有一面之緣的朋友挺身相助，而小刀大叔

的那位朋友給別的交易者提供建議，結果導致虧損擴大，變成扛單，虧損的交易者前來討要說法。當時，為了不發生額外的事端，小刀大叔自願掏腰包出 2 萬元平息雙方的憤怒。

我覺得作為一名交易者，不管別人什麼意見，自己操作帳戶，也只能盈虧自負。那晚，我覺得他這個人挺仗義。

2016 年，我參加了盤思動的第二屆讀盤，也進一步瞭解了裸 K 理論和技術，覺得盤面還可以這麼理解，簡直太透澈了。漲漲跌跌，虧虧賺賺，我都可以明明白白、清清楚楚。那時，我自以為找到了交易的竅門，認為有這技術，何愁賺不到錢，實現不了願望？

在接下來的實踐中，小刀大叔反覆強調交易的重心不是技術，而是交易者本身，要術道同步，不可偏廢。但那時的我，術不精、道不正，早已偏離了交易的核心，在實際操作中隨心所欲。終於，有一天，我挨了一頓罵，小刀大叔把我罵得狗血淋頭。

2017 年，我來到長江邊，在那裡待了半個月，小刀大叔和我們一群志同道合的道友把酒言歡、談術論道。那半個月，時間過得很快，我們的收穫也很多，不只是交易層面上的，更有信念上的，知道了以後的路怎樣走。我明白了自己還有很多不足，還沒有形成獨立的交易模式，也沒有做到勤習術、常悟道。交易對我而言，依舊是一招一式，停留在技能層面，謀略、格局和本能依然沒有隨心而生。

三年時間，我從一個新手小白成長為一個初識交易的交易員，經歷了多次爆倉和虧損，也嘗到過數次本金翻幾倍的甜頭，但終因自己的貪婪和私欲，讓資金曲線值起起落落，沒能臺階式的穩步上升。但在這三年時間裡，我初步理解了交易的術和道，也知道了自己的問題所在，基本上算學有所獲、習有所得。在未來的四年裡，我會按計劃堅持下去。

人生七年，只要堅持，就有希望。同行的道友，讓我們一路學習，謹慎總結，實現最初的夢想，在生活的天空上掛上屬於自己的彩虹。

第五章 學員感悟：學習裸 K 交易收穫了什麼？

如何才能在市場上活得久一點？

◎ 寶哥

我剛接觸交易是 2014 年。當時，一個朋友在做股票交易，我感覺做股票交易比傳統生意要輕鬆，不用考慮店鋪位置、租金、客流量等問題，就去網上瞭解了一下。

但那時我沒有付諸實踐。我真正開始交易是在 2015 年，那時候全民炒股熱，當時大盤好像在 4,500 點左右。看見好多人賺錢，我耐不住寂寞，開戶交易。當時，我什麼也不懂，憑在網上瞭解的各種指標、均線的用法以及各種消息，就開始干了。雖然投入不大，但我還真賺錢了。

但是好景不長，在大盤 5,000 多點回落的過程中，我把賺的錢虧沒了，也損失了一部分本金。

我感覺股票只能買漲，不能買跌，如果一直跌，那豈不是一直虧？聽朋友說期貨可以做多也可以做空，在 8 月份的時候，我正好抓了三個漲停板，便收回了本金。自那以後，我就沒再交易，就去網上搜索了一些關於期貨的資料。

在搜索的時候，我瞭解到期貨風險很大，現貨風險稍小一點，就想著先做現貨。我在網上搜到了盤思動，看了小刀大叔寫的基礎知識和一些文章，感覺挺靠譜，就聯繫了小刀大叔。

2016 年 2 月，我正式加入讀盤大軍，感覺自己很幸運在沒有較大虧損的情況下就結交了小刀大叔。

通過一點一滴的學習，我瞭解了交易的風險性和不確定性。在這個風險與利潤並存的市場中，我們能做的只有規避風險、固定標準、執行標準。交易是不斷知錯、認錯、改錯的過程，「知」「認」「改」這三個字背後包含了思維和人性方面的東西。

方法在交易中所占比重比較小，交易的難點在於人，因為交易是由人來完成的，是人就有人性，人性的貪婪、恐懼、僥幸等弱點在交易中

都會體現出來，而且還要被放大。我們只有不斷進行思維升級，規避人性弱點，才有可能在市場中活得久一些。

我越來越感受到自己的渺小，對市場的敬畏之心越來越強。只有不斷地向市場學習，我們才能有所進步。交易之路就是學習之路，希望在學習的路上與您共鳴。

交易是一個不斷發現錯誤、改正錯誤的過程

◎好心奴隸主

我是盤遊記第四期學員，跟大家分享一下我的現貨交易經歷。

2014年的時候，一個朋友開了一家現貨黃金的代理公司，邀請我去上班，從此我接觸了現貨這個行業。一開始，公司讓我做業務，沒過兩天，操作人手不夠就把我轉為了交易員。

現貨黃金除了結算時間和集中定價時間外，白天和晚上都在交易，而且一般只有國際節假日才休市。

在這裡，交易員是不需要自己思考，因為公司依靠大智慧軟件，有一套自己的固定做盤標準，只需要簡單機械化執行即可。至於能不能掙錢那就不是交易員需要擔心的了，即使交易員有心想給公司多創造利益，也沒有那個能力。在這個行業裡，我是一張白紙，連止盈、止損的含義都不知道，更別提指標或其他的了。

公司裡的操作人員基本上和我一樣。後來，隨著時間的推移，我慢慢接觸到了一些基礎知識，也通過百度瞭解了一些技術指標。

幾個月後，部門主管想自己開個帳戶試試，問我有沒有這個想法。通過瞭解，我也產生了自己試試的想法，所以就同意了。

當時，因為資金少，我們做起來比較謹慎。由於我們懂的東西非常少，因而大多數交易我們是跟隨那個主管進行的。通過半個月的努力，我的帳戶從2萬元變成了2.4萬元左右。那個時候，我的心裡很激動，心想這一個月下來至少可以多出六七千元的收入，當時就陷入這樣美好的憧憬中……

第五章　學員感悟：學習裸 K 交易收穫了什麼？

　　隨後，我就開始重倉、扛單，相信大家都能猜到結果。帳戶從盈利變為了大幅虧損，我從一開始的信心滿滿變為心灰意冷。

　　經過一年的時間，我的帳戶差不多虧完了。這個時候，公司的帳戶也經過了幾次大幅縮水。我感覺在這個公司待下去也沒有什麼發展前景，就選擇了辭職。

　　2015 年，我偶然接觸到農產品現貨，瞭解之後才知道它的門檻比較低、槓桿比較小，並且沒有點差。那時，我每天只有 4 個小時的交易時間，週末雙休，法定節假日全休，跟以前比起來感覺輕鬆多了。

　　於是，我應聘去了一家農產品代理公司做業務。業務做了半年，終於還是沒忍住誘惑，我又開始了交易。就這樣，我從一個坑跳進了另一個坑。我投了 10 萬元進去，第一天收入有 1,000 多元，感覺還不錯。結果從第二天開始，我的帳戶就一直處於虧損狀態，半個月時間，虧損超過 3 萬元。那個時候，我一心想著把虧損的錢賺回來，結果是越陷越深……最後 10 萬元本金虧到只剩 1 萬元左右。

　　後來，一個同事找到我，說他另起爐竈了，只要去他那邊交易，手續費全部返給我，更重要的是他還請了分析師帶盤，所以我同意了。結果還是一樣，投入 5 萬元，虧損到只剩 2 萬元。然後，我又追加了 7 萬元，隨後零零散散又追加了幾次……最後是血本無歸。我大概算了一下，前前後後一共虧損近 20 萬元。算完之後，我自己都被這個數字嚇到了。

　　早在 2015 年，我就知道小刀大叔，聽說他很厲害，但當時沒有去關注。2016 年勞動節期間，我在網上看到小刀大叔馬上要出第三版視頻，五一訂購半價。想了想，我還不如學點東西，就算是真的被騙我也認了。

　　我在 2016 年 6 月的時候拿到了視頻，然後就開始斷斷續續觀看。看完以後，我就直接自己上手實踐了，沒有去找小刀大叔或盤思動的人把不懂的問題弄清楚。我心想反正一點小毛病無所謂，結果經歷了半年的實踐，又虧損了不少，但是對這行業變得有信心了。因為通過學習小刀大叔的視頻，我明白了以前不曾瞭解的道理。

在 2016 年 10 月，我參加了盤遊記。報名以後，小刀大叔對我說：你終於來了，中間離開了我們半年。我當時一下子就蒙了，心情一下子很複雜，既感動又高興。原來，買完視頻以後，他們還給提供全面的後期服務，讓客戶更快、更紮實地成長。我既慚愧又後悔，悔恨當初看完視頻以後沒有第一時間找到他們，錯過了這麼長時間的學習機會，還虧了這麼多錢。

通過盤遊記的交流和學習，我認識到了自己做盤方面的很多不足。通過復盤學習、制定策略、執行策略、與他們交流，不管是做盤紀律還是資金管理，或是分析方法上，我都在一點點改善，錯誤也越來越少，交易越來越順手。

現貨交易就是一個不斷發現錯誤、改正錯誤的過程。現在，我學習的東西越多，發現自己懂的東西越少。在此過程中，小刀大叔一直像燈塔一樣給我指引著方向。

既然堅定了方向，就能揚帆遠航。希望自己能沿著知識先驅留下來的印記一步步走下去，能夠到達現貨交易的頂峰去看風景……

從跟隨性交易到自主性交易，從即時性交易到策略性交易

◎ 憶苦思甜

2015 年年初，我開始跟著一位哥們兒做股票。當時的我什麼也不懂，他買我就買，他賣我就賣，就這樣時賺時虧。總體來說還可以，我小賺了一些。

2015 年 6 月，股災發生了，因為我不怎麼明白哪裡的門道，所以基本不拿長線的單子，反而躲過了股災。

萬科股權之爭期間，我看了一些關於萬科的資訊，買入了萬科的股票，結果進去就被套了。於是，我在 QQ 群裡問誰買了萬科，不一會兒，有人（下文稱為「Q 君」）私聊我了，讓我轉行做貴金屬、銅、瀝青。

Q 君給我看他的帳戶，我看到他賺了好多（後來才知道是模擬帳

第五章　學員感悟：學習裸K交易收穫了什麼？

戶），所以毅然決定做現貨，讓他帶我做。

開戶以後，我看了下盤面和交易客戶端，問對方止損止盈是幹什麼用的，對方說沒用，我也就這麼沒腦子地相信了他。

我就這樣渾渾噩噩地入場了，結局大家肯定都猜到了。

記得當時Q君讓我請假回家操作，說銅的行情來了，我立馬給領導請假，回家打開軟件登陸客戶端等待著他的指令。他讓我買銅的空，當時記得買了50T，20秒左右時間就賺了800多元，相當於我一週的工資。Q君說這個玩的是刺激，要不要來個100T，賺更多。我當時被勝利衝昏了頭腦，就買了100T。

結果發現不對勁，帳戶虧了，我心急如焚地問Q君，他說再等等，一會兒看著不合適就出場。結果，我等來的是帳戶爆倉。這時，Q君過來安慰我說，再做一把瀝青。我也輕信了他，結果帳戶第二次爆倉，一下午幾萬元的帳戶就剩下2,000多元。這時，我再找Q君，他的頭像已經變成了灰色，下線了，後來一直沒聯繫上。

唉，自作孽不可活啊！

一夜無眠。第二天清晨，外面下著雨，我打開窗戶透透氣，感覺腦袋清醒了很多，但是心裡的壓力絲毫沒有變小。我想到了我們當地海通證券的一個經理，便把自己的遭遇給他說了，他幫我找到了外號叫「機器人」的做農產品的經理。

「機器人」給我講了一下現貨的大概，我聽後就立馬又開戶做了農產品現貨。當時做的是匯港，他是用均線做盤，也帶盤喊單，由於當時貴金屬虧損的陰影還沒有散去，我一心想把錢撈回來，但很快就出現了虧損。「機器人」在後臺查到我的帳戶，劈頭蓋臉一頓罵，然後給我講了他的現貨經歷。從那時起，我知道了其中的利害關係，所以每次都是輕倉，兩批、三批地操作。

雖然知道了交易不是那麼容易的事，但我還是不想放棄，就一直那麼昏頭昏腦地做著。有時候他說起交易理念、資金管理、做盤紀律什麼的，我也不明白。

後來，我先後做了新疆海川、世紀矩陣，一直都是跟著「機器人」

做，有盈利也有大虧。由於盈利的單子我都是見好就收，故而拿不到大單。大虧的原因是我跟著別人做盤，當訂單反向運行的時候，別人跑了，我還在傻傻地等著提示，隨之就是被套割肉。

一次偶然的機會，我從別人口中知道了小刀大叔，聽了他的騰訊公開課。當時，對於他講的東西，我一頭霧水。

隨後，我在小刀大叔的公司開通了貴州遵義指南針的帳戶。當時是有研習社的，帶單的老師叫小晴子，經過簡短的交流，我在好視通跟隨小晴子做盤。記得有一次交易的是晚盤辣椒，小晴子說在某點位進空（具體點位記不清了），當時盤面確實按照她的策略走的，我也毫不猶豫地跟進了單子，結果當天的辣椒漲了20幾個點。當時，我很興奮，心想遇到大神了，點位那麼準。

在以後的交易過程中，雖然小晴子的策略中明確寫了「反向四個點止損」，但是基於自己之前養成的習慣和我的無知，我還是不會去止損。以前，我也有過扛單，但是都扛回來了。這時候，我有了僥幸心理，覺得扛一扛就能扛回來。但是，我在杜仲的一次交易中並沒有扛回來，最後割肉了。我心裡五味雜陳，在心裡問自己：老師提供了策略，為什麼不執行？

隨後，小晴子建議我參加讀盤，後來才知道讀盤原來是練習執行力最好的方式。這個過程中，也有專業人員解答、點評。

進入盤思動學習以後，我真正瞭解了農產品現貨，也知道了做盤紀律、資金管理的重要性。從開始的一竅不通到現在的懂懂，點點滴滴都離不開盤思動對我的幫助。我從之前的跟隨性交易到現在的自主性交易，從之前的即時性交易到現在的策略性交易，實現了質的飛躍。

交易就是零和博弈的游戲，是 100-1=0 的游戲，是反人性的游戲。如果放在以前，看到 100-1=0，我肯定覺得這是胡扯，現在我終於知道並理解了。交易是孤獨的，在交易的道路上，小刀大叔和盤思動團隊讓我少走了很多的彎路，他們就像燈塔一樣在黑暗中給我指引著方向！

第五章　學員感悟：學習裸 K 交易收穫了什麼？

有一種愚蠢叫「把賠掉的錢賺回來」

◎馬拉松

進入正文之前，首先謝謝彩虹隊長的耐心講解，謝謝小刀大叔為我指點迷津，謝謝各位同仁的支持。

2015 年的時候，我隨著入市大潮進入了股票市場，成功趕上了股災。當時，我心底有一股力量在支撐著自己：把賠掉的錢想辦法再賺回來。

當時我有一個同事在進行農產品現貨交易，一天能做多次交易。於是，我也開戶，也去做盤。當時，我腦子裡就是想著多交易，交易的次數越多，賺的錢越多。想得很好，但在實際操作中，我無數次被打臉。我並沒有意識到，交易需要紀律，需要不斷學習。直到交了 7 萬元左右的學費之後，我才意識到交易的次數不是越多越好，交易存在不確定性，買進去不一定能賺錢。

我在抄寫裸 K 學習資料的過程中，心態出現了微妙的變化：以前一些沒有貫通的地方，現在多多少少能連起來了。現在的我相比剛剛進入農產品市場的時候，有了很大的進步，但是這種進步離心領神會還有一段相當長的距離。

從「小白」到入門，我的現貨交易之旅

◎清心

與現貨結緣還要從 2014 年 6 月說起，當時我在證券交易所開了個股票帳戶。帳戶有了，就差投入資金進入市場選股票了。早上開市，我打開電腦看股票走勢，但看不懂。

就在我丈二和尚摸不著頭腦時，忽然間想起了微信朋友圈裡有一個哥們兒原來也是炒股的。我翻出電話打過去問他最近在忙什麼，有哪只股票可以推薦？他說現在已經不玩股票了，玩現貨，可以買漲買跌，白

天晚上都可以炒，門檻低，來錢比股票快，但風險也是相對的！

進入現貨的世界就從這裡開始了。「來錢比股票快」，想賺快錢的心魔驅使著我想要盡快去瞭解現貨，「風險也是相對的」自然也就被我忽略了。

於是，我找了個時間登門拜訪，看了那哥們兒的現貨交易界面和交易產品，就是當時的天津匯港農產品交易市場，品種不算多，跟股市的千只個股比，簡單多了。我大概瞭解了一下操作方法後，便開了交易帳戶，按照流程，入金5,000元，並加了他們的QQ群。

剛開始，我的朋友建議我先不要拿實盤資金操作，讓我用模擬盤先熟悉一下，然後跟著帶盤的策略進出場操作。經過幾天的模擬盤操作，我帳戶哪裡5萬元的虛擬資金有增有減，但我並沒有什麼感覺。於是，我跟我的朋友說，我對交易軟件的使用已經熟悉了，想用實盤帳戶試試。我這位朋友還是很負責任，他挺耐心地跟我講他自己用的方法和指標，並且讓我炒現貨不要想著能賺多少錢，不虧就行，也不要扛單，要多復盤。

一轉眼，一個月過去了，我沒賺什麼錢，也沒虧多少。我也未進行系統的學習，甚至連進場止損的標準都不確定，也根本就沒復過盤。

QQ群管理員發出來的合約分析操作策略基本上還是可信的，我的朋友帶了我一段時間盤以後，建議我可以自己操作了。我剛開始進場幾乎每天都可以賺一點，有時候10分鐘不到就賺了100元。

嘗到甜頭自然就會被利益驅使，由於我的批量不大，一般以10批進場，能虧到哪裡去？自從我有了這種想法以後，厄運就不斷找上門來。

印象最深刻的是蟲草、南瓜、駿棗，對這三個合約，我進場不止損被套，一直扛到了接近交收也沒能解套。我相信經歷過被套的人都會有這麼一個想法，那就是等回來！

訂單被套這段時間，我沒有繼續操作，一是因為公司的工作慢慢忙起來了，二是剩下的資金要用來填套單的坑。就這樣停了好幾個月，直到最後割肉。原來10批也能虧好幾千元啊！

第五章　學員感悟：學習裸 K 交易收穫了什麼？

2015 年 9 月底，一場意外使我失去了左手兩個手指，這突如其來的打擊讓我一時無法接受。出院以後，我在家裡休養，無所事事，活動範圍基本上就是自己的房間，感覺自己快成為一個廢人。

直到有一天，我打開電腦，一個熟悉的軟件出現在我眼前，打開行情分析軟件看看我被套的訂單，已經 100 多個點了！

QQ 群也幾乎沒有什麼人聊天了，據我所知，他們都轉去做石油了。我在群裡吼了幾聲，也沒人回應。我就在 QQ 上搜索天津匯港群，隨意選了一個群加入。進群以後，我發現他們聊得熱火朝天，今天刷了多少，賺了多少，開戶返點的廣告……閒著無聊，我也在群裡發表意見，在盤面畫畫，並圈出大致點位發到群裡。

呵！畫圈的地方還挺準，我感覺自己也挺牛的。我想閒著也是閒著，還不如拿這個時間繼續炒現貨，說不定我以後能靠它賺錢呢！於是，我繼續入金準備在家炒現貨。

某一天，突然間之前的 QQ 群裡的一個私聊消息窗口彈了出來，問我還炒不炒現貨？我說單子被套了，現在還不想動它。這位熱心的 QQ 好友（以下稱為 C 君）把我介紹到了他的一個群裡，說這裡都是大神。我很興奮，如果有大神帶，那我豈不是又可以賺錢了！

C 君偷偷告訴我，他們用的是裸 K。我便請他教我。不過，C 君說需交幾千元學費。當時，我沒那麼多存款，我手裡的訂單還套了 100 多個點，工傷賠償也還沒到手。

就這樣，我繼續用著朋友教我的那套方法做單。扛單是自然不會干了，因為有訂單套著。每天，我就是小打小鬧，還是不賺錢。

那段時間，非常感謝 C 君一直幫助我，使得我能與現在的盤思動結緣。2016 年元旦後，我逐漸接觸裸 K，並和大家一起學習。當然，要學習裸 K 還是要付出代價的，那就是手抄四遍做盤紀律，篇幅還挺長！既然有人肯教，我就肯學，說干就干，在家裡連續抄了幾天。

於是，我收到了小刀大叔錄制的裸 K 講解視頻，參加了讀盤群，每天早上起床就看視頻。我發現哪裡說的錯誤我都犯過。

師傅領進門，修行看個人。你想要得到什麼樣的結果，取決於你對

待學習的態度。在讀盤群裡，第一屆的學員帶著我們一起學習，交流氛圍很好。同時，我們還組建了一個小群體，每天在一起交流盤面的走勢，一起復盤。我非常佩服帶我們復盤、讀盤、做交流的兄弟們，他們的思維邏輯太強大了。在這樣的環境下，我們這幫人進步得很快，先不說能不能盈利，在這個小群裡起碼比同一時間開始學習的其他朋友要少走很多彎路。

從初期的理論學習、止損、資金管理，到復盤、尋找合理的進場點位，再到短線、中長線佈局，時間過得很快。第二屆讀盤結束了，我的事情也基本上處理完了。

在這段日子裡，我收穫了知識，結交了一幫朋友，同時也能夠去面對自己不幸的遭遇。不可避免的事情已經發生，我只不過少了兩根指頭而已，還能開車，還能炒現貨，還能幹很多事情。

到了第三屆讀盤，我本來想繼續參加，但由於工作原因不能即時關注盤面，於是暫時停止了。畢竟，生活要繼續，家庭要放在第一位。待時機和條件成熟，我還是會回到這個戰場的。

在此非常感謝各位兄弟們，感謝小刀大叔、胖東、彩虹、空靈等，在我人生的低潮期，能夠與你們相識是我莫大的榮幸。

學習現貨改變了我人生的格局

◎上善若水

2015年5月，我在股市快到山頂的時候入市，股災、千股跌停、熔斷都被我趕上了。那之後，我的帳戶整體虧損約7萬元。

那時候，有人跟我說，他在接觸有個類似股票的東西，叫「現貨」，可以做多也可以做空，一天可來回做好幾波。他發了個網址給我讓我學習怎樣做單。其中的內容就是小刀大叔的第二版視頻裡的文檔，下面還有個QQ群號，我就加入了這個QQ群。

因為股市的坑太大，我當時很謹慎，最初入金只有500元，後來看著不是坑，就又增加了2,000元，但是沒有任何知識做支撐的交易的結

第五章　學員感悟：學習裸K交易收穫了什麼？

果還是一樣——肉包子打狗了！然後，我就在網上把小刀大叔第二版視頻前面的免費章節看完了，覺得這做視頻的人真厲害，而且是個很實在的人。那時候，我想買視頻來著，可是股市虧太多，對現貨又不是很瞭解，又怕被騙，所以遲遲沒有下手。

後來，我在QQ群裡看到盤思動團隊對現貨和對人的態度很真誠，就咬牙分期付款買了第二版視頻。視頻看完，我覺得挺有道理。我當時信心滿滿，覺得自己又可以開始挖金山銀山了。那會兒，因為工作比較自由，上班時間可以看盤，我每天上班一開電腦就先打開盤面。看著那跳動的K線，就像在看跳動的音符，那都是鈔票在向我招手。

記得做天津匯港的天麻時，我對「三進四出」一知半解，然後就稀裡糊塗地用。當時的盤面是交叉洗單，我就跟著來回做（一會兒多、一會兒空），然後被主力來回掃，人都給掃暈了。我很鬱悶，就去群裡吼了一聲。當時，盤思動團隊在群裡的工作人員和小刀大叔一起立即給我分析問題點，還安撫我的情緒。

做現貨是孤獨的，我很慶幸，在進入現貨行業沒多久就有幸遇見了盤思動，真心感謝盤思動團隊這一路來的幫助與相伴，感恩這一路上小夥伴們的相互扶持。雖然到現在我也沒把虧進去的錢掙回來，但是，因為學習現貨，我自己的性情以及為人處事都與以前有了很大的不同。因為學習現貨，我改變了人生的格局。

技術好學，心態、悟道是一輩子的事

◎穆勒

我是在2015年9月知道小刀大叔的。在那之前，我先後經歷了兩家現貨公司，刷單、扛單、鎖倉……很多交易新手走過的彎路我都走過，但苦於一直找不到能夠真正讓自己受益的培訓機構和學習機會。

瞭解小刀大叔之後，我看完了第二版裸K視頻的免費章節，有干貨的章節需要付費6,701元。當時覺得有點貴，再加上做現貨以來還是虧錢的，我就沒有買。直到12月份，我通過騰訊公開課瞭解到盤思動

的部分指標。

2016年1月，我開始根據盤思動的部分指標來做盤。經過3個月的嘗試，效果還不錯，每個月下來都是掙錢的，雖然掙的錢不多。此時，我開始後悔沒有付費購買帶有干貨章節的視頻，早買的話說不定這個費用已經掙回來了。

後來，盤思動就公布了一個令我振奮的消息：第三版視頻即將開始預售，預售價3,500元。我得知這個消息後毫不猶豫地聯繫了盤思動工作人員購買。等了3個多月，2016年7月，第三版視頻上線。我開始興奮地觀看視頻，重點關注干貨。當時，對於做盤紀律和資金管理，我只是知道有這麼回事，沒有將其上升到一定高度。看完視頻後，我覺得自己已經很厲害，就準備大干一場。

接下來幾個月的交易結果卻沒有我想的那麼樂觀，因為我將有的知識點理解錯誤或理解片面，最重要的是我知道的太多了，不會捨棄。幸運的是，讀盤活動開始了。我在此要感謝彩虹隊長，感謝他的耐心指導。因為他，我的交易之路才真正步入正軌。

2016年12月，我掙了1萬元，這是我交易以來單月最大盈利。此時，感覺自己離著月掙1萬元不遠了。

2017年1月，在元旦後第二個交易日，我拿到了做現貨以來的最大點差：50批100個點。但這成了一個轉折點：由於上個月的盈利加上這個單子的大點差，我的內心開始膨脹，開始不斷犯錯誤。2017年1月完美的開局卻沒有換來完美的結局，當月結束，我只掙了幾百元。2月，我更加急攻冒進，虧了接近1萬元。3月上半月，我還是大虧，直到認識到了問題的嚴重性才靜下心來反思。

總結下這段時間的問題：①多次出現即興進場，大部分都是止損的；②移動止損；③進場頻次高。此外，我的心態出了問題，自此我認識到了心態平穩的重要性。

從2017年3月下半月開始，我的交易重新步入正軌，截至目前還沒再出現過讓我自己罵自己的情況。2017年8月份的線下交流加上青澤的《澄明之境》，讓我對裸K、對交易、對人性有了更深層次的理解。

第五章　學員感悟：學習裸 K 交易收穫了什麼？

做交易的技術好學，但保持良好的心態、悟道是一輩子的事情。感謝盤思動讓我在這個行業堅持了下來；感謝我的媳婦在我困難的時候對我的鼓勵；感謝市場讓我學會的不僅僅是交易，而是做人。

隨性交易是大忌，無標準的偶爾盈利是吹響死亡的號角

◎ 啓點

流年似水，時光冉冉，轉眼間，我已過五奔六。人生如夢，亦如一次旅行，途中會碰到許多岔路要我們選擇。不同的岔路有不同的風景，然而每個路口都是一個新的起點、一段新的徵程。

世事無常，造物弄人。我對經商從不感興趣，對網絡金融投資更是一竅不通，踏入現貨之門實屬偶然。

2016 年 6 月，初夏，我受重傷的腰部經過幾年的恢復已無大恙。但在我休養期間，我的老婆又做過大手術，我們一家淪為了無房、無存款、無正式工作的「三無」人員。趕緊找點活路吧！可是干點啥呢？

關注了幾天，我終於看到一個公司在招聘訂單員。去面試後，我才知道原來是招人做現貨的。當時公司的面試人員說得天花亂墜，只要會上網一個月輕輕鬆鬆收入七八千元。我聽著咋這麼玄乎呢，有這賺錢的好事早就找你自家人干了，還用打廣告？於是，我放棄了。

不過，「現貨」這個詞一直在我腦海裡轉，誘惑還挺大。我在網上一搜，搜出來一大堆炒現貨瀝青、原油的。有傾家蕩產的，有跳樓的……於是，我繼續找，搜索了兩天終於發現有兩篇關於現貨長短線交易的文章挺走心的。這兩篇文章寫得清楚明白，我想這人肯定是高手。我在百度上搜到其作者為屈珊，翻了半天加了個 QQ 群，群名叫「一群不想被現貨搞的人」。進群後，我聽聊天、看視頻、還搜了下現貨界小刀大叔有沒有什麼負面新聞。觀察了幾天，我的總結是：正義之師。

啥也不說了，開戶吧。一朝入期海，終生難夢醒，跟著一代宗師小刀大叔做單，撿錢啊！發財的夢想在這裡啓航。

開戶不久，我便趕上小刀大叔預售第三版視頻。我咬牙買了下來，

並參加了第三屆盤遊記的讀盤。盤思動公司規定凡參加盤遊記的人必須提交入金金額，提交多少就是多少，不允許中途私自追加資金。我只入金800元。過了幾天，我又私自入了200元。

　　這事讓小刀大叔知道了，他在QQ群裡一頓罵，讓我把多入的200元拿出來，扣了我5分。盤遊記過一關是21分，我還沒開始就被扣了5分。於是，我開始耍蠻，要退出盤遊記。這時，群裡的一位女士找我私聊，讓我不要衝動，要珍惜機會。給了臺階，我就下吧，在此道一聲感謝。

　　盤思動公司不主動拉人開戶，更不慫恿客戶多入金。用小刀大叔的話說：啥也不懂，瞎入金有啥用！

　　盤思動公司不提倡跟隨性交易，主張自主交易。學員根據視頻提供的7個進場指標，利用萬能模型自己制定策略。學員執行完畢，由技術總監彩虹隊長進行點評總結。

　　我本來以為跟著高手幹就行，沒想到要自己定策略，愁煞我也！雖然我看了視頻，但視頻講的是理論，我只能硬著頭皮去操作。記得，我在制定第一個策略時，上方假設單下方破位單，看著合約的K線無處下手，只能硬著頭皮去操作，最終還盈利了。

　　還有幾次我把訂單買反了。這些基礎知識視頻裡都有講。看視頻的時候，我覺得可簡單了，但實際操作就不是那回事兒了。最奇葩的一次是，2017年4月21號晚盤蘋果，我按策略開盤397掛空。開盤時，我一邊盯著電腦看盤面，一邊打開手機交易軟件賣出蘋果。哇，馬上到397，趕緊看手機下單吧，可手機交易界面自動退出了，我趕緊輸入密碼登錄，並點擊提交。「滴」一聲吃單了，我真佩服自己的麻利。當盤面按預期下行、到止盈點位時，我趕緊打開手機軟件買入轉讓。結果，我一看完全驚了，明明賺了10個點咋虧了呢，再一看是巴旦木成交了，什麼情況啊？原來是買錯交易品種了！

　　在盤遊記老虎嶺交易一段時間後，我發現突破單通常一進場就被洗出來，要麼就回調幾個點。於是，我就開始琢磨不「三進四出」了，要麼回調幾個點進，要麼等回洗到直接突破點的反洗點進，總感覺做好

策略交易太受約束。

　　這樣做了一段時間後，我一分析，發現只要我隨意發揮的大多虧損，按策略執行的盈利概率大。現貨專治各種不服，由不得我撒野任性啊。我終於理解了小刀大叔說的：你所制定的策略的執行標準必須是可循環、可重複的，不能吃了這頓不管下頓。

　　我所做的一些交易沒有固定標準，有的標準讓某一筆交易賺錢了，但不代表下一次還能奏效，因為它不是標準。長此以往，交易會陷入無標準、憑感覺、靠預測的死胡同。這種壞習慣一旦形成，必死無疑。固定標準、執行標準，是保證我們在交易中持續生存的不二法寶。策略的制定是約束人性弱點的武器。若我們能將一個標準的執行變為習慣，並融入生命中，這就是交易成功的開始。

　　隨性交易是交易之大忌，無標準的偶爾盈利更是吹響死亡的號角。我曾經的「三進四出」做法還遭到小刀大叔的「表揚」：老劉，你真行啊！你把裸K交易體系的根本「三進四出」都給顛覆了。

　　時光飛逝，來到這裡已一年多，我發現我的交易一點長進都沒有。不久前，聽群裡新來的幾個人的聊天才知道自己有多幸運，他們在別處做現貨交易已賠十幾萬元甚至幾十萬元。而我一個菜鳥在這裡一年多，雖然沒盈利，但也沒虧啥錢。最重要的是，我在這裡學到的是他們虧了幾十萬元都沒得到的干貨，如交易理念、做盤紀律、資金管理、進場指標、心態管理……這些寶貴的財富比暫時的盈利可值錢多了，它們幫我節省了時間成本和巨額的資金成本。

　　回首從前的幕幕，感恩盤思動公司，感恩各位道友一路助我成長，感恩我的家人，經歷風雨必將見彩虹。

學習、交友、悟道，我的交易生涯不再孤單

◎笑對人生

　　2014年的冬天，我在報紙上看到有家公司在招農產品經紀人，就根據地址找到公司應聘，接觸到了現貨。

我不斷學習各種指標，在網上搜索各種做盤技巧，寫筆記、做總結。當時，我就想盡快掌握所有的技術，賺很多很多錢。至於風險、心態、做盤紀律、資金管理，我一概不知。

2015 年 12 月，我在做指南針方竹笋，781 進空單，行情逆轉向上突破壓力一路狂飆。我開始憤怒，埋怨行情。慢慢地，我開始妥協，告訴自己到了那個阻力位就止損，但是到了那個點，我又開始看下個阻力了。再後來，我就麻木了，不管不顧了，實在不行等到交收再止損。行情也沒「辜負」我，交收時漲到 1,192，這讓我領教了盤面的殘酷和自己的無知。

2016 年年初，我經朋友介紹聽了幾堂由露得新雅和盤思動講的騰訊公開課。在這之後，我對現貨有了新的認識。2016 年 6 月，我購買了視頻並開始系統學習裸 K，從 2016 年 8 月底開始讀盤。

通過學習裸 K，我對現貨有了新的認知，知道了做盤紀律、資金管理的重要性，制定策略、執行策略的必要性，知道必須形成固定的交易系統並優化交易系統。更重要的是，我認識了一幫志同道合的朋友，讓我的交易生涯不再孤單。

交易不只是一門技術

◎地球人，小題大做

當我第一次拜讀小刀大叔公眾號裡的文章的時候，就被作者的用心感動了！我是個自認為不適合操盤的人，但在看過小刀大叔寫的操盤心得後，有了想試試的衝動。因為，除了想掌握一門掙錢技術，最吸引我成為一個現貨玩家的原因是，他寫的經歷和感悟非常精彩，而且他對很多人生道理方面的總結與我思想中的認知有共同點，使我深有感觸！

我其實剛剛開始學習現貨，但是這並不影響我學習的決心。其實，直到現在，我都對現貨有著一顆敬畏之心。一開始，我只是想掌握一門技術，但現在我發現是我不能錯過小刀大叔、不能錯過盤思動、不能錯過志同道合的朋友！

後記

交易員父親給女兒的 6 點建議

女兒：

　　你好，這封信是爸爸在你出生後的 10 個月 21 天，2018 年 8 月 24 日寫給你的。這一年，爸爸 34 歲。

　　當你能完全看懂這封信中所聊內容的時候，你應該差不多 25 歲了，而爸爸也近 60 歲了。

　　我相信 25 歲的你，一定會比爸爸認的字要多，懂的東西也會比爸爸多，或許爸爸已經成了你眼裡的老頑固、老古董了，但是有些話爸爸還是想跟你聊聊。爸爸想和你聊聊思維認知。

　　給你寫這封信的時候，爸爸的身分是一名交易員。幾年的交易學習生涯讓爸爸意識到，思維是交易成功最重要的品質之一。

　　而你，是爸爸和媽媽生命中最重要的人之一，所以在給你取名字的時候，把「思維」這一爸爸認為最重要的品質，融入了你的姓名，相伴你一生。

1. 這封信背後的故事

　　當你看到這封信的時候，應該是在一本書上，書名為《裸 K 交易員手把手教你：農產品現貨投資》。今天之所以寫這封信，是因為經過

一年多的努力，這本書即將出版。

從 2016 年開始，爸爸的交易就出現了瓶頸，一直無法突破，爸爸想靜下心來把所有內容梳理一遍，但是一直沒實際進展。

2017 年春節，你媽媽懷上了你，我知道你媽媽十月懷胎會很辛苦，這個辛苦程度遠遠超越爸爸突破交易瓶頸的辛苦程度。既然你媽媽那麼堅強，爸爸自然也不能拖後腿。

於是，你在媽媽肚子裡的這 10 個月，爸爸把所有其他工作上的事情全部放到了一邊，專心寫稿，通過寫稿來梳理交易知識，以突破交易的瓶頸。

你在媽媽的肚子裡一天天長大，而爸爸的書稿也一天天寫完了。在你出生的前一個星期，爸爸完成了所有書稿的撰寫，而爸爸的交易瓶頸，也在你出生後的一週突破了。

感謝你的到來，因為你是爸爸媽媽的幸運小天使。

這本即將出版的書，凝聚了爸爸和爸爸的幾十位朋友幾年的心血。雖然爸爸現在的交易重心已經轉移至期貨交易，但是幾年的從業生涯讓爸爸對農產品現貨行業有太多的感情和不捨。爸爸也知道，無論行業怎麼發展，一定會有很多後來者進入農產品現貨領域。爸爸希望這本在你的鼓舞下、在媽媽的支持下、在很多朋友幫助下完成的書，能幫助後來的參與者少走一些彎路。

2. 思維認知的 6 個建議

聊了這麼多，回到想跟你聊的話題——思維認知。

思維非常重要，但是難以捕捉。爸爸結合自己的經歷，給你 6 個建議：

（1）跳出問題本身看問題。

當你在生活或者工作中，遇見一些難以抉擇或者很棘手不好解決的問題，不要試圖從問題本身來尋找答案，要學會跳出問題本身看問題，因為解決問題的突破口往往不在問題本身。

（2）善待那些讓你不開心的話和事。

除了爸爸媽媽，這個世界上沒有任何人有義務來喜歡你。當你遇見

的一些人做了一些事情、說了一些話，讓你覺得不開心，請你一定要第一時間來反思。

如果出現這些不開心的事情，是源自你不夠強大，請讓自己強大起來，無須做無意義的口舌之爭。

如果出現這些不開心的事情，是源自你本身犯了一些自己忽視了的錯誤，請及時道歉並改正，更沒必要做無意義的解釋。

（3）善待那些你不認同的觀點。

成年後的你，不管是在工作中，還是在生活中，一定要逐步去學習一些技能。如果在這些技能的學習和實踐中，你發現周圍有人跟你的觀點不一致，請不要口頭上反駁這些觀點，更不要從內心排斥這些觀點，永遠不要去做一個沒有頭腦的「噴子」。

這些你不認同的觀點，或許本身就是對的，只是你本身的認識水準低還理解不了。你的反駁和排斥會讓你錯失老師。

存在即合理。或許這些觀點本身欠妥當，當你虛心吸收之後，爸爸相信你也一定可以從這些欠妥當的觀點中找到有價值的信息。

這一點非常重要。爸爸相信，在你成年之後，你所面對的競爭壓力一定會比爸爸現在面對的壓力要大，所以你要學習善待不認同的觀點。這是一種非常重要的思維方式。具備這種思維方式，你會成長得很快。

（4）情緒管控能力是所有能力的基礎。

在任何時候，你都要學會磨煉自己的情緒管控能力。把脾氣發出來是本能，把脾氣壓下去是本事。脾氣發出來很容易，但很多時候，你發出脾氣需要付出代價。

在工作和生活中，當你遇見一些棘手的事情，很煩躁的時候，若你能把情緒調整好，就意味著你在解決當前棘手問題的進程上，已經成功了一半。

（5）在付費和免費之間永遠要選擇付費。

我很難預測到你成年之後，這個社會將變成什麼樣子，但是我堅信一點：學習是一個永恆的話題。

爸爸現在所處的時代，已經有了知識付費。我相信，到了你的時

代，一定會有更多的知識是需要付費的。

一定會有一部分人想免費獲得付費的回報，而且，他們或許也會出於好心，勸你也這麼做。

相信爸爸的話，你一定不要這樣。如果你認同某個知識付費產品背後的知識價值，而其剛好有付費產品，你一定要優先選擇付費產品。因為不論其產品質量如何，選擇付費會讓你用更短的時間來獲悉你要的答案。

這個答案的結果或許是讓你學會了知識，結識了一些老師；或許是讓你否定了對方產品的價值，看穿了一些騙子。無論是哪種結果，都不重要，重要的是節省了你的時間成本。

21世紀什麼最貴？時間！

（6）永遠要學會獨立思考並踐行。

成年後，不論你在哪個領域工作、從事什麼職業，請記住，任何領域都遵守二八定律。

所以，請你務必學會獨立思考，不要人云亦云、隨波逐流。

在任何領域，你都要具備獨立思考的能力，並腳踏實地一步步踐行所思所想，才能增加成功的可能性。

爸爸的目標是成為一名成功的交易員，現在離這個目標還很遠很遠，但是這幾年的經歷幫助爸爸打下了一點基礎，而這些基礎的形成均得益於上述6點建議。所以，爸爸分享給你，希望你能從中獲得一些對你成長有幫助的啓發。

你的父親：屈珊

國家圖書館出版品預行編目（CIP）資料

裸K交易員手把手教你：農產品現貨投資 / 小刀大叔 著. -- 第一版.
-- 臺北市：崧博出版：崧燁文化發行, 2019.07
　　面；　公分
POD版

ISBN 978-957-735-904-9(平裝)

1.商品期貨 2.期貨交易 3.農產品 4.中國

563.534　　　　　　　　　　　　　　　　　　108011284

書　　名：裸K交易員手把手教你：農產品現貨投資
作　　者：小刀大叔 著
發 行 人：黃振庭
出 版 者：崧博出版事業有限公司
發 行 者：崧燁文化事業有限公司
E‐mail：sonbookservice@gmail.com
粉 絲 頁：　　　　　網 址：
地　　址：台北市中正區重慶南路一段六十一號八樓 815 室
8F.-815, No.61, Sec. 1, Chongqing S. Rd., Zhongzheng Dist., Taipei City 100, Taiwan (R.O.C.)
電　　話：(02)2370-3310　傳　真：(02) 2370-3210
總 經 銷：紅螞蟻圖書有限公司
地　　址: 台北市內湖區舊宗路二段 121 巷 19 號
電　　話:02-2795-3656 傳真:02-2795-4100　　網址：
印　　刷：京峯彩色印刷有限公司（京峰數位）

　本書版權為西南財經大學出版社所有授權崧博出版事業股份有限公司獨家發行電子書及繁體書繁體字版。若有其他相關權利及授權需求請與本公司聯繫。

定　　價：550元
發行日期：2019 年 07 月第一版
◎ 本書以 POD 印製發行